EL MÉTODO GRIP

El arte de trabajar mejor
(y ocuparse de lo importante)

RICK PASTOOR

Traducción de Genís Monrabà

Rocaeditorial

Título original en neerlandés: *Grip: het geheim van slim werken*

Primera edición en este formato: enero de 2022

Av. Marquès de l'Argentera, 17, pral.
08003 Barcelona
actualidad@rocaeditorial.com
www.rocalibros.com

Impreso por Egedsa
ISBN: 978-84-18557-71-2
Depósito legal: B 17975-2021

RE57712

ÍNDICE

PARTE 3

TOMA LAS RIENDAS DE TU VIDA

INTRODUCCIÓN

Si nos paramos a pensar en el papel que desempeña el trabajo en nuestra vida, resulta extraño que nunca se nos enseñe cómo abordarlo de una forma adecuada. Se da por hecho que es algo innato. Es como si, por arte de magia, todos supiéramos cómo establecer prioridades, gestionar un horario, planificar bien y afrontar una tarea exigente. Tales habilidades pueden parecer sencillas, pero no lo son.

Tal vez te resulte familiar la sensación de que el trabajo va a un ritmo distinto al tuyo. La semana acaba de empezar y ya andas con retraso. Al final de otra larga jornada laboral, tu bandeja de entrada está llena, a rebosar. Además, tu agenda se encuentra repleta y tu lista de tareas pendientes es interminable. Esto acaba con los ánimos de cualquiera. Lo peor de todo es que la sensación de que estás perdiendo el control puede paralizarte. Y esto no ayuda a sacar el trabajo adelante. Es normal que no logres alcanzar los objetivos que te has marcado, que sufras intentando ofrecer la calidad que ansías y que nunca consigas sacar tiempo para tu desarrollo personal. Trabajas duro, pero ¿avanzas?

Créeme, yo también he pasado por todo esto. Durante casi seis años fui jefe de producto en Blendle, una empresa holandesa reconocida mundialmente por crear nuevos modelos de negocio en el ámbito del periodismo. Me uní a esta compañía emergente como programador a los veinticinco años, tras vender la agencia de *software* que había fundado y dirigido durante seis años. En Blendle las cosas se movían bastante rápido. Logramos que grandes periódicos como *The Economist* o *The Wall Street Journal* se sumaran al proyecto. Conseguimos el apoyo de Axel Springer y *The New York Times.* Y el equipo dio el salto de calidad definitivo. Al cabo de nueve meses, estaba al mando de un equipo de ingeniería de treinta personas. Mi trabajo consistía en asegurarme de que siempre estuviéramos pensando en nuevos planes y desarrollándolos. Eso significaba que debía liderar al equipo en la búsqueda incesante de soluciones a complejos problemas técnicos y organizativos, y, al mismo tiempo, debía tomar decisiones estratégicas y contratar personal nuevo. Y todo esto solo era el principio. Mi trabajo, como tantos otros, era un ejercicio de equilibrio diario entre prioridades, porque, evidentemente, todo tenía que avanzar al mismo tiempo.

Con el tiempo empecé a darme cuenta de algo. Era una observación recurrente. El verdadero progreso no se consigue haciendo el trabajo que te apetece o lo que te viene a la cabeza en un momento determinado. Cuanto más trabajo tenía, más me daba cuenta: debía encontrar una forma de trabajar radicalmente distinta.

Conseguirlo supuso varios años de prueba y error, pero estoy satisfecho de poder decir que el esfuerzo valió la pena. Encontré un método. En el camino devoré libros como *Organízate con eficacia*, de David Allen, y *Enfócate*, de Cal Newport. Fueron una gran fuente de inspiración y me enseñaron muchas cosas.

Pero saber qué consejos debía aplicar y en qué momento es un arte en sí mismo. Sin esto, es como si nos dieran un montón de destornilladores, alicates y martillos sin saber para qué sirve cada herramienta, y no digamos ya cuándo usarlas. No es de extrañar, pues, que la gente tienda a recurrir a lo conocido. Esto me ha pasado más veces de las que puedo contar. Pero sabía que tenía que haber una mejor forma de organizar el trabajo, un modo más inteligente de abordarlo que fuera lo suficientemente flexible como para adaptarla a las sorpresas del día a día. De modo que no dejé de experimentar con mi semana laboral.

Paso a paso, conseguí encontrar mi método, desarrollado a partir de distintas partes flexibles e interrelacionadas. Lo bueno de mi método GRIP es que no solo es válido para mí. Mis amigos y compañeros de trabajo empezaron a probarlo. Fue emocionante ver lo que aportaba a sus vidas. En los últimos dos años, cada vez más gente se interesó por mi método, por lo que decidí escribirlo.

Cuando este libro salió a la luz en mi holandés nativo, alcanzó inmediatamente la lista de los más vendidos. Me quedé estupefacto. Desde su publicación en enero de 2019, no pasa un solo día sin que reciba en mi buzón comentarios de mis lectores. Algunos me escriben sobre sus éxitos, pero la mayoría habla de lo felices que son por haber encontrado finalmente su propia forma de trabajar, esa que les proporciona claridad en medio del caos. Esa que los ayuda a lidiar con toda la información y las distracciones que nos asaltan todos los días. Esa que les garantiza que el trabajo más importante sale adelante. Resulta que muchísima gente ha descubierto, como hice yo, que, con unos pocos bloques de construcción, utilizando herramientas conocidas (un calendario, una lista de tareas pendientes, el correo electrónico), uno puede llegar a ser mucho más eficiente. Con esta edición espero poder compartir mi método con todos aquellos que quieran tomar las riendas de su trabajo y de su vida. Nunca ha dejado de ser importante, pero el terremoto que ha supuesto la pandemia de 2020 en nuestra forma de trabajar lo hace todavía más evidente: nuestra forma de trabajar necesita nuestro cariño y atención.

Pero primero quisiera hacer una advertencia: si hay algo que no me verás decir en estas páginas es lo siguiente: «Tómatelo con calma. Deja de trabajar tan duro». Es cierto que nuestras ajetreadas vidas nos llevan a cargar con demasiado peso sobre nuestras espaldas. La experiencia de traspasar los límites y asumir demasiadas responsabilidades me resulta muy familiar: compaginar un trabajo demandante con un niño pequeño y un recién nacido, mudarse a un nuevo hogar y, finalmente, hacer la transición para dejar Blendle y fundar una nueva empresa emergente. Sin embargo, lo que no voy a hacer en los siguientes capítulos es instarte a bajar tu ritmo de trabajo ni a frenar tus ambiciones. Quiero ayudarte a ser más consciente del tiempo que tienes y a sacar más provecho de tu vida, porque creo que no recibimos suficientemente este tipo de estímulo. ¿Quién no quiere llevar una vida plena? La clave no es trabajar todavía «más duro», sino trabajar de forma «más inteligente» y asegurarte de que dedicas tu atención a lo que realmente importa. Por eso, en la primera parte empiezo mostrándote algunas formas prácticas de tomar las riendas de tus días y de ser más inteligente y estratégico a la hora de invertir tu tiempo tiempo (ver Figura I.1).

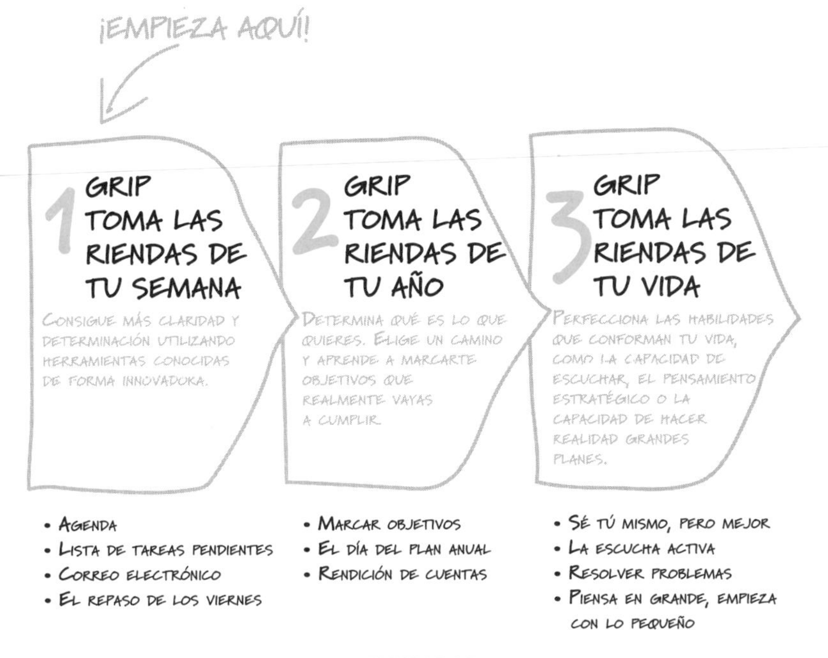

FIGURA I.1

La segunda parte empieza con la siguiente pregunta: ¿qué es lo que te hace levantar de la cama? Veremos cómo marcarte objetivos que realmente vayas a cumplir y cómo hacer planes para el año que tienes por delante. Si gestionas bien los detalles, liberarás espacio para proyectos más ambiciosos.

En la parte final del libro te enseñaré cómo aprovechar tus capacidades personales. Porque ¿hasta qué punto te conoces bien a ti mismo? ¿Se te da bien escuchar? ¿Sabes encontrar soluciones más inteligentes? ¿Cómo potencias tu autoimagen? ¿Te atreves a pensar a lo grande, a soñar con proyectos que podrían fácilmente alargarse cinco o diez años?

Sé que esto parece mucho. Como ya he dicho, no voy a decirte que hagas menos (esto lo dejo para tus amigos y tu familia). Lo que voy a hacer es ayudarte (y desafiarte) a tomar decisiones más inteligentes. A repensar cómo enfocas tu trabajo. A dar un paso adelante en momentos estratégicos y a cómo decidir lo que «no» hay que hacer. A marcar tu propio rumbo, porque si tú no tomas la iniciativa, otros decidirán por ti.

Antes de empezar tengo una última pregunta: ¿eres el tipo de persona a la que le gusta que la vida sea lo más «desestructurada» posible? ¿Te creces cuando gozas de libertad y de un trabajo orgánico? Sé cómo eres. He trabajado con muchas personas que comparten esta visión y que inicialmente eran escépticas ante mi propuesta. Pero después de probarla quedaron entusiasmadas por esta forma de trabajar. ¿Por qué?

- Al adoptar un enfoque algo más estructurado en algunos aspectos clave de tu trabajo, puedes ser «menos estructurado» el resto de la semana, y estarás «menos estresado».
- Aunque todos los elementos de este libro están interrelacionados, este método no es en absoluto un todo o nada. Puedes empezar probando con los consejos sobre los elementos que te producen más estrés (por ejemplo, el correo electrónico) y empezar desde ahí. Quédate con lo que te funciona, descarta lo que no.
- Algunas partes de este libro pueden resultar adictivas, porque te garantizan que podrás trabajar más y mejor. Vale la pena intentarlo, ¿no crees?
- La idea detrás de este método de trabajo es que uno es libre de desviarse de él porque incorpora una red de seguridad a la que siempre se puede recurrir. El repaso de los viernes es

clave en este sentido. Pero ya hablaremos de ello más adelante, en el capítulo 4.

¿Estás listo? ¡Es hora de zambullirse!

¿NECESITAS AYUDA?
He creado una herramienta gratuita que acompaña a este libro. Regístrate en gripbook.com/app y te ayudará a aplicar lo que has leído para tu propia semana laboral.

PARTE 1

TOMA LAS RIENDAS DE TU SEMANA

Tanto si eres estudiante como si eres director general de una empresa, funcionario público o presidente, si estás empezando en un nuevo trabajo o si acabas de montar tu propio negocio, tienes exactamente siete días de veinticuatro horas a tu disposición cada semana. Ni más ni menos.

¿Quieres hacer más con menos complicaciones? No te fijes en cuánto tiempo tienes. Fíjate en cómo lo empleas.

Harás un mejor uso de las horas de las que dispones si eliges un camino y dedicas tu tiempo a lo que más importa. Elegir un camino (y respetarlo) parece bastante fácil. Pero, debido a los imprevistos que la vida nos depara, puede ser cualquier cosa menos fácil. No te preocupes. Empezaremos de forma sencilla, definiendo exactamente cuál es ese camino (tus prioridades) y planificando una sola semana laboral.

En la primera parte de este libro te voy a enseñar cómo trabajar de forma estratégica. En la práctica veremos cómo puedes mejorar el control de las horas de tu semana laboral, cómo puedes utilizar el calendario, la lista de tareas y el correo electrónico para conseguir sacar adelante el trabajo de forma más rápida y con mejores resultados. Y también veremos cómo gestionar todos los imprevistos que puedan presentarse.

Siempre que alguien me pide consejo sobre su forma de trabajar, mi primera pregunta es: ¿cómo tienes la agenda esta semana? Su respuesta enseguida me dice si esa persona tiene la semana planificada antes de zambullirse en ella. Y si aplica una estrategia. Ante esto podrías decirme: «Pues claro que anoto todos mis compromisos en la agenda, ¡dime algo que no sepa!».

Reto aceptado.

1. TU AGENDA ES TU PIEDRA ANGULAR

Establece prioridades, organiza el trabajo y sácalo adelante

Tu agenda es la base de todo. Estupendo, esto lo tenemos claro.

En una semana laboral donde los planes pueden cambiar en cualquier momento, necesitas una herramienta que siempre esté a tu lado. Una herramienta infalible a la que puedas recurrir cuando las cosas se vuelven caóticas: tu agenda.

Por mucho que me guste probar nuevas herramientas, al final siempre recurro a mi fiel agenda. Durante muchos años, me ha sido de gran ayuda, no solo para poder llevar un seguimiento de mis compromisos, sino también para estructurar mi semana laboral. De hecho, es la base sobre la que construyo la semana: pase lo que pase, la agenda siempre me dice lo que es realmente importante. Dedico menos energía a preguntarme «¿Qué es lo primero que tendría que hacer esta mañana?», porque lo único que tengo que hacer es molestarme en consultarla.

Para que la agenda te resulte útil, tiene que estar «al día». ¿Quieres que tu agenda sea absolutamente fiable? ¿No quieres volver a pasar por alto un plazo o un compromiso importante? Entonces, a partir de ahora, respeta siempre lo que dice. Si en ella aparecen tareas que nunca llevas a cabo, es el momento de eliminar esos compromisos. No lo pienses más. ¿Hay una reunión periódica a la que nunca asistes? Cancélala. ¿Los viejos recordatorios sobre contabilidad que siempre ignoras? Bórralos.

Empieza de cero solo con aquellos compromisos que sabes que vas a cumplir.

CUATRO RAZONES PARA AMAR TU AGENDA

1. Tu agenda es finita

Una agenda tiene un espacio finito que puedes considerar como una limitación. Pero, si el día tuviera más horas, podrías anotar toda tu lista de tareas pendientes en ella. Por eso, en realidad, los límites de una agenda son su virtud más extraordinaria. Así es como puedes protegerte del exceso de trabajo.

Seguramente, en tu agenda anotas las reuniones y los compromisos importantes, pero ¿qué ocurre con tu trabajo habitual? La mayoría de la gente no piensa en programar el tiempo que necesita para hacer su trabajo. No obstante, si incluyes en tu agenda tu «trabajo diario», podrás observar tu verdadera carga de trabajo. De esta forma, es menos probable que sobrepases tus capacidades porque sabrás cuándo has llegado al límite. En consecuencia, será más fácil decir que «No» cuando sea necesario.

Pero lo más importante es que te permitirá decir «Sí, ¡me encantaría!» a aquellas nuevas y emocionantes oportunidades que se presenten, porque sabes que podrás hacerles un hueco en la agenda.

2. Tu agenda es como un sistema de navegación

Un sistema de navegación no se limita a darte instrucciones para ir de un punto a otro. La mayoría de los sistemas de navegación te muestran dónde hay atascos y te dirigen hasta la gasolinera más cercana cuando lo necesitas. Y todo para que puedas mantener los ojos en la carretera. Es práctico porque tienes que estar atento a un solo sistema, y esto simplifica las cosas, ¿verdad?

Estoy convencido de que ya estás usando algún tipo de agenda. Entonces, ¿por qué no aprovechas todas las ventajas que una herramienta como esta puede ofrecerte? No necesitas aplicaciones ni complementos adicionales. Tu agenda te puede ayudar a llegar hasta donde quieras cada semana. Y con menos complicaciones.

3. Tu agenda te permite controlar dónde inviertes el tiempo

Al reservar tiempo en el calendario para tus propias tareas, te habituarás a tener que pensar de antemano cuánto tiempo necesitas para cada una de ellas. Sin embargo, resulta difícil reservar el tiempo exacto que necesitas para elaborar un estudio para un nuevo cliente, preparar una presentación o redactar un presupuesto, si antes no has calculado el tiempo que necesitas para hacer cada una de estas tareas. Por eso, cuando termines una tarea, sabrás de inmediato si tu previsión se ha quedado larga o corta. La agenda te permite obtener un *feedback* directo que, en el futuro, te ayudará a organizar la agenda con mayor precisión. Además, tiene otra enorme ventaja: si mejoras las previsiones y terminas el trabajo a tiempo, te ganarás la confianza de tus superiores, tus compañeros y tus clientes por igual.

4. Tu agenda es pública

La mayoría de las empresas permite que sus trabajadores compartan las agendas para que todo el mundo pueda ver cuándo están disponibles los otros miembros de la plantilla. Si tu jefe lo permite, es otra excelente razón para programar tu trabajo de la semana por adelantado. De este modo, tus compañeros de trabajo y tus superiores pueden ver en qué estás trabajando, lo cual es especialmente útil cuando trabajas a distancia. Pero ¿sabes cuál es la mayor ventaja de planificar tu trabajo de antemano? Que tus compañeros no asumirán por defecto que estás disponible.

UTILIZAR LA AGENDA

Basta de teoría, ¡es hora de pasar a la acción! Vamos a planificar tu semana en seis pasos, reservando tiempo para lo más importante. ¿No estás seguro de qué es lo más importante? No te preocupes, lo veremos sobre la marcha.

Paso 1. Elige una agenda

A la hora de elegir una agenda, apuesta por una digital a la que puedas acceder desde todos tus dispositivos (tu portátil, tu teléfono inteligente, el ordenador de la oficina, tu tableta o lo que sea que utilices para trabajar). Elige una que te guste.

Una agenda de papel es útil, pero en mi opinión no son las mejores. Te voy a decir por qué. Para empezar, no te ofrece el mismo número de funciones que las digitales. Una agenda de papel no te enviará recordatorios, y no puedes compartir tus tareas fácilmente con las demás personas. Además, los planes suelen cambiar muy a menudo, y hacer cambios sobre el papel puede ser engorroso.

Personalmente, a mí me gusta Google Calendar. Pero otras herramientas similares de planificación como Microsoft Outlook o Apple iCloud también funcionan perfectamente. Entra en gripbook.com/apps y te ayudaré a decidir qué agenda es la más útil para ti.

Paso 2. Utiliza la agenda para reuniones de todo tipo

Lo primero que debes anotar en tu agenda son las tareas que tienes planificadas con otras personas durante la semana (ver Figura 1.1). Probablemente, ya lo hayas hecho, pero compruébalo para asegurarte de que no falta nada. Si tienes que reunirte fuera de tu lugar de trabajo, es importante saber adónde tienes que ir y, también, anotarlo.

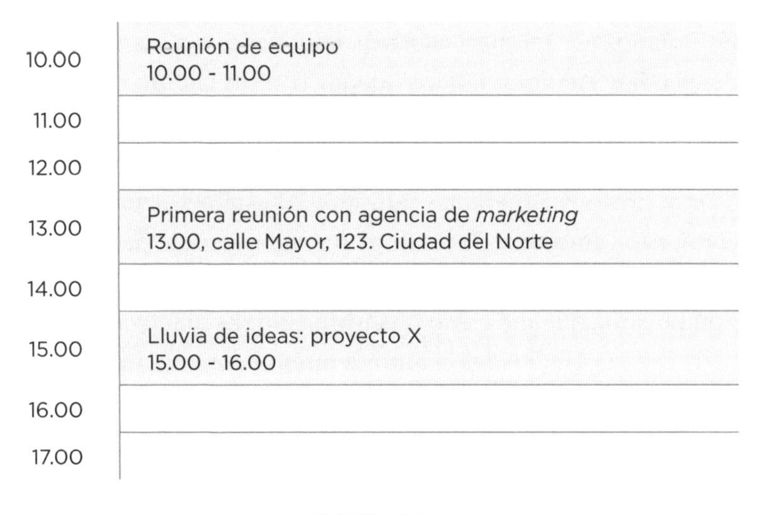

FIGURA 1.1

Paso 3. Determina la hora de finalización

El tercer aspecto que debes tener claro cuando programas una cita es: ¿a qué hora terminará? En el siguiente paso te enseñaré por qué es importante anotar la hora de finalización, pero, por ahora, simplemente sigue adelante e intenta hacer una estimación acertada. Si sabes por experiencia que las reuniones con determinadas personas tienden a alargarse, tenlo en cuenta. La clave es ser realista.

Paso 4. Envía invitaciones

Cuando celebro una reunión, intento enviar invitaciones a todo el mundo (ver Figura 1.2). Las agendas digitales permiten hacerlo fácilmente añadiendo la dirección de correo electrónico de las personas que quieres convocar. Si es una reunión virtual, no te olvides de incluir la información que necesitan los asistentes. Otra razón por la que recomiendo mandar invitaciones es que te obliga a tener en cuenta la duración de la reunión. Yo he notado que me hace ser más consciente del tiempo de los demás. Por ejemplo, quiero quedar con un cliente para tomar un café y conocernos mejor. Es evidente que dos horas sería demasiado tiempo. ¿Qué tal una hora? ¿O debería dejarlo en treinta breves y agradables minutos? Al establecer una hora de comienzo y una hora de finalización en la agenda, permites que los demás sepan qué pueden esperar. Algunas veces le pido a la otra persona que me envíe una invitación. Es una forma elegante de decir: «Tú decides cuánto tiempo tienes para mí».

FIGURA 1.2

Paso 5. Tiempo de desplazamiento, de preparación y de trabajo después de la reunión

No te olvides de incluir tu tiempo de desplazamiento. Los viajes pueden ocupar una parte importante de la agenda y, sin embargo, es muy fácil pasarlos por alto. Una forma sencilla de evitar este riesgo es coger el hábito de programar el tiempo de desplazamiento cuando se planifica una cita.

Tampoco te olvides del tiempo de preparación. Prepararte las reuniones es una forma de hacer que el tiempo que les dedicas sea más efectivo. Para estimar el tiempo que necesitas, pregúntate: ¿qué necesito para que esta reunión se desarrolle sin problemas? Puedes desglosarlo utilizando esta lista de comprobación:

LISTA DE COMPROBACIÓN

- ¿Cuánto tiempo necesito para llegar a la reunión?
- ¿Cuánto tiempo necesito para prepararla?
- ¿Puedo prepararla el mismo día o tiene que ser antes?
- ¿Necesito enviar material a los asistentes por anticipado?
- ¿Hay algo que tenga que pedir o comprar de antemano?
- ¿Puedo anticipar y planificar posibles resultados de la reunión ahora? ¿Debería adelantarme y reservar tiempo para estas acciones?

Puedes programar por separado el tiempo que necesitas para preparar la reunión, los desplazamientos o las tareas posteriores. En el ejemplo que mostramos a continuación, preparé la reunión ese mismo día. La mayoría de las veces es suficiente. El resultado final podría tener un aspecto como el de la figura 1.3.

9.00		
	Preparación reunión de equipo 9.30	
10.00	Reunión de equipo 10.00 - 11.00	
11.00	Planificar acciones derivadas de la reunión de equipo 11.00	
12.00	Desplazamiento hasta Ciudad del Norte 12.00 - 13.00	
13.00	Primera reunión con la agencia de *marketing* 13.00, calle Mayor, 123. Ciudad del Norte	
14.00	Desplazamiento de vuelta 14.00 - 15.00	Preparación lluvia de ideas 14.30
15.00	Lluvia de ideas proyecto X 15.00 - 16.00	
16.00	Seguimiento de la lluvia de ideas: planificar las acciones y finalizar el acta de la reunión 16.00	
17.00		

FIGURA 1.3

De esta forma, enseguida puedo ver que tengo el día prácticamente bloqueado con tres reuniones, pero que, aun así, dispongo de suficiente margen como para llegar preparado y puntual, así como para repasar inmediatamente después los temas que se han discutido en las reuniones de equipo y en la sesión de lluvia de ideas.

Paso 6. Utiliza la agenda para tu propio trabajo

Este último paso es clave: añadir «tu propio trabajo» en la agenda. Evidentemente, las reuniones también son trabajo, pero en este caso nos centraremos en tus actividades más importantes del día a día. Aquí es donde la agenda puede marcar la diferencia.

Piensa por un segundo en cómo gastas tu dinero: cuando se trata de compras importantes, solemos ser analíticos y, antes de decidir si un gasto merece la pena, hacemos una lista mental de prioridades. Sin embargo, por alguna razón, con nuestro tiempo no somos ni de lejos tan precavidos. A veces se nos escurren entre los dedos muchas horas valiosas. Me gustaría que pensaras en tus últimas vacaciones. Más concretamente, en la semana anterior a tu partida.

Esa última semana, es decir, antes de activar tu respuesta automática de «fuera de la oficina» y de apagar tu ordenador para permitirte ese tiempo de desconexión tan merecido, es diferente de las otras. ¿Por qué? Porque tienes un plazo inamovible y una idea clara de dónde quieres estar cuando termine la semana. Te mueve una presión sana porque después de esa semana se te acaban los días libres. Piensas en blanco y negro. ¿Qué es lo esencial? ¿Qué es factible en términos de tiempo? ¿Qué no es realista? El hecho de que tengas que ser estricto con tus prioridades suele ayudar a que esa semana de trabajo, justo antes de las vacaciones, sea la más productiva del año.

Si adoptas esta nueva forma de abordar tu agenda puedes conseguir que cada semana sea exactamente igual de productiva y efectiva. Planificarás tu trabajo en la agenda en función del día y la hora concretos en que quieras o necesites hacerlo. Este enfoque te obliga a sopesar lo que harás en una semana específica (y lo que claramente no harás). Recuerda lo que hemos mencionado al principio de este capítulo: tu agenda es tu piedra angular. Utilízala para reservarte tiempo para ti mismo. Debes hacer todo lo que figure en la agenda. Por eso, cuando planifiques la semana, ¡elige con cuidado!

En mi caso, para decidir lo que apunto en la agenda, sigo la regla de los treinta minutos. Solo incluyo tareas que me van a llevar más de treinta minutos o tan urgentes que no quiero pasar por alto. Desde luego, hay montones de tareas que tengo que hacer que no llegan a la media hora, pero las anoto en mi lista de tareas pendientes, la cual abordaremos en el siguiente capítulo.

Entonces, ¿qué anotarás en la agenda esta semana? Esta es la parte difícil. Es posible que no tengas problemas para definir a grandes rasgos lo que quieres lograr esta semana. Pero cuando se trata de planificar tareas concretas para el miércoles o el jueves por la mañana, es fácil sentirse abrumado. Hay mucho que hacer. Podemos tener la tentación de rendirnos y hacer lo que nos parezca mejor en cada momento. Pero si hay algo que no te ayudará a terminar el trabajo importante es «dejarte llevar». Empezar a trabajar en esa tarea tan compleja, pero crucial, no suele ser agradable, así que lo más probable es que termines centrándote en algo que en realidad no debería ocupar tu atención en ese momento.

Para ayudarte a terminar cada semana con la misma sensación de satisfacción que tienes justo antes de irte de vacaciones, te propongo tres filtros de selección. ¡Qué lástima que no tengamos unas vacaciones al terminar cada semana para recompensar nuestro esfuerzo!

ELEGIR TUS TAREAS

Filtro 1. ¿Cuáles son mis prioridades?

Una vez que tienes claro cuáles son tus prioridades, resulta mucho más fácil decidir cómo debes invertir el tiempo. Solo es cuestión de llenar los espacios en blanco. Tienes que reservar bloques de tiempo para cada prioridad, y luego decidir los siguientes pasos para cada una de ellas. Cuando llegues a la cita contigo mismo, sabrás en qué prioridad estás trabajando y podrás dedicarte plenamente al siguiente paso específico. Basa tu agenda en tus prioridades y te sorprenderá la cantidad de trabajo que sacas adelante.

Así pues, ¿cómo puedes saber cuáles son tus prioridades? Lo mejor es empezar con tus responsabilidades. La siguiente lista puede ayudarte a obtener un rápido panorama general:

- La descripción de tu puesto de trabajo o tus funciones.
- Los objetivos de tu empresa, departamento o equipo.
- Prioridades que has debatido con tu superior.
- Comentarios que hayas recibido en tu evaluación de rendimiento.
- Temas recurrentes en las presentaciones o informes que hayas elaborado para tu superior o para tu equipo.
- Grandes proyectos en los que estés trabajando en estos momentos.

Imagina que eres el jefe de equipo del Starbucks de la esquina. Si utilizaras la lista de arriba, tu lista de responsabilidades podría tener este aspecto:

- *En función de los nuevos objetivos trimestrales de tu establecimiento*: eres responsable de incrementar las ventas diarias en un 3 por ciento.
- *En función de la descripción de tu puesto de trabajo*: eres responsable de tener un equipo agradable y fiable de baristas.
- *En función de la descripción de tu puesto de trabajo*: eres el último responsable de la calidad de los productos que se sirven.
- *En función de tu evaluación de rendimiento*: debes impulsar la aportación creativa en las actividades cotidianas y reducir la rotación de personal.

Estas responsabilidades determinan tus prioridades. Pero antes de poder gestionarlas, necesitas convertirlas en tareas específicas. Si analizas cada prioridad, ¿qué primer paso, por pequeño que sea, podrías hacer para avanzar? Como jefe de equipo de un Starbucks, podrías:

- Revisar los últimos balances mensuales para encontrar oportunidades de crecimiento.
- Echar un vistazo a las últimas peticiones de empleo por si hubiera algún buen candidato para el equipo.
- Llevar a cabo una lluvia de ideas para encontrar una forma creativa de aumentar la visibilidad del establecimiento.
- Dedicar más tiempo a cada uno de los miembros del equipo para detectar signos de insatisfacción.
- Programar una salida y una reunión de equipo para subir la moral y conseguir más retención de empleados.
- Programar una conversación con un posible proveedor para ampliar la gama de granos de café.

Aparte de estas importantes tareas, tu trabajo como jefe de equipo de un Starbucks también requiere cierto trabajo rutinario con el que todos estamos familiarizados:

- Tu bandeja de entrada tiene 38 mensajes sin responder.
- La nevera de la cocina no cierra bien y la gente se queja.
- Dos miembros de la plantilla te han dicho que se está terminando la leche.
- Un empleado no se ha presentado esta mañana y ha sido un día muy ajetreado.
- Ayer tenías que haber terminado la distribución de horarios de la próxima semana.
- Etc.

Si se te ocurren treinta o cincuenta o incluso cien acciones como estas para tu trabajo, mantén la calma: no eres el único. Puede que te sientas abrumado por la gran cantidad de tareas (grandes o pequeñas) que tienes por delante. Es totalmente comprensible. El jefe de equipo de mi ejemplo también tiene demasiadas responsabilidades. Y aunque algunas de ellas deben gestionarse de inmediato, una sola semana no es suficiente para abordarlo todo. Pero recuerda: ¡es aquella semana antes de vacaciones! Esto significa que debemos elegir.

Afortunadamente, tenemos otro filtro de selección para este paso: la matriz Eisenhower.

LISTA DE TAREAS PENDIENTES

¿Estás estresado por la cantidad de tareas sin terminar que se acumulan en tu cabeza? Hay una forma fácil de solucionarlo. Puedes superar la sensación de caos y recuperar tranquilidad cogiendo una hoja de papel y anotando todo lo que está saturando tus pensamientos en este momento. «Todo» el trabajo que tienes que hacer, las personas a las que tienes que ver y las cosas de las que tienes que estar pendiente. Y cuando digo «todo» quiero decir «todo». Tómate el tiempo que necesites. Anótalo todo. Puede que sea solo un remedio temporal, pero, aun así, es muy efectivo. Ni siquiera tienes que tachar nada de la lista para ganar lucidez y calma ante tu situación. En el próximo capítulo llegaremos a una solución más duradera para este estrés: una lista de tareas pendientes.

Filtro 2. ¿Existe un buen equilibrio entre la urgencia y la importancia?

El presidente de Estados Unidos Dwight D. Eisenhower dijo una vez: «Tengo dos tipos de problemas: los urgentes y los importantes». La figura 1.4 visualiza este concepto y proporciona una herramienta sencilla e inteligente para poder diferenciar las tareas importantes de las urgentes. La matriz tiene dos ejes. El vertical representa la importancia de la tarea, de mayor a menor, mientras que el horizontal representa su grado de urgencia.

Estos dos ejes forman cuatro cuadrantes en los que podemos ubicar cada tarea:

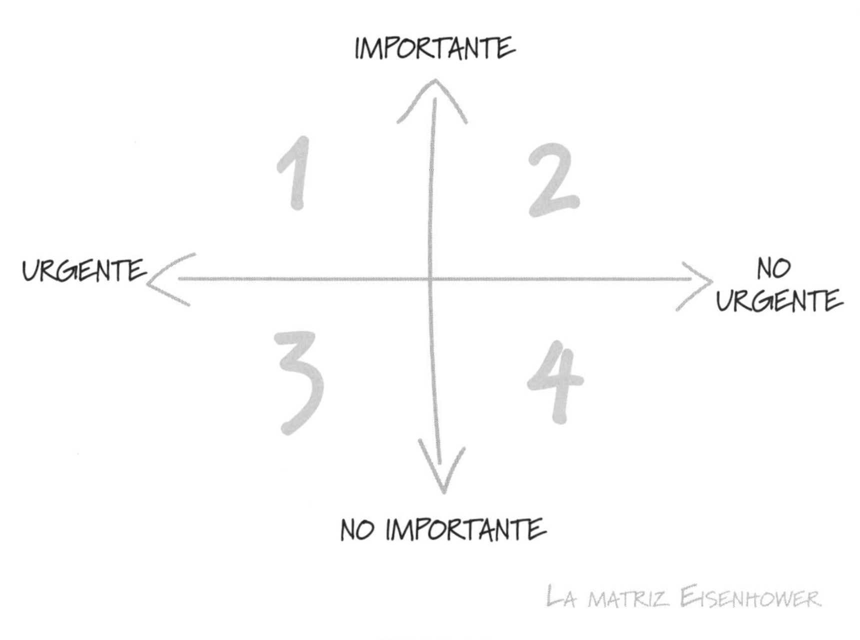

FIGURA 1.4

1. IMPORTANTE Y URGENTE: se trata de las tareas importantes que no pueden esperar. Piensa en problemas urgentes o en proyectos con un plazo riguroso. Si volvemos a nuestro ejemplo del Starbucks: un empleado que no se presenta al lugar de trabajo es un problema realmente grave. Si se trata de un problema que hace saltar las alarmas, pertenece al primer cuadrante.

2. IMPORTANTE PERO NO URGENTE: las tareas de este cuadrante pueden posponerse al menos una semana sin mayores consecuencias. No obstante, no puedes postergarlas demasiado porque estas actividades o proyectos son beneficiosos a largo plazo. Las tareas que pertenecen a este cuadrante incluyen planificar estrategias, mejorar las dinámicas del equipo, dedicar tiempo a los clientes o a uno mismo. Si regresamos a nuestro ejemplo del Starbucks, al jefe de equipo le aconsejaron realizar más aportaciones creativas en su última evaluación de rendimiento. Una meta como esa nunca puede considerarse urgente, pero sin duda es muy importante. Una forma útil para detectar tareas importantes no urgentes es preguntarse a uno mismo: si «no» lo hago, ¿tendré problemas más adelante? Si la respuesta es sí, entonces se trata de algo importante, pero no urgente. Si la respuesta es no, entonces no es ni importante ni urgente.

3. URGENTE PERO NO IMPORTANTE: este cuadrante abarca cosas que no resultan demasiado importantes a largo plazo, pero que reclaman tu atención esta semana. Un compañero de trabajo quiere hacer una pequeña modificación en una presentación en el último minuto. O, en el ejemplo del Starbucks, queda poca leche. Con las tareas de este cuadrante tienes que valorar si son realmente urgentes. Siempre que los demás quieren algo de nosotros, tendemos a asumir que tienen prisa, cuando muchas veces es posible que no les importe esperar un día o incluso una semana. Yo me he dado cuenta de que, en la mayoría de los casos, no hay problema en dejar este tipo de cosas para un momento que me sea más propicio, siempre que informe a la persona afectada. O, mejor aún, intenta delegar o externalizar las tareas de este cuadrante. Si eres un trabajador por cuenta propia, esto no siempre es una opción. En tal caso, recomiendo estructurar tu jornada laboral para minimizar el impacto de este tipo de tareas urgentes, dejándote, si es necesario, un espacio cada día para apagar fuegos. De este modo, tus días no se echarán a perder cada vez que alguien tenga una emergencia.

4. NO URGENTE Y NO IMPORTANTE: este es el tipo de trabajo que, si puedes, intentarás evitar porque no te ayuda en ningún sentido. Esta categoría puede incluir cualquier cosa, desde refrescar constantemente tu bandeja de entrada hasta reuniones que no llevan a ningún sitio. Estoy seguro de que se te ocurrirán muchos ejemplos de este tipo de trabajo improductivo, tareas que sigues haciendo a pesar de que nadie se beneficia de ellas. Estas actividades pueden estar bien durante tus descansos cortos puntuales, pero muchas veces son simplemente una excusa útil para posponer trabajo más importante.

Por lo común, dedicamos nuestro tiempo y esfuerzo a hacer todas las tareas ubicadas en el primer cuadrante, es decir, tareas importantes y urgentes, como, por ejemplo, proyectos urgentes con plazos estrictos. Y, además, cuando no estamos haciendo este tipo de tareas, intentamos apagar los fuegos del tercer cuadrante, es decir, buscando soluciones para los problemas que son urgentes, pero no importantes a largo plazo.

Incluso teniendo todas estas herramientas a mi disposición, no dejo de sorprenderme actuando de este modo. Por ejemplo, no hace mucho tiempo, tenía previsto trabajar en las ideas para el próximo trimestre. Era algo importante que debía hacer y que, además, ayudaría a la empresa a progresar. Pero en lugar de ponerme manos a la obra, decidí trabajar en una campaña publicitaria por correo electrónico. Aunque la campaña publicitaria era importante, podría haber encontrado la forma de centrarme en el plan trimestral. Por ejemplo, podría haberle pedido a un compañero que se encargara de la campaña por correo electrónico o haber consultado con el equipo para ver si era realmente imprescindible abordar la campaña en ese momento.

Mejorar tu toma de decisiones en este sentido tendrá un profundo impacto sobre tu trabajo. Hay una pregunta que permite comprobar si estás trabajando en algo realmente importante: ¿esta tarea te ayudará a optar a un posible aumento de sueldo, un ascenso o un premio? ¿O al menos a una mención honorífica de algún tipo al final del año?

IMPACTO

Es una palabra muy trillada, pero ¿qué significa realmente? «Impacto» puede ser un término ambiguo. Sin embargo, cuando hablo de «impacto», me refiero a esas tareas que realmente ayudan a tu empresa, tu equipo o a ti mismo. Para saber si lo que estás haciendo tiene verdadero impacto, necesitas saber qué es lo importante. ¿Qué cualidades son relevantes? ¿Cuáles son las cifras clave? En la mayoría de las empresas comerciales, las cifras clave suelen ser las ventas y los beneficios. En la plataforma de noticias en la que trabajaba, llevábamos un seguimiento minucioso del número de artículos leídos y del número de suscriptores, por ejemplo. Entonces, si quieres que tu trabajo tenga impacto, cualquier cosa que ayude a mejorar estas cifras será una buena apuesta.

Volvamos ahora a tu lista de trabajo para la semana que tienes por delante. Por cada nuevo ítem que añadas a esta lista, intenta discernir en qué lugar de la matriz de Eisenhower debería estar ubicado. Si eres el jefe de equipo del Starbucks y crees que la calidad de tu café ya es extraordinaria, quedar con un nuevo proveedor probablemente no tendrá un impacto demasiado alto.

Esto lo convierte en una actividad no importante y no urgente, y, en consecuencia, no merece la pena invertir tiempo en ella. Si eres como yo, es posible que te sientas inclinado a hacerlo de todos modos (al fin y al cabo, quien no arriesga no gana). ¡No caigas en esa trampa! Si quieres sacar adelante el trabajo más importante, tienes que eliminar todo aquello que no sea urgente ni importante para ti.

Así pues, en resumen: cuando elabores tu lista de tareas para la semana, piensa en cómo podrías concentrar tu energía en las tareas del cuadrante dos («importante» y «no urgente»). Si eres capaz de ello, conseguirás un mayor impacto. A continuación, echa una mirada crítica a las tareas que has decidido que son «urgentes, pero no importantes» para comprobar si siguen siendo importantes o si puedes delegarlas en otra persona. Todo lo que no sea ni urgente ni importante puedes tacharlo de tu lista. Y ya que estamos:

Filtro 3. ¿Estoy lo suficientemente concentrado?

Después de determinar tus responsabilidades y clasificar tus actividades en función de su urgencia e importancia, es posible que sientas que estás listo para empezar. ¡Pero espera! Todavía no hemos terminado. Coge ese bolígrafo rojo y repasemos tu lista para la próxima semana una vez más. La cuestión es que los seres humanos no somos planificadores natos. Aunque te sientas seguro de que vas a poder terminar toda la lista en una semana, es probable que sigas teniendo demasiadas cosas entre manos. Afortunadamente, hay una solución muy fácil: recorta la lista. Ahora también es el momento de echar una mirada crítica a las reuniones que tienes programadas. ¿Es posible que se interpongan en tus prioridades principales?

Entonces, ¿cuántas tareas aparecen en tu lista para la semana? ¿Llegan a treinta? ¿O a diez? Intenta reducirlas a dos o tres. Lo sé, no es agradable renunciar a otras actividades. Pero limitar la cantidad de tareas que haces te permite ser responsable con lo que realmente importa. Incluso abordar cinco grandes tareas en una semana son demasiadas, de modo que intenta que tu lista solo incluya dos o tres. Empezar así, con poca cosa, es una estrategia eficaz para concentrarte en lo que más importa. Y si terminas estas dos o tres tareas y te sobra tiempo, siempre puedes añadir más.

Pongámonos en los zapatos de nuestro jefe de equipo de Starbucks una última vez. Tal vez pretendas dedicar esta semana a las nuevas peticiones de empleo y a organizar una salida con el equipo. Si te concentras en estas dos tareas, te asegurarás de hacer un buen progreso.

Peter F. Drucker, el gurú austriaco de la gestión, lo explica del siguiente modo: «Define tus prioridades y no tengas más de dos. No conozco a nadie capaz de hacer tres cosas a la vez y hacerlas bien. Haz una o dos cosas a la vez. Eso es todo». Porque la cuestión es que, si te marcas cinco prioridades, en realidad no has priorizado.

RELLENAR LA AGENDA

Una vez hecho el trabajo de base, finalmente ha llegado el momento de rellenar tu agenda. Y no te preocupes si crees que hay mucho por asimilar. Si sigues estos pasos y aplicas los tres filtros, pronto se convertirá en algo innato.

A continuación, tienes algunas indicaciones que debes tener en cuenta cuando empieces a programar tu semana:

- Reserva tiempo solo para las tareas que necesiten treinta minutos o más. Cualquier cosa que lleve menos tiempo es un estorbo. Pon estas tareas rápidas en tu lista de tareas pendientes (que abordaremos en el siguiente capítulo).
- Programa la cantidad de tiempo que creas que vas a necesitar. No te interesa hacer las cosas con prisa, pero, al mismo tiempo, no reserves una hora para algo que puedes hacer en la mitad de tiempo.
- Procura no programar actividades seguidas que colapsen toda tu jornada laboral. Si es posible, deja aproximadamente el veinte por ciento de tus horas sin ocupar. En una jornada de ocho horas, esto representa entre una hora y media y dos horas al día. De este modo, tendrás espacio para incidencias, descansos y para gestionar correos electrónicos urgentes (hablaremos más sobre ello en el capítulo 3). Además, también tendrás margen para imprevistos. Sé que dejar espacios en blanco puede parecer una misión imposible, pero inténtalo («especialmente» cuando estás saturado de trabajo). Eso te ayudará a sacar adelante las tareas importantes que has planificado. (Si al dejar tiempo libre te acabas encontrando con reuniones adicionales, no te sientas mal y bloquea este tiempo para ti.)
- Describe cada actividad usando términos que te resulten claros. De este modo, cuando eches un vistazo a tu agenda semanal sabrás exactamente lo que tienes que hacer. «Plan de proyecto» es bastante ambiguo. En cambio, «Planificar la renovación de la sede central» te refrescará la memoria al instante. En lugar de gastar energía mental intentando descifrar lo que tienes que hacer, podrás ponerte directamente manos a la obra.

- Elige el momento y el lugar adecuados para cada actividad. Pregúntate: ¿es algo que prefiero hacer por la mañana? ¿Necesito estar en la oficina para trabajar en esto? ¿Necesitaré a otras personas o recursos?

Para que te hagas una idea, mi semana podría tener el aspecto de la figura 1.5.

	Lunes		Martes	Miércoles
9.00	Preparación reunión de equipo 9.30		Investigación de mercado 9.00 - 12.00	Desplazamiento hasta Ciudad del Este 9.00 - 10.00
10.00	Reunión de equipo 10.00 - 11.00			Cita con proveedor X 10.00 - 11.00
11.00	Planificar acciones derivadas de la reunión de equipo 11.00			Desplazamiento de vuelta 11.00 - 12.00
12.00	Desplazamiento hasta Ciudad del Norte 12.00- 13.00		Comida 12.00	
13.00	Primera reunión con la agencia de *marketing* 13.00, calle Mayor, 123. Ciudad del Norte		Reunión individual con el director 13.00	
14.00	Desplaza-miento de vuelta 14.00 - 15.00	Preparación lluvia de ideas		Preparación lluvia de ideas 14.30
15.00	Lluvia de ideas: proyecto X 15.00 - 16.00 Café con Sophia 15.30			Sesión lluvia de ideas sobre XYZ 15.00 - 16.00

	Lunes	Martes	Miércoles
16.00	Seguimiento de la lluvia de ideas: planificar acciones y finalizar el acta de la reunión 16.00	Puesta al día con administración 16.00 - 17.00	
17.00			

	Jueves	Viernes
9.00	Seminario todo el día 9.00 - 17.00	Entrevista con candidato
10.00		
11.00		Reunión equipo nuevo 11.30
12.00		Comida 12.00
13.00		Evolución del proyecto + informe 12.30 - 13.30
14.00		Correo electrónico 14.00 - 15.00
15.00		
16.00		
17.00		Copas en la oficina 17.00 - 18.00
18.00		

FIGURA 1.5

A primera vista, parece que he sido metódico en la planificación de mi semana. He incluido todas mis citas y reuniones, y me he reservado espacios de tiempo para las tareas clave. Mis tres prioridades principales también están claras: investigación de mercado el martes por la mañana, lluvia de ideas el miércoles por la tarde y el jueves un seminario durante todo el día. Aun así, he pasado por alto algunas cosas:

1. El lunes he reservado tiempo para prepararme las reuniones, pero ¿qué pasa con los otros días? Parece que no tengo tiempo para prepararme para ver al director el martes, para la entrevista ni para las dos reuniones en la oficina del viernes.
2. ¿Tengo todo lo que necesito para llevar a cabo la investigación de mercado el martes por la mañana? ¿Realmente necesito tres horas?
3. ¿He quedado con Sophia el martes por la tarde en la oficina o tengo que desplazarme hasta algún otro sitio? Siendo realista, ¿estaré de vuelta en la oficina para abordar temas administrativos a las cuatro?
4. ¿Hay algo que necesite hacer antes de mi reunión del miércoles con el proveedor?
5. El jueves tengo un seminario todo el día. ¿Tengo deberes pendientes de la última sesión? ¿Dónde se celebrará?
6. ¿Necesito informarme sobre el candidato que voy a entrevistar el viernes? ¿Tengo mis preguntas preparadas? ¿Haré la entrevista solo o con el equipo?
7. ¿Una hora es realmente suficiente para revisar todos mis correos electrónicos o necesitaré más tiempo? (Abordaremos el correo electrónico en el capítulo 3.)

Repasar una última vez la agenda antes de que empiece la semana va a marcar la diferencia entre luchar por seguir el ritmo o estar al día. Básicamente, abordarás cada nueva tarea en las mejores condiciones posibles. Te sorprenderá lo rápido que te acostumbras a ello. Para ayudarte, a continuación, tienes algunas ideas más que a mí me resultan útiles.

1. Mezclar trabajo creativo y rutinario es agotador

Fue un ensayo de Paul Graham lo que me abrió los ojos acerca de la diferencia fundamental entre «gestores» y «creadores».[1] Graham, inversor en empresas como Airbnb y Dropbox, y conocido en el mundo de las «empresas emergentes» como el fundador de Y Combinator, habla sobre el esfuerzo que supone para los creadores estar alternando continuamente entre reuniones y trabajo. Los gestores, en cambio, dividen sus días en fracciones de una hora o incluso de media hora, y están acostumbrados a pasar de una tarea a otra constantemente. Pero estos cambios rápidos no son tan eficaces en los creadores como en los escritores o los programadores. Los creadores necesitan más tiempo para hacer lo suyo porque es una tarea difícil, si no imposible, avanzar con solidez en un texto o en una sección de código complicada en apenas una hora. Tal como señala Graham, los creativos funcionan mejor con bloques de días enteros. Una sola interrupción de treinta minutos puede echar por tierra su productividad. ¿Significa esto que un lugar de trabajo con ambos esquemas no puede funcionar? En absoluto, apunta Graham. Los problemas solo surgen cuando se cruzan.

Mi perspectiva es más la de un «gestor» que la de un «creador». Estoy constantemente pasando de una tarea a otra. Pero también he aprendido a dedicar grandes bloques de tiempo al trabajo creativo, como, por ejemplo, pensar en el futuro de mi empresa. Necesito combinar ambos tipos de programación horaria, reservándome días enteros o la mitad de un día para tareas que implican pensamiento creativo, a la vez que lleno al menos la mitad de mi semana con reuniones que duran una hora o menos. Desde que me di cuenta de que estos dos tipos de trabajo requieren diferentes tipos de concentración y de planificación, consigo sacar mucho más trabajo adelante con menos esfuerzo. También me ha ayudado a ser más consciente de cuándo interrumpo los horarios de otras personas. Por ejemplo, si los demás están en modo creador, una reunión conmigo podría suponerles una gran pérdida de productividad. Afortunadamente, hay una solución sencilla: elige los momentos en los que una interrupción resulte menos problemática, como, por ejemplo, antes o después de la hora de la comida o al final del día. O si tienes acceso a la agenda de la otra persona, intenta programarla antes o después de sus otras reuniones, sin descansos.

2. Necesitarás acostumbrarte a tu nuevo horario

Si hasta ahora tu filosofía de planificación era «Esto es lo que espero poder hacer esta semana; si no sale bien, siempre tengo la semana siguiente», entonces el enfoque que te estoy proponiendo supondrá un cambio radical. Dale tiempo. Mientras tanto, intenta ser fiel a tu nuevo lema: mi agenda es mi piedra angular. Y al principio, por si acaso, reserva un poco de espacio extra para respirar. De nuevo, es mejor poder tachar tareas de tu agenda que no poder cumplirlas. Esta planificación de las semanas no tardará en convencerte, porque empezarás a experimentar cómo este enfoque te facilita los días y mejora tu rendimiento.

3. Haz lo importante primero

El tiempo y la energía de los que disponemos en un día son limitados. Tras dedicar nuestra energía a hacer «lo que se supone» que tenemos que hacer, solemos estar más relajados al final del día.

Brian Tracy escribe sobre esto en su libro *¡Tráguese ese sapo!* El título lo tomó prestado de una frase atribuida a Mark Twain: «Trágate un sapo vivo a primera hora de la mañana y no te pasará nada peor el resto del día». En otras palabras: en lugar de posponer durante todo el día aquella tarea que menos te apetece, empieza el día trabajando en ella.

Stephen Covey desarrolló todo un principio en torno a esta idea, que él denomina *Lo primero es lo primero*. Utiliza una brillante metáfora para explicarlo: imagínate que quieres llenar un vaso con tantas piedras y tanta arena como sea posible. Las piedras representan el trabajo importante, y la arena, todas aquellas otras tareas que también tienes que hacer. Si primero llenas el vaso con la arena y luego intentas meter las piedras, te quedarán muchas más piedras fuera que si hubieras puesto en primer lugar las piedras y más tarde la arena (ver Figura 1.6).

Lograrás hacer muchas más tareas importantes si en lugar de programarlas para más adelante las programas para realizarlas lo antes posible (a principios de semana, a primera hora del día, etc.). Conviértelo en un hábito. No hay forma más sencilla de terminar el trabajo importante que priorizarlo sistemáticamente en tu agenda. El estadista norteamericano Benjamin Franklin usaba una estrategia similar. Todas las mañanas se hacía la misma pregunta: «¿Qué bien debo hacer hoy?». Es una buena manera de empezar tu jornada laboral.

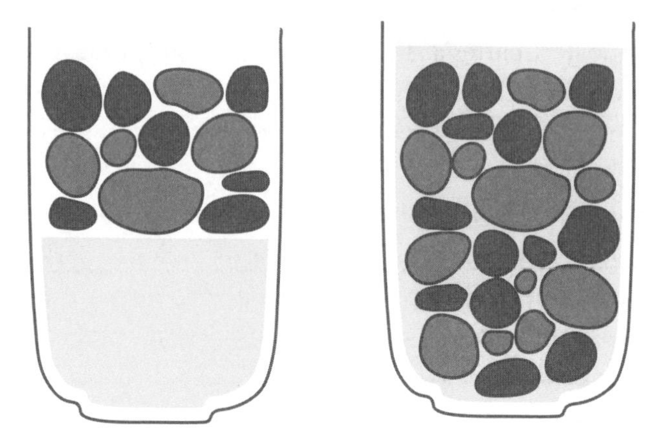

FIGURA 1.6

4. No eres una máquina

Durante mucho tiempo me propuse hacer el trabajo creativo los jueves y los viernes por la tarde. Con mi fuerza de voluntad, podía realizar cualquier tarea correctamente en cualquier momento. Eso pensaba hasta que descubrí una fórmula que resultó ser mucho más efectiva. Cuando desplacé mi tiempo de creación a principios de semana, especialmente por las mañanas, la calidad de mi trabajo incrementó enormemente. Además, también me percaté de que, a veces, el mejor momento para llevar a cabo el trabajo intelectual es cuando estoy solo en la oficina, después de que todo el mundo se haya ido a casa.

¿Qué lección aprendí? Que no somos máquinas. Se nos dan mejor distintos tipos de trabajo en diferentes momentos y lugares. Una vez que hayas descubierto qué tareas realizas mejor según el momento en el que te encuentres, no solo serás más eficaz, sino que disfrutarás más de tu trabajo. En lugar de nadar contra corriente, podrás dejarte llevar por ella.

En Blendle, mi antigua empresa, ideamos una política que llamamos «los martes sin reuniones». Tras la ronda de reuniones semanales de los lunes estábamos todos en el mismo punto y listos para arrancar. Por eso, los martes aprovechábamos esa energía y manteníamos nuestras agendas despejadas para que todos pudiéramos progresar en nuestros proyectos.

5. Trata tu agenda como si fuera un programa de entrenamiento

Todo el mundo sabe que los ejercicios de fuerza ayudan a desarrollar los músculos. La atención y la concentración también pueden mejorar con un poco de entrenamiento. Cuanto más a menudo y durante más tiempo te concentres, mejor se te dará. Aquí es donde tu agenda puede desempeñar un papel determinante. Te permite programar cada semana un poquito más de tiempo para el trabajo de concentración. Empieza con pequeñas franjas de tiempo y ve aumentándolas poco a poco, como si se tratara de un plan de entrenamiento.

Planificar toda la semana de una vez tiene una ventaja adicional: no tienes que estar alternando continuamente la planificación con la realización del trabajo. Cuando sea el momento de empezar algo, puedes ponerte manos a la obra de inmediato. Y si te interrumpen o te distraes, solo tienes que consultar tu agenda para retomar lo que estabas haciendo.

En 1908, Arnold Bennett escribió un libro titulado *Cómo vivir con veinticuatro horas al día.* En él propone un gran ejercicio de concentración. De camino al trabajo, dice, intenta pensar en una sola cosa: «Al salir de casa, concentra tus pensamientos en un solo tema (no importa cuál para empezar). No habrás caminado ni diez metros antes de que tu mente se haya dispersado delante de tus narices y se esté entreteniendo con otro tema al doblar la esquina». Todos sabemos lo mucho que le gusta a nuestra mente divagar. Bennett también lo sabía y su método de hace más de cien años tiene mucho en común con la meditación y el *mindfulness* que se practican hoy en día. Bennett nos anima a entrenar nuestros cerebros y a entender que «es» posible mejorar nuestra concentración y dirigir nuestros pensamientos.

LIDIAR CON LOS IMPREVISTOS

Si pudieras prever de antemano cada detalle de tu semana, la vida enseguida se volvería aburrida. Pero, por suerte para nosotros, la vida es impredecible. Y menos mal, porque la creatividad se nutre de las sorpresas. Las mejores ideas suelen surgir cuando menos te lo esperas. Sin embargo, cuando se trata de tu semana laboral, las sorpresas son en su mayoría inconvenientes o problemáticas. Por otro lado, si tu agenda siempre te deja mucho tiempo para responder sin problemas a los imprevistos, probablemente no estés aprovechando al máximo tus días de trabajo.

Lo primero que tienes que hacer para lidiar con las interrupciones inesperadas es empezar a proteger tu agenda de trabajo como si fueras un terrier. Esto requiere práctica. Y nadie lo hará en tu lugar, depende solo de ti. Una vez que has establecido cuidadosamente tus prioridades, te has coordinado con los demás y has decidido en dónde es mejor invertir tu energía, ¡más vale que quien quiera interrumpir tus planes tenga una buena razón para ello!

LA REGLA DE LOS AURICULARES

En Blendle teníamos la política de los auriculares. Llevar auriculares era como llevar un cartel de «NO MOLESTAR». Significaba que estabas en fase de concentración y que no querías interrupciones. Es una pena que hicieran falta auriculares para entender el mensaje, pero funcionaba a las mil maravillas.

Ser firme y poder comunicar de forma clara cuándo aceptas interrupciones y cuándo no las aceptas puede ayudarte a no perder la concentración. Aun así, seguro que surgirán tareas imprevistas. Y a veces uno no se puede permitir posponerlas. Cuando esto ocurre, podríamos pensar que una agenda planificada meticulosamente se convertirá en un obstáculo, pero en realidad resulta todo lo contrario. Tu cuidadosa planificación te ayudará a afrontar con soltura estas situaciones a medida que vayan surgiendo, sin que pierdas la calma.

Para poder ver cómo funciona, echemos un vistazo al día de trabajo que habíamos programado (ver Figura 1.7):

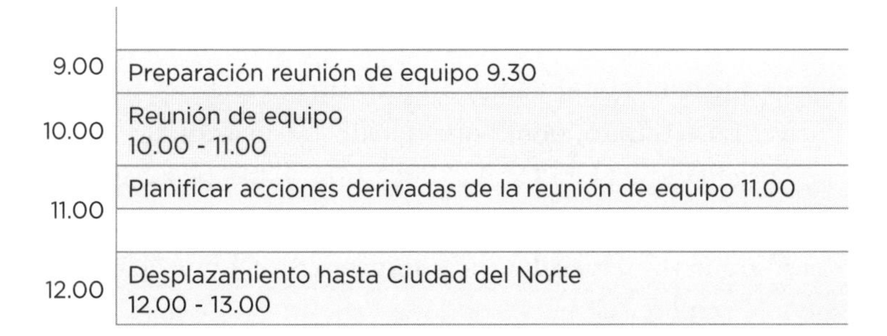

13.00	Primera reunión con la agencia de *marketing* 13.00, calle mayor, 123. Ciudad del Norte	
14.00	Desplazamiento de vuelta 14.00 - 15.00	Preparación lluvia de ideas 14.30
15.00	Lluvia de ideas: proyecto X 15.00 - 16.00	
16.00	Seguimiento de la lluvia de ideas: planificar acciones y finalizar el acta de la reunión 16.00	
17.00		

FIGURA 1.7

Imagínate que esta es tu agenda. Son las 11.40. La reunión con el equipo ha ido bien y la mañana ha sido tranquila. Has planificado las acciones derivadas de la reunión tal como habías previsto, y ahora, antes de salir hacia Ciudad del Norte, te estás poniendo al día con el correo electrónico. De repente, tu jefe entra en el despacho con una tarea que necesita para el final del día. Lo comentáis y te das cuenta de que tendrás que dejarte la tarde libre para poder hacerlo. Afortunadamente, tu agenda te dice exactamente qué tareas tendrán que esperar y qué reuniones tendrás que volver a convocar.

Tu agenda puede ser un salvavidas en momentos como este, por lo que te interesará empezar a recurrir a ella con actitud reflexiva. En este caso, tienes que decidir en cuestión de minutos si mantienes tu cita en Ciudad del Norte. El desplazamiento de ida y vuelta para la reunión implica ocupar casi toda la tarde. Reprogramarla te resulta incómodo, pero cuando llamas a la agencia resulta que no les supone ningún problema. La lluvia de ideas para el proyecto X también es importante, pero dejarla para otro día no es el fin del mundo. Así que, en lugar de intentar hacer malabares con todas las tareas, es decir, asistir a la reunión con prisas, hacer una sesión de lluvia de ideas en la que no puedes concentrarte y trabajar horas extras hasta la noche, solo tienes que hacer una simple llamada a Ciudad del Norte y enviar un correo electrónico al equipo del proyecto. Es todo lo que necesitas hacer para liberar la tarde y dedicarte a la nueva tarea en cuestión.

PLAN DE ACCIÓN PARA TRABAJOS INESPERADOS DE ÚLTIMA HORA

1. ¿Realmente el trabajo tiene que hacerse ahora? ¿Pasa por encima de todo lo demás? Si no es así, prográmalo para un momento más conveniente.
2. ¿Cuánto tiempo necesitas para terminar el trabajo? Haz una estimación generosa y anótalo en tu agenda.
3. Revisa la agenda por si hubiera alguna incompatibilidad e intenta reprogramar. No te preocupes todavía por encontrar una nueva fecha para esa reunión con seis compañeros porque ahora mismo estás apurado y no te sobra ni un momento. Limítate a comunicarles que tendrás que reprogramar la reunión, y ponte un recordatorio para retomarlo más tarde. Siempre que sepas explicar la situación, los demás lo comprenderán.

Recibir un trabajo inesperado en el último momento es frustrante cuando trastoca tus planes. Pero, al mismo tiempo, saber exactamente qué tareas puedes postergar te proporciona claridad y calma. Además, te permite adaptarte fácilmente. ¿Te preocupa olvidarte del trabajo aplazado? No debería. El repaso de los viernes, que abordaremos en el capítulo 4, te proporciona una red de seguridad para la semana. Limítate a comunicar a los demás lo que no puedes hacer hoy, y el repaso del viernes volverá a ponerlo en tu radar.

EXPERIMENTA CON TU SEMANA LABORAL

Los deportistas de élite analizan todos los aspectos de su vida en busca de cualquier cosa que pueda incrementar su rendimiento. Desde sus técnicas de entrenamiento hasta los detalles de su dieta. Nada queda sin examinar. Y cuando los resultados no están a la altura, siempre se preguntan lo mismo: «¿Qué puedo hacer diferente la próxima vez?». Los mejores deportistas lo saben: para cambiar el resultado tienes que cambiar lo que haces.

Podemos aplicar el mismo enfoque a nuestra profesión. La tremenda exigencia de nuestro trabajo admite la comparación con los deportistas de élite. Entonces, ¿cómo puedes mejorar tu rendimiento? ¡Probando! Ajusta tus técnicas y comprueba si te gustan los resultados.

Por ejemplo, imagina que los jueves sueles estar menos lúcido y tienes problemas para cumplir tus planes de trabajo. Podrías intentar trabajar desde otro sitio ese día, cambiar de despacho o encontrar un lugar distinto para trabajar. Cada vez que pruebas algo nuevo, es posible que incrementes tu rendimiento. Intenta cambiar tu rutina para ver qué es lo que más te ayuda. He elaborado una serie de preguntas para que dispongas de un punto de partida. Ahí van:

Trabajar o hacer una pausa

- Tras una reunión, ¿cuánto tiempo necesitas para recuperar tu ritmo de trabajo?
- ¿Cuánto tiempo de descanso necesitas en tu agenda diaria para tener un día productivo?

Trabajar temprano o tarde

- ¿Trabajas mejor por las mañanas? ¿O sueles estar más inspirado a última hora de la tarde?

Trabajar en un ambiente bullicioso o tranquilo

- ¿Trabajas mejor con otras personas alrededor? ¿O cuando estás solo?

Trabajar con o sin plazos

- ¿Funcionas mejor bajo presión? ¿Cuándo obtienes mejores resultados, tras varios días de trabajo intenso con una fecha de entrega inminente o al contrario?
- ¿Te resulta más fácil o difícil mantener la concentración si sabes que tienes una cita dentro de dos horas? ¿O si a tu portátil le quedan unos noventa minutos de batería? ¿O sabiendo que tu bebé se despertará dentro de una hora?

Trabajar a principios o a finales de semana

- ¿Trabajas mejor al comienzo de tu semana laboral (tras un fin de semana de descanso) o no alcanzas tu ritmo hasta el jueves o el viernes? ¿Cómo son tus lunes comparados con tus viernes?

Rutina o espontaneidad

- ¿Trabajas mejor si tus días siguen un patrón constante? ¿O trabajas más y mejor los días con cambios y con sitio para la espontaneidad?

Trabajar con o sin música

- ¿Trabajas mejor con música o te distrae? ¿Qué tipo de música te va bien y cuál no?

Tareas agrupadas o separadas

- ¿Avanzas más si juntas distintas tareas similares y las abordas todas de una vez (como enviar correos electrónicos, escribir propuestas u organizar reuniones) o te causa ansiedad ver cómo se te acumula el trabajo?

Trabajar de pie o sentado

- ¿Te concentras durante más tiempo si trabajas de pie? ¿O te agota?

Trabajar más o menos horas

- ¿Sacas más trabajo adelante si trabajas más horas seguidas? ¿O las largas jornadas de trabajo minan la calidad o la cantidad de trabajo que realizas?

Trabajar con o sin conexión a Internet

- ¿Eres más productivo con conexión a Internet activa o lo eres cuando te desconectas temporalmente?

Dormir más o menos

- ¿Cómo afecta a tu productividad dormir una hora más o menos? ¿Empiezas más fresco con o sin despertador?

Trabajar con otros o solo

- ¿Avanzas más y tienes más ideas si trabajas en equipo? ¿O trabajas mejor en solitario?

Comida larga o rápida

- ¿Cuánto tiempo puedes mantener tu concentración tras la pausa para comer? ¿Qué te va mejor, una pausa corta o larga? ¿Te ayuda salir a tomar el aire?

Ejercicio a primera o a última hora

- ¿Eres más productivo y estás más despierto si haces ejercicio antes o después de trabajar?

TU AGENDA ES LA FASE 1

¡Enhorabuena! Has definido tus prioridades y las has planificado en tu agenda. Ahora solo tienes que hacer el trabajo. Y, por supuesto, disfrutar de la sensación de estar tomando las riendas de la semana. En lugar de sentirte abrumado por todo lo que tienes que hacer, ahora lo tienes todo organizado con claridad.

Si eres como yo, te darás cuenta de que, durante la semana, has reservado muy poco tiempo para algunas cosas y demasiado para otras. O es posible que adviertas la frecuencia con la que te distraes por culpa de las tareas que no habías previsto.

Estas observaciones son valiosas, por lo que vale la pena anotarlas (consulta el recuadro «Notas»). Tomarte un momento para reflexionar sobre la semana también te ayudará a detectar patrones recurrentes en tu trabajo. Hacer lo que dice tu agenda te proporciona una mejor comprensión de la semana, y esto, a su vez, te ayuda a planificar la siguiente. Es un círculo virtuoso.

De acuerdo, llegados a este punto es posible que te estés preguntando: «¿Tengo que planificar cada semana con tanto detalle? ¿Y cómo lo compagino con las otras cosas importantes de mi trabajo?». No te preocupes. En los próximos capítulos te guiaré a lo largo de la semana. Cada vez que tengas que decidir qué debes abordar a continuación, cíñete al «cohete de las tres fases».

NOTAS

Puedes tomar notas de muchas formas distintas, desde escribirlas en una libreta o en pósits hasta usar una herramienta digital. Seguramente adivinarás que yo apuesto por las herramientas digitales. De este modo puedo acceder a mis notas fácilmente desde cualquier dispositivo. Sea cual sea el método que elijas, lo más importante es tener un sistema en el que puedas confiar. Consulta el anexo al final de este libro si quieres más consejos sobre cómo tomar notas.

Lo que me gusta del cohete de las tres fases es que te dice lo que tendrías que estar haciendo en todo momento. Así funciona:

- Lo que aparezca en tu calendario es lo primero. Ahí es donde planificas el trabajo de la semana y representa la fase 1.

Haz lo que habías planeado, porque tu agenda es tu piedra angular.

- ¿No tienes nada más programado en este momento? Entonces estás listo para la fase 2: cosas que tengas en tu lista de tareas pendientes.
- ¿No te quedan tareas pendientes para hoy? Es la hora de la fase 3: el correo electrónico.

Una vez que tienes la agenda ordenada, es el momento de despegar de verdad. La fase 2 te proporcionará lo que tal vez sea el beneficio más inmediato de este libro: un «cerebro de apoyo».

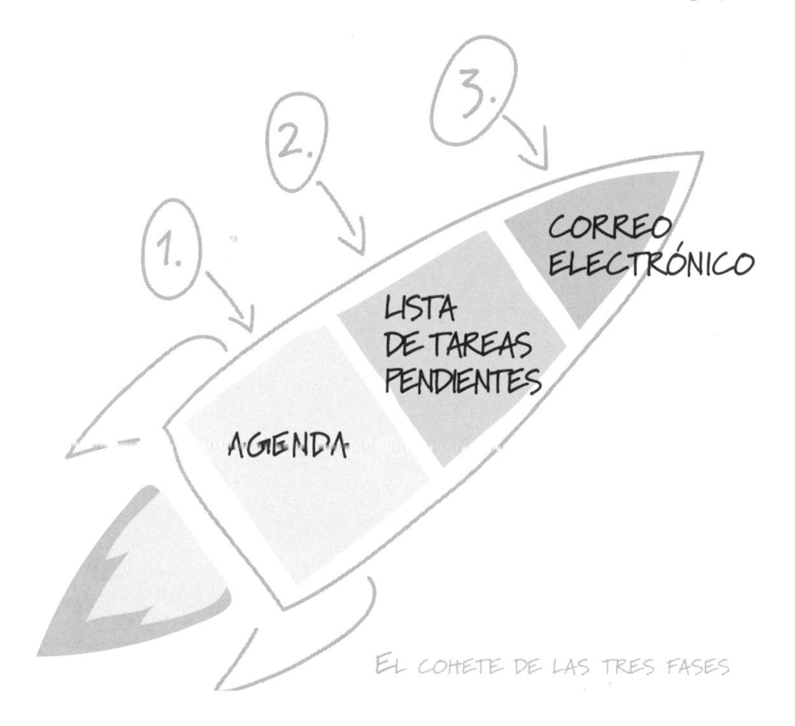

EL COHETE DE LAS TRES FASES

2. DEJA DE ALMACENAR COSAS EN TU CABEZA

Rescata tu cerebro con una lista de tareas pendientes inteligente

¿Alguna vez has terminado tu jornada laboral más estresado que cuando la empezaste? Esos días, por la noche, tu mente bulle con todas las tareas que te quedan por hacer.

¿O acaso, cuando trabajas en algo que requiere una concentración absoluta, irrumpen en tu cabeza las tareas pendientes de forma aleatoria, como, por ejemplo, «todavía tengo que cursar esa solicitud de vacaciones» o «tengo que volver a hablar con fulano sobre ese informe»?

Cualquier tarea que se repita constantemente en tu cabeza puede interpretarse como un bucle abierto. Y un bucle abierto es una conexión que debe cerrarse. Este tipo de conexiones son útiles porque el trabajo no se ha hecho, y tu cerebro está programado para que lo hagas. Tu cerebro te recuerda el bucle abierto cada vez que puede, esperando que en algún momento hagas algo al respecto.

El único problema de este mecanismo es que nuestros cerebros tienen un terrible sentido de la oportunidad. Por ejemplo, nunca te acuerdas del ingrediente que tenías que comprar en la tienda hasta que vacías las bolsas al llegar a casa. O, por otro lado, la pregunta urgente que tenías que hacerle a un compañero de trabajo solo te viene a la cabeza justo «después» de vuestra reunión semanal. Como tu cerebro es incapaz de enviarte los recordatorios en el momento adecuado, acaba actuando como un acosador, y manda señales aleatoriamente hasta que terminas la tarea. Cuantos más bucles abiertos tengas, más señales recibirás. Y también más estrés (ver Figura 2.1).

FIGURA 2.1

Los psicólogos agrupan nuestros procesos de pensamiento diarios en dos sistemas básicos: el sistema 1 y el sistema 2. Esta teoría del pensamiento por sistemas la popularizó Daniel Kahneman en su éxito editorial *Pensar rápido, pensar despacio.*

El sistema 1 de pensamiento es rápido, instintivo, emocional e inconsciente. Te permite hacer cosas como saber de dónde viene un sonido, sumar 2+2 o circular por la autopista (cuando eres un conductor experimentado).

El sistema 2 es justo lo contrario. Es lento, racional, deliberado y consciente. Aparcar el coche marcha atrás, dar una charla o trazar una ruta de A a B son actividades típicas del sistema 2 que no puedes hacer de forma inconsciente. Obligan a tu cerebro a hacer un trabajo activo, cosa que no le gusta. Y, por lo común, tu cerebro reacciona tentándote para que busques una solución rápida y sencilla. Al fin y al cabo, pensar en aquel grifo que gotea y que hay que arreglar requiere menos energía que concentrarse en la compleja propuesta que intentas escribir. Prueba lo siguiente: tómate un segundo para levantar la vista de este libro y observar el espacio que te rodea. Lo más probable es que se te ocurra alguna tarea que no tenga absolutamente ninguna relación con él. Esto supone un alivio porque, por un instante, no tienes que procesar las palabras que hay en esta página. Así es como los bucles abiertos interrumpen nuestra concentración, nos generan estrés e impiden que terminemos nuestro trabajo.

¿No sería maravilloso si pudiéramos bloquear temporalmente estos bucles abiertos? ¿No existe ninguna estrategia para quitarnos estos recordatorios de la cabeza y ponerlos en pausa hasta el día, la hora y el lugar exactos en los que los «necesitamos»? Es posible, pero por el momento todavía no tenemos este tipo de control sobre nuestros cerebros.

La buena noticia es que hay otra solución para los bucles abiertos y el estrés que generan. Es decir, en el momento en que tu cerebro tenga la total seguridad de que alguien o algo le recordará una determinada tarea, bajará el volumen de estos persistentes recordatorios internos. Así pues, lo que necesitamos en realidad es un cerebro de apoyo solo para los recordatorios, para darle un respiro a nuestro cerebro habitual (ver Figura 2.2). Como un disco duro externo para nuestra mente.

FIGURA 2.2

Cuando dejas de usar tu «memoria de trabajo» para almacenar tareas, tu cerebro queda libre para dedicarse a aquellas que tienes entre manos. Transferir todos estos bucles abiertos de nuestras cabezas al cerebro de apoyo (o «segundo cerebro») nos permite concentrarnos plenamente en el trabajo realmente importante. Esta inteligente perspectiva y la idea de una lista de tareas pendientes inteligente proviene del extraordinario libro de David Allen *Organízate con eficacia*. En sus propias palabras, «tu cerebro es una máquina de pensar, no un dispositivo de almacenamiento».

No tiene por qué ser complicado. Si te ciñes a dos hábitos básicos, tu cerebro estará feliz y mantendrás la cabeza despejada:

- Traslada todos tus bucles abiertos al cerebro de apoyo (cuanto antes lo hagas, mejor).
- Revisa tu cerebro de apoyo con regularidad.

Si descuidas cualquiera de estos dos hábitos, sentirás cómo la claridad de tu cabeza se desvanece. Tu cerebro volverá a hostigarte con todos tus bucles abiertos y volverás a estar como al principio: estresado y sobrecargado. Por desgracia, no podemos limitarnos a volcar nuestros bucles abiertos en el cerebro de apoyo y dar el trabajo por hecho. Tenemos que revisar nuestro cerebro de apoyo de vez en cuando y mantenerlo al día.

Pero ya hemos dicho que no tiene por qué ser complicado. Cuanto más simple, más probable es que funcione. En su libro *La mente organizada*, el neurocientífico Daniel Levitin señala que el porcentaje de gente a la que le gusta utilizar un nuevo sistema de organización es inversamente proporcional a la complejidad de dicho sistema. Es decir, cuanto más simple sea el sistema, más probable será que lo mantengamos. La vieja regla de los rendimientos decrecientes también se aplica: la inversión inicial en los fundamentos de un nuevo sistema rinde mucho más que los pequeños ajustes que vayamos haciendo más adelante.

TU CEREBRO DE APOYO

La idea de un cerebro de apoyo me encanta. ¿Quién no lo querría? En las próximas páginas voy a enseñarte cómo construir tu propia memoria externa paso a paso.

De hecho, tu cerebro de apoyo constará de dos elementos. Uno es tu agenda, de la que ya hemos hablado. El otro es la lista de tareas pendientes. Lo bueno de las listas de tareas pendientes, incluso en su forma más sencilla, es que te proporcionan un espacio fuera de tu cabeza donde puedes aparcar todos tus bucles abiertos, por grandes o pequeños que sean. De modo que, antes de ponernos manos a la obra, tienes que hacerte una promesa solemne. Es la regla de oro para utilizar una lista de tareas pendientes:

DEJA DE ALMACENAR COSAS EN TU CABEZA.

¡Eso es todo!

La lista de tareas pendientes se elabora paso a paso. Los he desglosado en seis pasos o «niveles» distintos (ver Figura 2.3). Cada uno de ellos te lleva al siguiente. Lo bueno de este planteamiento es que los primeros pasos son los más fáciles y a la vez los que proporcionan mayores beneficios.

Nivel 1. Elige tu sistema ideal

El primer paso consiste en elegir un buen sistema para tu lista de tareas pendientes. Lo que buscas es un apoyo externo que te

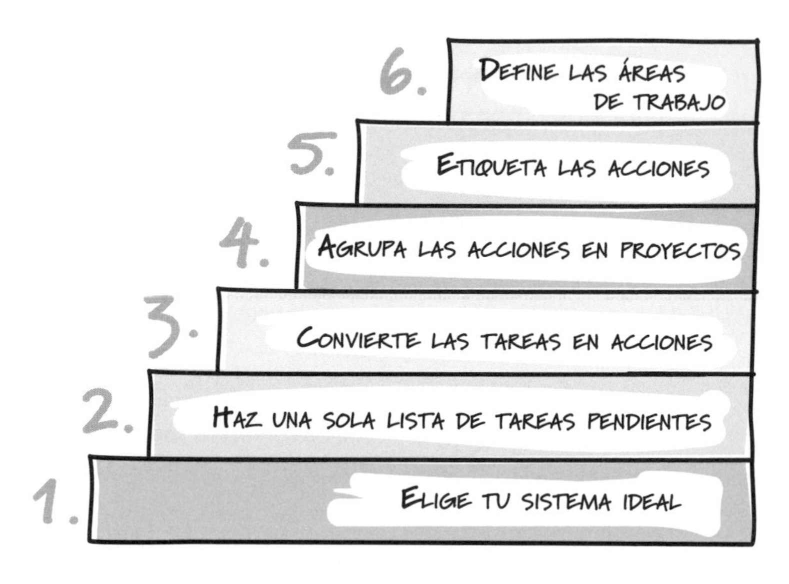

FIGURA 2.3

ayude a concentrarte mejor y a reducir el estrés. «¿Qué sistema debería usar?» Es una pregunta que me hacen muchas veces. Pero antes de revelar mis preferencias, cuando hablo de un buen sistema me refiero a lo siguiente:

- *Es digital.* Las listas de tareas pendientes, igual que las agendas, suelen terminar siendo caóticas sobre papel. Dado que las tareas y las prioridades cambian constantemente, el uso del papel puede implicar tener que estar reescribiendo continuamente. Una memoria digital hace la vida mucho más fácil.
- *Puedes sincronizarlo con el teléfono y el ordenador.* Te interesará tener acceso rápido a tu lista de tareas pendientes independientemente de dónde estés. Esto reduce considerablemente tus opciones.

- *Es rápido y sencillo.* Con frecuencia me encuentro con personas batallando con sistemas lentos o programas que generan más desorden que claridad. No dudes en ser selectivo. Necesitas una herramienta que te guste utilizar.

Y ahora voy a hacerte la elección un poco más fácil. ¿Tienes un Mac y un iPhone? Entonces te recomiendo Things (https://culturedcode.com/things/). Things es una aplicación superrápida para Mac y iPhone diseñada con mucho cuidado por los detalles.

Si utilizas Windows y un móvil Android, prueba con Todoist (https://todoist.com/). Todoist es clara, sencilla y funciona en cualquier plataforma.

Things es una aplicación de pago (y vale cada céntimo que cuesta), pero puedes probarla de forma gratuita durante quince días. Todoist tiene una versión gratuita con todas las funciones que probablemente necesites. Para cuando leas esto puede que haya mejores aplicaciones en el mercado, así que consulta mis últimos consejos en gripbook.com/apps.

En los últimos dos años me he dado cuenta de que cada vez más personas que conozco están dispuestas a pagar por su *software*. Y estoy totalmente a favor, porque la diferencia entre el *software* gratuito y el de pago puede ser enorme. Piénsalo como si se tratara de una herramienta bien hecha. Un carpintero jamás escatimaría dinero para sus herramientas, porque sabe que con mejores materiales se consiguen mejores resultados. Un mejor *software* puede hacer lo mismo por ti. Y puede cambiar completamente tu uso de las listas de tareas pendientes.

¿Ya has encontrado una aplicación y te la has instalado en tus dispositivos? Fantástico. Pasemos al nivel 2.

Nivel 2. Haz una sola lista de tareas pendientes

Llegados a este punto, sea cual sea el programa que hayas elegido, es fácil sentirse desbordado. El programa te permite crear proyectos, etiquetas y listas de comprobación, añadir localizaciones, archivos adjuntos, colores y notas. Hay un montón de opciones. Y esta es precisamente la razón por la que mucha gente tira la toalla con este tipo de sistemas. Entender todas las opciones y hacer un uso adecuado de todas las funciones puede parecer agotador.

Te recomiendo hacerlo de la forma más sencilla posible. Empieza con una sola lista. De momento, deja a un lado las listas de proyectos y las sublistas. Tampoco hay ninguna necesidad de decidir lo que tienes que hacer hoy o más adelante. Para la mayoría de las personas pasar de no tener ninguna lista a tener una gran lista digital es, de lejos, lo que más beneficios les aporta. Así pues, lo repito de nuevo: empieza con una sola lista.

La mayoría de los programas de seguimiento de tareas presentan una lista estándar llamada «bandeja de entrada». Búscala. ¿No la tienes? Entonces créala. No es casualidad que recuerde al correo electrónico, porque es un buzón para todos tus mensajes entrantes. La diferencia es que esta bandeja de entrada no es para mensajes que te envían otras personas, sino un cajón de sastre para tus propias tareas. Este buzón de tareas es donde aparcas todos tus bucles abiertos, todas aquellas cosas que te estás recordando constantemente que debes hacer, no solo relacionadas con el trabajo, sino también con tu casa, tus vacaciones, tus aficiones, tu familia..., lo que sea. No hay ninguna regla que diga lo que puedes o no puedes meter en este buzón. Tu único objetivo en este momento es escribir literalmente todo lo que tengas en la cabeza. En esta fase no importa cómo describas las tareas. Ni para cuándo las programes. Más adelante, en el capítulo 4, hablaremos de cómo puedes vincular la lista de tareas y tu agenda. Tampoco te preocupes sobre la duplicidad de entradas. Lo único que ahora importa es que tengas todas tus tareas escritas en algún lugar.

Para que te hagas una idea, estas son algunas de las tareas que tengo ahora mismo en mi buzón:

- Proponer un nuevo formato para las reuniones de los lunes.
- Quedar con Makayla.
- Informar al equipo sobre el error de la aplicación en iOS.
- Programar la reunión con Alex, Noor y Ayden para la semana que viene.
- Comprar bolsas de basura.

Como puedes ver, mi lista incluye una variopinta mezcla de tareas laborales y personales. Algunas son más importantes que otras, o más o menos urgentes. Esto no supone ningún problema. Por ahora, el simple hecho de sacarte todas estas tareas de la cabeza y ponerlas en un sistema externo te ayudará enormemente. Si no estás acostumbrado a esta práctica, es fácil que pienses: «Pero si puedo acordarme fácilmente de esto y lo otro. No necesito escribirlo». Pero vale la pena luchar contra ese instinto e intentar aprender este nuevo hábito.

Una vez que te acostumbres a gestionar cada tarea y cada bucle abierto con este sistema, no habrá vuelta atrás. Es increíblemente liberador.

También es un buen momento para recopilar todas las listas de tareas pendientes que tengas por ahí (garabateadas en libretas, pósits, servilletas de papel o en un archivo de algún tipo en tu teléfono o portátil) y añadirlas a tu nueva bandeja de entrada.

Debajo tienes una lista de comprobación que puede resultarte útil. Te servirá para refrescar la memoria en el caso de que hayas pasado por alto alguna tarea. Siempre hay algo. Recuerda que ahora mismo no importa si tu lista es útil, el objetivo es simplemente escribir todo lo que te venga a la cabeza. Así que recuerda cualquier cosa que se parezca a una tarea y anótala en tu bandeja de entrada, junto con cualquier otra cosa que ocupe tu mente.

LISTA DE COMPROBACIÓN PARA COMPLETAR TU LISTA DE TAREAS PENDIENTES

- Proyectos en marcha.
- Proyectos que quieres empezar.
- Objetivos que has marcado o que te han marcado (como, por ejemplo, el retorno sobre las evaluaciones de rendimiento. Ya lo viste cuando rellenabas tu agenda, pero también tiene sentido poner objetivos y responsabilidades en tu lista de tareas pendientes. Esta lista va más allá de la próxima semana).
- Clientes.
- Reuniones que necesitas prepararte.
- Citas pendientes.
- Presentaciones.
- Llamadas telefónicas, mensajes de voz o de texto importantes.
- Correos electrónicos importantes.
- Presupuestos.
- Trabajo administrativo.
- Impuestos.
- Dispositivos/equipo.
- Desarrollo personal.

- Cosas que quieres leer (libros, revistas, *boletines electrónicos*).
- Trabajos puntuales en casa.
- Cosas que debo limpiar.
- Cosas que debo comprar.
- Aficiones.
- Copias de seguridad.
- Documentos importantes (pedir pasaporte, renovar permiso de conducir).
- Lugares a los que tienes que ir.

HAZLO RÁPIDO

El otro día estaba respondiendo mensajes de correo electrónico desde mi portátil cuando de repente me acordé de que tenía que encontrar a un operario para que arreglara una cosa de la casa. Apenas sin pensar (¡el «pensamiento rápido» de Daniel Kahneman!), utilicé un acceso directo desde el teclado, escribí «Hacer foto de los daños y conseguir presupuesto de reparación», y le di a *enter*. En cuestión de segundos pude olvidarme totalmente del operario y volver a lo que estaba haciendo. El acceso rápido a tu lista de tareas pendientes es fundamental. Te ahorrará un montón de tiempo todos los días y te permitirá mantener la concentración. No te lo pienses y configúratelo inmediatamente.

¿Cómo se crea un acceso rápido desde el teclado? Si eres usuario de Mac y has elegido Things para tu lista de tareas pendientes, puedes utilizar la opción «Entrada rápida» (dale al menú en Things y selecciona «Preferencias», ver Figura 2.4). Elige una combinación de teclas que puedas teclear fácilmente con una sola mano y empieza a usarla tantas veces como puedas para que se convierta en algo automático.

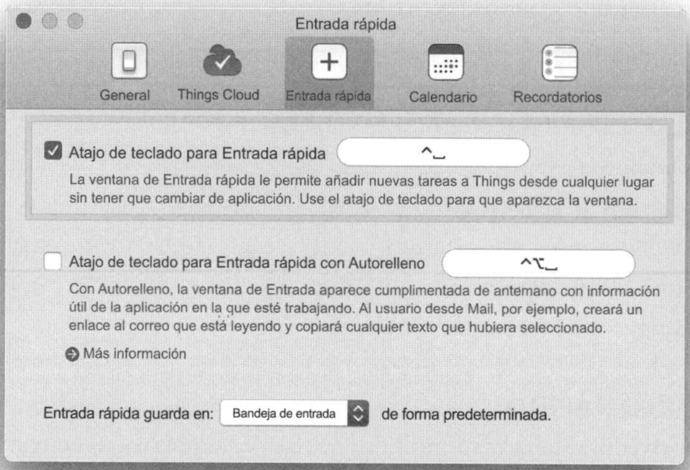

FIGURA 2.4

Con tu nuevo programa convertirás el caos de los recordatorios inconexos de tu cabeza en una lista ordenada. Por eso, fortalece el uso de tu cerebro de apoyo con el hábito 1: trasladar cualquier bucle abierto a tu cerebro de apoyo lo antes posible.

El hábito 2 consiste en revisar con regularidad este cerebro de apoyo. Aquí es donde «el cohete de las tres fases» (pág. 43) desempeña un papel determinante. Cada vez que tengas un agujero en la agenda, acostúmbrate a consultar tu lista de tareas pendientes. Una vez que la tengas delante, tómate un momento para decidir qué tarea es más beneficiosa y factible con el tiempo del que dispones (por ahora, olvídate del correo electrónico, lo abordaremos en el siguiente capítulo).

Cuando empieces a trabajar de este modo con tu lista de tareas pendientes, pronto notarás una mayor sensación de calma y claridad. Y, sobre todo, disminuirá el caos en tu cabeza. Pero esto es solo el principio. Ha llegado el momento de pasar al nivel 3.

Nivel 3. Convierte las tareas en acciones

La forma de describir las tareas en la bandeja de entrada marcará una gran diferencia en cuanto a la cantidad de trabajo que saques adelante. Si lo haces bien, podrás quitarte de encima el trabajo que has estado aplazando durante siglos, simplemente por el hecho de haber definido la acción de forma sencilla y factible. ¿Cómo? Pongamos que acabas de asistir a una conferencia virtual sobre el liderazgo. Cuando los empleados asisten a eventos de este tipo, las empresas esperan que compartan lo que han aprendido con todo el equipo, pero les permite elegir cómo hacerlo. Estás a punto de cerrar tu portátil el viernes por la noche tras una semana agotadora, tu mente bulle con nuevas ideas, te acuerdas de esto y añades la tarea a tu buzón:

- Compartir aprendizaje de la conferencia de liderazgo.

Una vez que te has quitado este pensamiento de la cabeza, puedes relajarte durante el fin de semana. No tienes ningún bucle abierto del que preocuparte.

Avancemos hasta el lunes por la mañana. Tienes un hueco en el calendario y ves esta tarea en tu lista de tareas pendientes. ¿Estás motivado para llevarla a cabo? No. ¿Sabes por dónde empezar? Pues tampoco. Esto se debe, principalmente, a la forma de anotarla. Es decir, ¿cuál sería el primer paso para llevar a cabo esta tarea? No puedes empezar si todavía tienes que pensar qué es lo que tienes que hacer.

Ahora imagina que al ponerte esta tarea el viernes la hubieses escrito como un conjunto de acciones, de este modo:

- Pasar a limpio los apuntes de la conferencia.
- Preparar diez diapositivas sobre los principales puntos de la conferencia.
- Enviar invitaciones al equipo para una presentación durante la comida.

Todas estas acciones parecen factibles y son mucho más atractivas para sumergirse en ellas. Y la única diferencia está en la forma de describir la tarea. En el segundo ejemplo sabes exactamente lo que tienes que hacer y tienes tu objetivo al alcance de la mano.

Así pues, si consultar la lista de tareas pendientes te paraliza, intenta convertir tus tareas en acciones. Estas acostumbran a ser ambiguas, muy ambiciosas y confusas en los detalles. Tienen un propósito, pero les falta la chispa para arrancar. Las acciones tienen un verbo. Te activan y te orientan en la dirección correcta. Están bien definidas y son factibles. Si una tarea no tiene un verbo, es una señal para transformarla en una o dos acciones. Mi forma de hacerlo es formular una pregunta básica cuando añado una tarea a mi buzón: «Si quisiera ponerme manos a la obra con esto ahora mismo, ¿me está diciendo cómo hacerlo?».

Para mostrarte lo que quiero decir, te enseño cómo he convertido algunas tareas en acciones:

Transforma **TAREAS** demasiado ambiguas...	... en **ACCIONES** factibles al instante.
INFORME DEL PROYECTO X	Pedirle a Ben, de Ventas, los datos para el informe del proyecto X.
ORGANIZAR CAMPAÑA DE *MARKETING*	Programar reunión con la agencia de *marketing*. (Esto vale, pero sería bueno prepararla antes, de modo que,)
	Programar reunión con Sarah. Asunto: campaña de *marketing*. (Esto vale, pero sería mejor elaborar propuestas y recibir un retorno sobre ellas antes, de modo que,)
	Redactar propuesta con cinco ideas para la campaña de *marketing*.
	Comentar la propuesta con Hannah.
FOTOS DEL VIAJE	Mandar a imprimir las fotos del viaje. (Esto no nos sirve porque simplemente hay demasiadas fotos, de modo que,)
	Seleccionar fotos del viaje para imprimir. (Esto vale, pero antes hay que editarlas, de modo que,)
	Editar las fotos del viaje. (Esto vale, pero las fotos no las tengo todavía en el portátil, de modo que,)
	Importar fotos de la cámara.
CANALETA QUE GOTEA	Llamar a alguien para arreglar la canaleta (Esto vale, pero antes hay que encontrar a alguien, de modo que,)
	Preguntarle a la vecina a quién llamó la semana pasada para hacer las reparaciones en su casa.

Si te tomas un poco más de tiempo para formular las tareas pendientes, puedes convertir esas tareas ambiguas en acciones concretas que realmente harás. Las acciones te permiten saber qué debes hacer en primer lugar y cuánto tiempo necesitas para ello, de modo que empezar una nueva tarea requerirá menos energía. Lao Tzu dio en el clavo hace más de mil quinientos años cuando dijo: «Incluso un viaje de mil millas empieza con un primer paso». Aunque convertir directrices ambiguas en acciones claras puede parecer una tontería, es lo que te permitirá pasar a la acción. Es la única forma eficaz para que des ese primer paso. Y el siguiente. Y el de después.

Si no se me ocurre una acción para una tarea al instante, opto por una segunda mejor opción y escribo una nota en mi buzón: «Pensar próxima acción para el proyecto X». De este modo, por lo menos he creado una acción de seguimiento que me indica exactamente qué debo hacer.

Solo una cosa más antes de pasar al siguiente nivel. En cierta medida, convertir las tareas en acciones consiste en ponerles una fecha. Pero a diferencia de las tareas que añades en la agenda, que tienen que llevarse a cabo dentro de unos límites establecidos, las fechas que asignas a las acciones de tu lista de tareas pendientes son solo «orientativas». Indican que quieres llevar a cabo la acción aproximadamente en esa fecha. El motivo para especificarlo es solo controlar la distribución de tus tareas. Así limitas el número de acciones que te propones en un día, a la vez que despejas tu bandeja de entrada. En el momento en que asignas una fecha a una acción, esta desaparece de la bandeja de entrada. Solo te quedan las tareas que están pendientes.

Además, asignar una fecha provisional a las tareas también tiene otra ventaja. Hace que la pregunta «¿Qué debería hacer a continuación?» sea mucho más fácil de responder. Ya no tienes que sopesar todos los elementos de tu gran lista, sino que puedes ponerte manos a la obra con lo que tengas pendiente ese día.

Aquí he planteado el nivel 2 (pág. 52) y el nivel 3 (pág. 57) como dos pasos separados, pero, con un poco de práctica, definir tareas y acciones se convertirá en algo automático. Y cuanto más disfrutes de los beneficios de transformar tus tareas en acciones concretas, menos tendrás que preocuparte por el nivel 2.

Una vez que domines tu buzón de tareas, estarás listo para el siguiente paso: ¿cómo se puede mantener una visión de conjunto en medio de tantas tareas? La respuesta son los «proyectos»: agrupar conjuntos de acciones bajo un mismo encabezamiento.

Nivel 4. Agrupar las acciones en proyectos

Por el momento, has anotado en una lista de tareas pendientes externa todas las tareas que deambulaban por tu cabeza, y las has transformado en acciones definidas. Buen trabajo. Ahora eres una de las pocas personas felices que se pasean por ahí con la cabeza despejada. Pero es probable que llegue un día en el que tu lista de tareas pendientes empiece a desmadrarse. Pasa en las mejores familias. Se te acumularán docenas de tareas en la bandeja de entrada. Y, entonces, será un buen momento para pensar en crear un sistema más eficiente para tus tareas. En las próximas dos páginas te enseñaré a agrupar esa larga lista de tareas aleatorias en apenas un puñado de proyectos accesibles.

EL PROYECTO «ALGÚN DÍA»

Empecemos con lo básico. En el nivel 2 anotaste una extensa variedad de tareas (grandes y pequeñas) en tu bandeja de entrada. Pero es imposible que puedas hacerlas todas de inmediato. Ningún problema. Es hora de crear el primer proyecto en tu nuevo programa. A mí me gusta llamar a este proyecto «Algún día». Es el sitio donde puedes incluir todas las ideas para las que no tienes tiempo en estos momentos (y quizá no lo tengas en las próximas semanas o incluso meses). Son ideas que llevar a cabo en algún momento futuro. Un curso profesional al que te planteas asistir, nuevas oportunidades para el próximo trimestre, limpiar el garaje, escanear las fotos antiguas de tus vacaciones o el año sabático que quieres tomarte más adelante.

Separar las tareas a corto plazo y las tareas a largo plazo despejará tu lista de cosas pendientes. No tendrás que navegar entre tareas que ahora mismo no son relevantes porque las tendrás archivadas en otro sitio.

La figura 2.5 es mi ejemplo de proyecto «Algún día». Añadir un proyecto «Algún día» es una muy buena forma de despejar tu lista de tareas pendientes. En la aplicación Things, este proyecto viene por defecto. De modo que ponte manos a la obra y repasa tu buzón: seguro que encontrarás algunas tareas y acciones que no abordarás en las próximas semanas. Arrástralas hasta tu proyecto «Algún día». Si te preocupa perderlas de vista, tranquilo. En el próximo capítulo te enseñaré a llevar un seguimiento de estas tareas y acciones.

Vale la pena volver a recordar los beneficios de una lista de tareas pendientes: te quita las tareas de la cabeza y las traslada a un sistema externo digital. Y recuerda: cuanto más complicado sea tu cerebro de apoyo, menos probable será que sigas usándolo. He visto a gente empezar a agrupar todas sus tareas en proyectos que solo logran crear un gigantesco embrollo. Entonces se sienten abrumados, no saben hacia dónde tienen que ir y lanzan todo el sistema por la borda. Y es una lástima. Ten en cuenta que tu objetivo es lograr un método más claro y sencillo.

Si cuando observas tus tareas y proyectos piensas «¡Qué complicado!», entonces es momento de simplificar tu sistema.

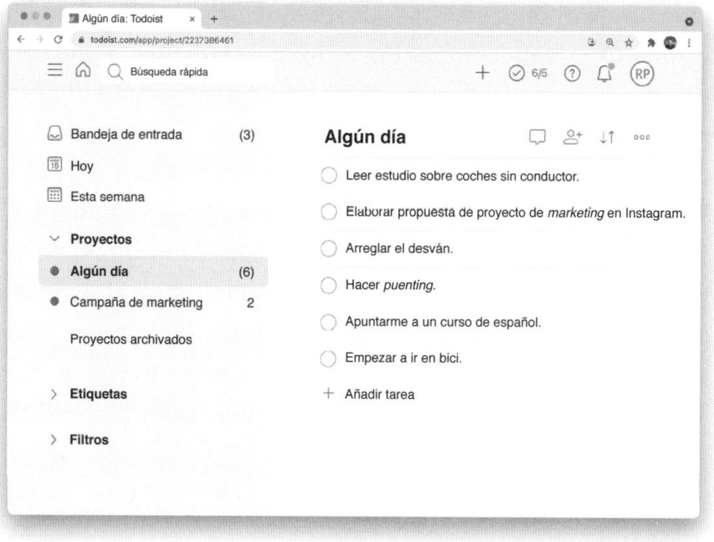

FIGURA 2.5

Agrupar tareas solo tiene sentido si de verdad te ayuda a hacer un buen seguimiento. Tal vez un proyecto consista en solo tres tareas, mientras que otro (como, por ejemplo, arreglar la casa) puede fácilmente incluir docenas de ellas.

En estos momentos, tengo diecinueve proyectos activos, tanto profesionales como personales, aunque podría fácilmente pensar en más cosas que hacer que impliquen múltiples tareas. Pero me gusta que toda mi lista de proyectos quepa en una sola pantalla, para poder ver todo lo que ahora mismo es más importante para mí. Al fin y al cabo, la idea de usar proyectos es poder hacer un seguimiento de tus objetivos principales.

Agrupar las tareas en proyectos también evita que las tareas se pierdan entre el caos, lo que podría ocurrir en una situación como la de la figura 2.6. Esta captura de pantalla muestra un proyecto en el que estoy trabajando que he titulado «Campaña de *marketing*». En él tengo dos acciones pendientes. Ambas son muy claras para mí, me dicen exactamente lo que tengo que hacer. También ayuda el hecho de que estén agrupadas en un proyecto porque así no pierdo la visión de conjunto. En cuanto concluya estas dos acciones, tendré que plantear el siguiente paso (suponiendo que no lo haya hecho hasta entonces). Si, por alguna razón, no lo hago, mi proyecto seguirá en el programa como recordatorio visual. En cambio, si no me hubiera molestado en agrupar estas dos acciones en un proyecto y las hubiera completado sin crear el siguiente paso, podría perder de vista la

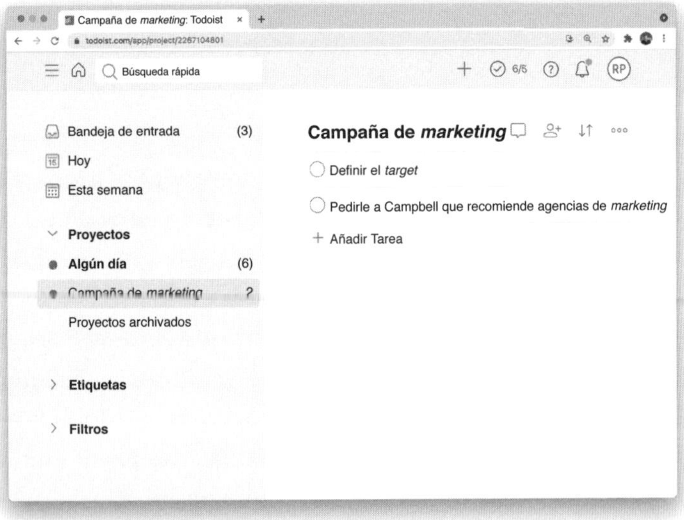

FIGURA 2.6

campaña de *marketing*. No me acordaría hasta que alguien me preguntara por ella o hasta que Campbell me pasara la información sobre las agencias.

Nivel 5. Etiqueta las acciones

Has traspasado todos los bucles abiertos de tu cabeza a una lista de tareas pendientes en un cerebro de apoyo. Has convertido todas tus tareas en acciones. Y has creado proyectos para no perder la visión de conjunto. Pero tu lista de tareas pendientes todavía puede ofrecerte más cosas. ¿Cómo? Con las etiquetas inteligentes. Marcar las acciones con una o más etiquetas organiza tu trabajo y te permite arrancar más rápido. Estas son las tres etiquetas que más me gustan:

1. ENERGÍA

En el capítulo anterior hablamos de cómo nuestro nivel de energía cambia a lo largo del día. Si estamos más sintonizados con nuestros ritmos de trabajo, sacaremos más provecho de cada jornada. Tomemos el ejemplo de Beethoven. Se dice que molía exactamente sesenta granos para su primer café cada mañana, componía desde las 6.30 hasta las 14.30, comía (con un buen vaso de vino) y luego salía a dar un largo paseo. Después se sentaba en una cafetería donde pudiera leer el periódico y comer algo. Sabemos que Winston Churchill se pasaba las mañanas en la cama dictándole libros y cartas a su secretaria. Se bañaba dos veces al día, y dormía una siesta de una hora y media todas las tardes. Esta inusual rutina le funcionaba bien al estadista británico, que, además de ser primer ministro durante dos mandatos, fue autor de más de cuarenta libros (y ganó el Premio Nobel de Literatura).

Es posible que una jornada laboral tan poco intensa sea inusual, pero estoy seguro de que tienes más flexibilidad de la que crees. Ahí es donde tu lista de tareas pendientes puede resultarte útil. Imagina que has tenido un día con una reunión detrás de otra. La última ha terminado a las cuatro de la tarde y te quedan todavía dos horas para terminar. Es poco probable que escribas una propuesta muy creativa antes de las seis. Pero, si has etiquetado tus tareas pendientes, puedes aprovechar igualmente el tiempo que te queda y sacarle el máximo partido. Con una etiqueta de «Tareas rápidas» o «Energía baja» puedes agrupar temas que requieran un esfuerzo mínimo (ver Figura 2.7). O, cuando te cueste avanzar con una tarea que requiere un nivel alto de energía, puedes buscar las tareas que requieran poco esfuerzo y, de este modo, llevarlas a cabo más fácilmente. Esto funciona en ambos sentidos: si usas etiquetas como «Trabajo intensivo» o «Concentración», puede ayudarte a agrupar también tareas intensas. Así podrás abordarlas en el momento oportuno.

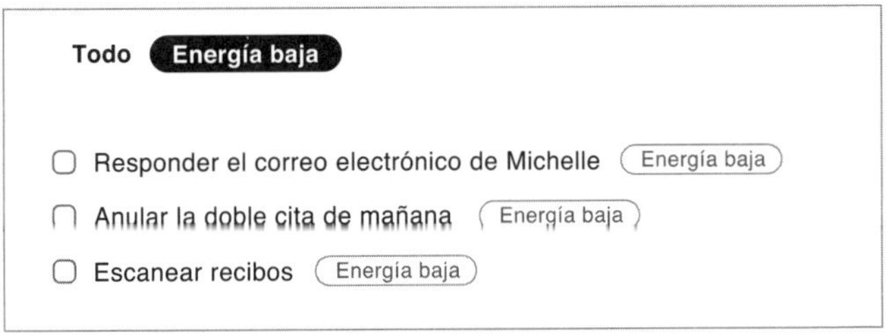

Todo **Energía baja**

- ☐ Responder el correo electrónico de Michelle (Energía baja)
- ☐ Anular la doble cita de mañana (Energía baja)
- ☐ Escanear recibos (Energía baja)

FIGURA 2.7

2. LOCALIZACIÓN

Las etiquetas pueden utilizarse también para asignar localizaciones a las tareas. Esto resulta práctico porque puedes ocuparte de varias vinculadas a una misma localización. Pongamos por ejemplo que trabajas en diversos sitios. Tal vez haya algunas cosas que solo puedes hacer in situ. Si hay una tarea que solo puedes hacer en casa, etiquétala como «Casa». Y una etiqueta como «Oficina» es genial para centrar tu atención, porque elimina todo lo que no puedes hacer en horas de oficina.

Otra forma de etiquetar las tareas es basarte en herramientas o recursos específicos que puedas necesitar. Podría ser tan sencillo como tener una «impresora» o un «taladro». En este ejemplo, no todas las tareas clasificadas con «Energía baja» están vinculadas a la misma localización. Si filtro por «Oficina», veré que puedo ponerme a escanear mis recibos (ver Figura 2.8).

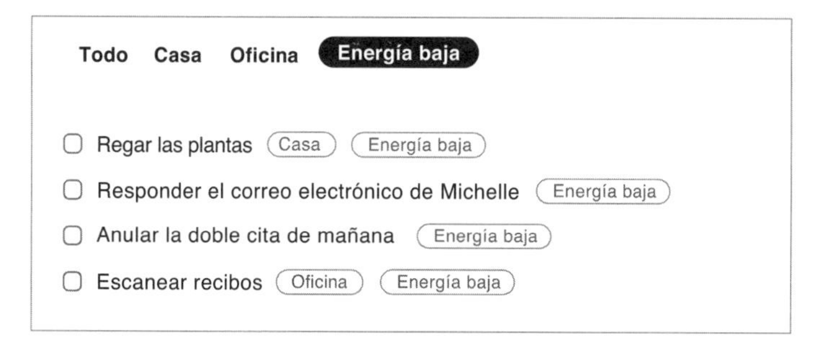

FIGURA 2.8

3. GENTE

En la actualidad, cada vez más y más trabajo se realiza por correo electrónico o por chat. Sin embargo, para mí, hablar cara a cara suele garantizar que el trabajo se haga mejor y más rápido. Siempre que puedo, aunque sea a través de videoconferencia, intento programar reuniones individuales. Las etiquetas me permiten vincular nombres de personas a cada tarea. Como con mi antiguo jefe Alexander. Puesto que ambos teníamos agendas muy apretadas, cada vez que nos reuníamos quería asegurarme de que hablábamos de todos los temas que estaban en mi lista. Y un solo clic me permitía filtrar los elementos para los que necesitaba su contribución (ver figura 2.9).

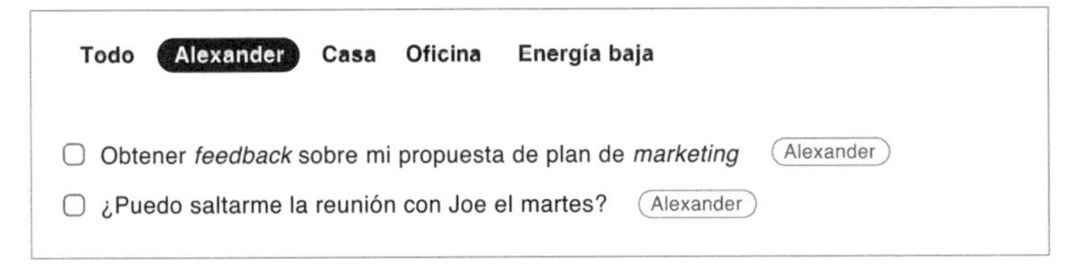

FIGURA 2.9

Las etiquetas me permiten añadir otro filtro extra a mi lista de tareas pendientes para maximizar los resultados en el poco tiempo del que dispongo. En mi caso, algunas etiquetas funcionan mejor que otras. Tú tendrás tus propias preferencias. Puede que las etiquetas donde mencionas a una persona te resulten más útiles que las que determinan el nivel de energía de cada tarea. Es solo cuestión de ir probando para ver qué es lo que te funciona mejor.

Nivel 6. Definir las áreas de trabajo

Hay un último paso que puedes dar para hacer un buen seguimiento de tus tareas. Se trata de agrupar los proyectos. En el nivel 4 te enseñé cómo simplificar una larga lista de tareas pendientes en un conjunto manejable de proyectos. En este siguiente paso lo que harás es agrupar esos proyectos en áreas de trabajo. Igual que con los proyectos, esto te ayuda a tener una visión de conjunto que te permita filtrar tu trabajo incluso más rápido.

La primera línea fácil que puedes trazar es entre «Trabajo» y «Personal». Esta distinción es muy útil, pero ¿por qué detenernos ahí? También podrías intentar agrupar los proyectos por responsabilidad. Cojamos mi antiguo puesto en Blendle como ejemplo. Como jefe de producto, era responsable de cuatro áreas:

- *Desarrollo de producto:* trabajar para incrementar nuestra base de usuarios, mejorando nuestro producto y añadiendo funciones inteligentes.
- *Desarrollo del equipo:* asegurarme de que tuviéramos al personal adecuado en los puestos idóneos, es decir, formar a nuestros empleados y contratar nuevos.
- *Desarrollo estratégico:* trabajar en el desarrollo de la visión de futuro de la empresa.
- *Desarrollo personal:* avanzar en mi crecimiento dentro de la empresa y proponerme retos.

Todas las tareas que tenía asignadas solían corresponder a una de estas cuatro áreas de responsabilidad. Por eso creé cuatro etiquetas para estas áreas de trabajo en mi lista de tareas pendientes: «Producto, Equipo, Estrategia y Desarrollo personal». Así es como se veía en Things. Este desglose (ver Figura 2.10) me ayudaba a mantener la visión de conjunto y, al mismo tiempo (y quizá lo más importante), a destacar las áreas en las que me «faltaban» proyectos o actividades. Si «Blendle-Desarrollo personal» estaba vacía, eso significaba que tenía que buscar algún curso o un nuevo reto.

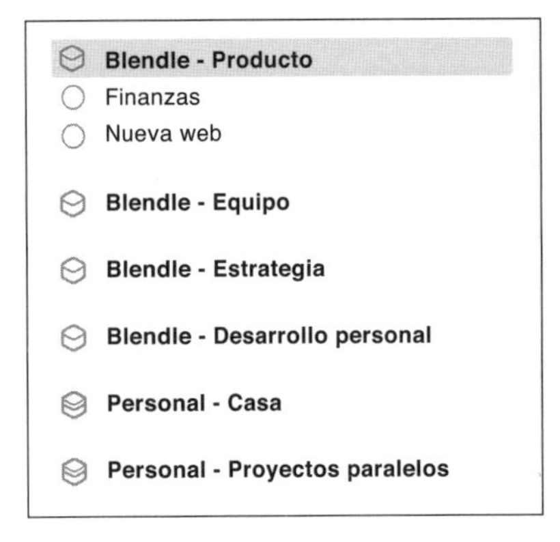

FIGURA 2.10

Todos tenemos distintas áreas de trabajo. Si el «Crecimiento de ventas» es parte de nuestro trabajo, podrías agrupar ahí una «Campaña de *marketing*». La figura 2.11 muestra cómo se vería en tu programa de gestión de tareas:

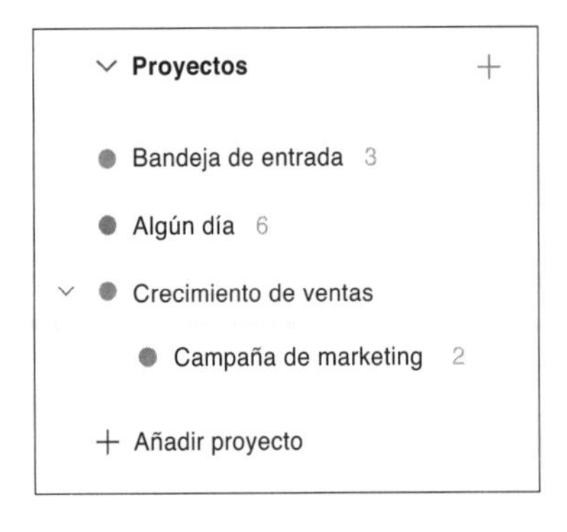

FIGURA 2.11

Puedes hacer lo mismo con proyectos personales. Agrupa proyectos relacionados con tus aficiones, por ejemplo, o con los trabajos domésticos. Pero recuerda que debe ser sencillo. Añade otro nivel organizativo «solo» si es de alguna ayuda.

Nivel extra

TAREAS Y PROYECTOS REPETITIVOS O HABITUALES

Otra opción práctica que a mí me gusta mucho es crear tareas habituales o repetitivas. Todas las herramientas que propongo te permiten establecer fechas de entrega repetitivas para poder hacer un seguimiento diario, semanal o anual. También resulta ideal para acciones que quieres integrar en tu rutina de trabajo. Mis tareas repetitivas o habituales incluyen cosas como leer como mínimo una página cada día, revisar las incidencias comunicadas por los usuarios una vez por semana o elaborar un informe para los accionistas una vez al mes.

La figura 2.12 es una tarea habitual que me recuerda cada semana que tengo que sacar la basura para reciclar. A continuación, tienes otras tareas que pueden ser recurrentes o habituales:

- Revisar cifras clave o informes.
- Reunirte con alguien del trabajo.
- Planificar las vacaciones con antelación.
- Revisar las pólizas de seguros para actualizarlas o cambiar de proveedor.
- Consolidar hábitos nuevos.
- Mantenimiento rutinario de tu casa.

¿Y por qué no nos ahorramos la lista y simplemente añadimos estas tareas directamente a la agenda? ¡Buena pregunta! La agenda sirve para las tareas que debes hacer en un momento muy concreto. En cambio, las tareas habituales o repetitivas son cosas que no quieres olvidar, pero que no suelen estar vinculadas a una fecha estricta. Si quiero asegurarme de que hago una determinada tarea un día concreto, entonces voy a reservar en la agenda el tiempo que necesito.

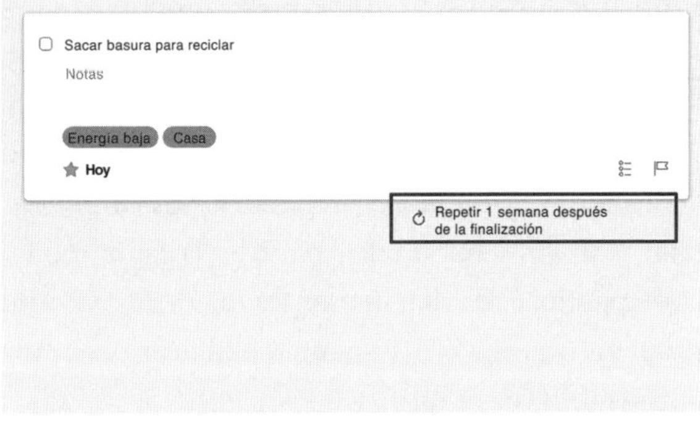

FIGURA 2.12

LA REGLA DE LOS DOS MINUTOS

Por fantástico que resulte tener una lista de tareas pendientes con distintos proyectos y áreas de trabajo, no dejes que eso sea un objetivo en sí mismo. Para evitar que mi lista acabe siendo demasiado larga, sigo la regla de los dos minutos, otra perla de David Allen: si puedo hacer una tarea en menos de dos minutos, me ocupo de ella de inmediato. ¡Una cosa menos de la que estar pendiente!

LA LISTA DE ESPERA

Lo más probable es que trabajes con otras personas al menos una parte del tiempo, y que tengas que esperar que primero acaben su parte del trabajo. En ocasiones, todos nos olvidamos de alguna tarea o no cumplimos los plazos. Sin embargo, cuando necesitas los resultados del trabajo de los demás para poder llevar a cabo el tuyo, es útil tener una previsión fidedigna de los plazos que acordaste y con quién los acordaste. Aquí es donde una «Lista de espera» puede resultarte útil. Una lista de espera es en realidad simplemente otro proyecto, igual que tu lista «Algún día». Añade o traslada a esta lista todo aquello que estés esperando que otros hagan. De este modo podrás ver a simple vista cuándo tienes que volver a ponerte en contacto con ellos. Si prefieres no molestarte en crear una lista separada, también puedes utilizar para este fin las etiquetas de las que hemos hablado anteriormente. Lo que te funcione mejor.

UTILIZAR TU LISTA DE TAREAS PENDIENTES

Volvamos a nuestro cohete de las tres fases (pág. 43). La fase 1 es tu agenda. La fase 2 es tu lista de tareas pendientes. Solo recurres a tu lista de tareas pendientes cuando tienes un hueco en la agenda. En otras palabras, cuando no tengas nada programado en la agenda, consultarás la lista de tareas pendientes. Esto le permite a tu cerebro desprenderse verdaderamente de los bucles abiertos y empezar a confiar en el sistema, porque echarás un vistazo a tus tareas pendientes varias veces al día.

Pero ¿cómo funciona esto en la práctica? Así es como yo lo hago:

- ¿No tienes ninguna tarea programada en este momento? Consulta tu lista «Hoy» o filtra tus tareas por la fecha. Puesto que ya has establecido fechas de vencimiento aproximadas para las tareas, la lista te mostrará al instante lo que deberías hacer hoy.
- Repasa la lista y elige en qué quieres trabajar. ¿Te cuesta decidir? Utiliza la matriz de Eisenhower (pág. 19) para priorizar los temas «importantes» y «no urgentes».

- Intenta coger el hábito de quitarte de encima primero las tareas más molestas o fastidiosas del día.

Si dispones de un momento libre entre compromisos, después de comer o al terminar el día, tómate un minuto para revisar tu bandeja de entrada de tareas pendientes y clasifícalas por importancia. Intenta repasar tu lista al menos una vez al día. No obstante, no te preocupes si se te olvida, porque en el capítulo 4 te enseñaré cómo evitar que alguna tarea se te pase por alto, tanto en lo que respecta a tu agenda como a tu lista de tareas pendientes.

Ahora que has creado una lista de tareas inteligente y una agenda en la que puedes confiar, lo único que te queda es hacer el trabajo.

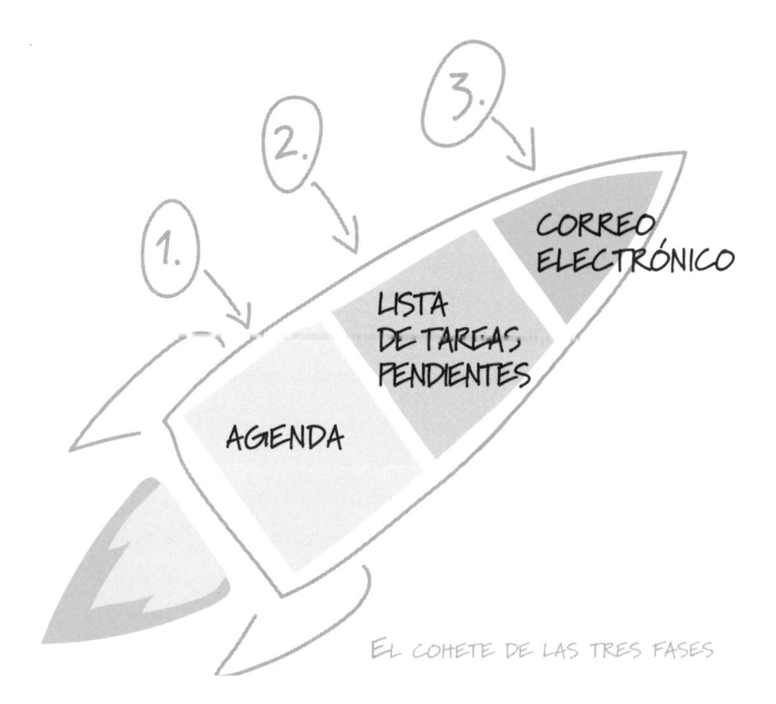

El cohete de las tres fases

SIETE MOTIVADORES

Ponerte a trabajar suena bastante fácil sobre el papel, pero la realidad suele ser diferente. Si eres como yo, saber lo que tienes que hacer no siempre es suficiente. A veces necesitas un pequeño empujón.

A lo largo de los años, he recopilado siete «motivadores» que ahora utilizo a diario para empezar a trabajar (ver Figura 2.13). Como si se tratara de una caja de herramientas en la que puedo rebuscar cada vez que lo necesito.

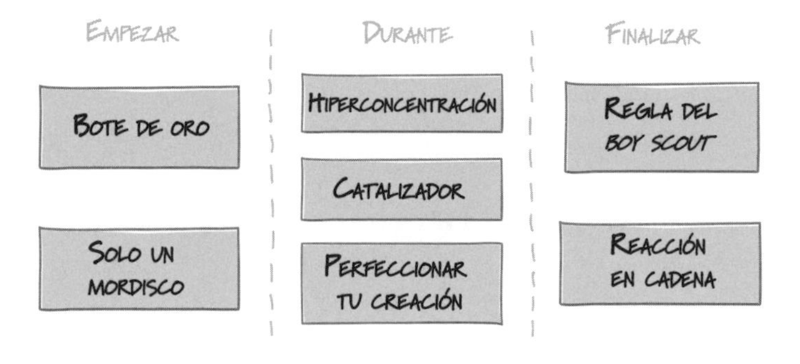

FIGURA 2.13

Cuando no te sientes inspirado para abordar una tarea, los motivadores de la columna de la izquierda son ideales. Pero si empezar a trabajar es difícil, también lo es mantener el entusiasmo por una tarea y culminarla. Ahí es donde resultan útiles los motivadores de la columna del medio y de la derecha. Así funcionan:

Motivador 1. Bote de oro

Cuando tienes un objetivo *in mente*, es mucho más fácil empezar una tarea y llevarla a cabo hasta el final. En especial, si el trabajo te intimida o tienes que retomarlo tras una interrupción. Tener un propósito es un gran motivador. Tomemos como ejemplo un amigo mío que quiere ser médico. Debe hacer sacrificios e invertir una cantidad enorme de energía para terminar la carrera. No obstante, a menudo le escucho hablar de lo que lo mantiene motivado: quiere adquirir las competencias que necesita para ayudar a la gente. Este objetivo es su bote de oro. Cada vez que siente que su motivación se debilita, recordar su objetivo le proporciona más energía.

El motivador «bote de oro» te ayuda a centrarte y a trabajar para conseguir tu objetivo, incluso en las tareas más pequeñas. En mi caso, empezar las mañanas con buen pie me permite seguir con fuerza durante toda la jornada laboral. Esto me motiva para limpiar la cocina y recoger la casa todas las noches antes de acostarme. No es una tarea placentera, pero sé por qué lo hago.

Otro ejemplo: pocas veces siento como una prioridad contratar personal nuevo para mi equipo porque siempre hay muchas otras tareas reclamando mi atención. No obstante, sé que mejorar el equipo resolverá muchos problemas a largo plazo. Tener presente este objetivo final me ayuda a no dejar a un lado las nuevas incorporaciones.

Motivador 2. Solo un mordisco

Los niños son especialmente quisquillosos con la comida. ¿Y quién puede recriminárselo, con tantos sabores y texturas desconocidos? Algunos progenitores lo resuelven con el método «solo un mordisco». El razonamiento es que, tras probar una comida varias veces, el niño se dará cuenta de que en realidad sabe bien. Incluso podría ser el principio de un amor con el brócoli para toda la vida.

El motivador «solo un mordisco» no es exclusivo de los niños quisquillosos con la comida. Puede ayudarnos a todos a superar el primer obstáculo. Aquí tienes varias maneras de usar este motivador:

- *Márcate un objetivo claro y fácil.* Tan pronto como lo alcances, puedes dejarlo. Tal vez quieres escribir cien palabras o leer cinco páginas de aquel libro que todavía no has conseguido empezar. Reduce la tarea tanto como quieras. Escribir una frase. Leer dos páginas. Una vez que hayas alcanzado tu objetivo, es posible que te apetezca seguir.
- *Establece unos límites.* Trabaja en aquella propuesta durante diez minutos y, si sigues bloqueado, tómate un respiro. A menudo, estos primeros minutos son suficientes para cogerle el ritmo a lo que estés haciendo. Otra opción es intentar usar la «Técnica *pomodoro*», de Francesco Cirillo. Pon el temporizador a veinticinco minutos. Concéntrate en tu trabajo hasta que suene el temporizador, y descansa durante cinco minutos. Luego, repite el proceso.
- *Empieza con algo divertido.* A mí me funciona coger el lápiz Apple que me compré para el iPad. Todavía es lo bastante nuevo como para que me parezca mágico. Y sé que intentar dibujar lo que tengo en la cabeza suele ayudarme a encontrar nuevos puntos de vista. Así pues, si hay una tarea que no me apetece empezar, simplemente cojo el iPad para visualizar mis pensamientos. Busca si hay algo parecido que te pueda servir a ti. ¿Hay algo que te pueda aportar entusiasmo a la hora de empezar tu trabajo?

Motivador 3. Hiperconcentración

No hay nada mejor que ese estado de concentración absoluta, esa sensación de inmersión total en la que te olvidas del mundo que te rodea. Pero ¿cuánto tiempo crees que los humanos pueden concentrarse en una sola tarea? Según un estudio de la Universidad de California de 2005, la friolera de once minutos como máximo.[1]

Otros estudios dicen que no podemos dedicarnos a una tarea más de tres minutos seguidos, porque siempre hay alguien que nos interrumpe o nos llegan mensajes que nos distraen. Volver a coger el ritmo tras una distracción puede requerir toneladas de energía. Es agotador y seguramente nos resulta demasiado familiar.

Tu espacio y tu entorno de trabajo también tienen un gran impacto en tu concentración. Si la hiperconcentración siempre parece algo inalcanzable o exige demasiada disciplina, algunos pequeños ajustes en tu espacio de trabajo podrían marcar la diferencia. Aquí tienes algunos consejos:

- *Silencia las notificaciones.* Los mensajes entrantes que nunca cesan son asesinos de la concentración. Un teléfono sonando es casi imposible de ignorar. Igual que los números o los avisos iluminándose en tu pantalla. Si quieres potenciar tu concentración y atención, prueba a desconectar las notificaciones en todos tus dispositivos. Al fin y al cabo, la razón de ser de las notificaciones es hacerte actuar. Las vibraciones, los sonidos y los colores vivos captan tu atención al instante. Apagarlas te permite controlar cuándo prestas atención a otras personas que quieren algo de ti. Yo he configurado mi Mac para que el *dock* y la barra de menús se oculten automáticamente, a no ser que el ratón pase por encima. Una búsqueda rápida en Google te ayudará a hacer lo mismo con otros sistemas operativos.

- *Cierra los programas que no estás usando.* Es más fácil trabajar con un escritorio despejado. Por eso también recomiendo mantener ordenado el espacio de trabajo digital. Acostúmbrate a tener solo un programa abierto (o los que necesites activos). Reducirás las distracciones al mínimo.
- *Invierte en unos buenos auriculares.* Me encantaba usarlos en la oficina, pero también son geniales para trabajar en casa. Prueba los auriculares que apagan el ruido bloqueando el sonido ambiente, de modo que casi no escuchas a la gente que tienes alrededor. ¡Soy un gran fan!
- *Si hay algún género de música que te ayude a trabajar, asegúrate de tenerlo a mano.* Sé de gente que trabaja mejor escuchando *death metal.* También hay servicios como Noisli (noisli.com) o Focus@will (focusatwill.com) que ofrecen distintos sonidos que mejoran la concentración. O busca en Spotify listas para aumentar la concentración (una muy buena para probar es *Maximum Concentration*).
- *Cambia tu paisaje.* Tanto si trabajas en casa como en la oficina, ver gente moviéndose por el rabillo del ojo puede distraerte y romper tu concentración. Cambiar literalmente tu punto de vista (ya sea mirando hacia una pared o hacia una ventana) aumentará tu capacidad de concentración, aunque sea solo temporalmente. Experimenta y averigua dónde trabajas mejor.
- *Si es posible, trabaja donde otras personas puedan verte.* No sé si a ti te pasa lo mismo, pero yo trabajo más cuando estoy en la oficina rodeado de personas trabajando o en una cafetería con

mi portátil. Este efecto de supervisión me mantiene centrado en mi trabajo.

- *Encuentra algún método para concentrarte.* Cuando el escritor Rumaan Alam quería escribir un libro, utilizaba los puntos del hotel Hilton de su marido y se encerraba en una habitación de hotel durante varios días seguidos. Esto le permitía alejarse de distracciones, como doblar la ropa, cocinar o revisar las facturas, y sumergirse de lleno en la escritura. En tres semanas podía acabar el borrador de su última novela.[2]
- *Haz una sola cosa a la vez.* Se han escrito libros enteros respecto a esta idea, pero se resume en lo siguiente: trabajarás más rápido y mejor cuando no estés intentando terminar varias tareas al mismo tiempo.

UN HUMANO REMOTO PARA AYUDARTE A CONCENTRAR

Si necesitas ayuda extra para no abandonar una tarea, plantéate utilizar focusmate.com. Este servicio te conecta, durante cincuenta minutos, con una persona cualquiera en algún lugar del planeta. Ambos compartís brevemente en qué vais a trabajar y os ponéis a ello con las cámaras encendidas. Cuando estoy bloqueado, esto me funciona de maravilla para volver a coger el ritmo. Te sorprenderá lo bien que funciona.

Motivador 4. Catalizador

Puede que recuerdes esta palabra de tus clases de ciencia. En química, un catalizador es un elemento nuevo que se añade a un proceso para acelerarlo. Los resultados provisionales son excelentes catalizadores para nuestro trabajo. A diferencia del «bote de oro», el «catalizador» no está relacionado con alcanzar la meta final, sino con el progreso.

Sinceramente, me sorprende que los resultados provisionales no se utilicen más. Observar el trabajo que has realizado te proporciona energía y puede impulsar tu siguiente paso. Piensa en ello como si escalaras una montaña: mirar atrás de vez en cuando para ver lo lejos que has llegado puede ser una poderosa motivación para seguir adelante. La figura 2.14 muestra cómo sacar provecho a los resultados provisionales.

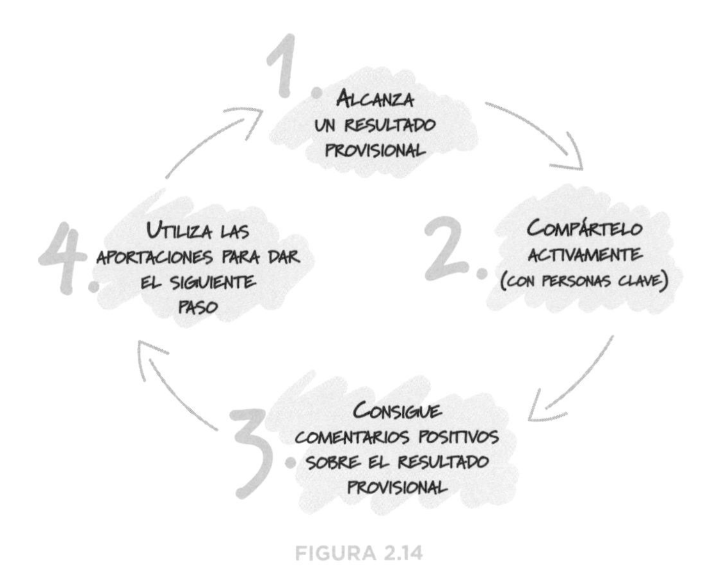

FIGURA 2.14

1. ALCANZA UN RESULTADO PROVISIONAL

Según mi experiencia, los grandes proyectos necesitan resultados provisionales para poder cumplir los objetivos finales. Estos no solo mejorarán el resultado final —porque tener en cuenta los comentarios de los demás te ayuda a mejorar tu trabajo—, sino que además te proporcionarán energía y motivación durante el proceso.

Pero para que tengan alguna utilidad, los resultados provisionales deben cumplir dos condiciones: 1) Tienen que ser factibles y 2) Deben tener valor para el que los recibe. Pongamos que estás trabajando en una presentación importante. Tu primer resultado provisional podría ser un pequeño resumen de lo que pretendes hacer en la presentación y una lista de las diapositivas que mostrarás. El trabajo no está hecho, pero tienes un progreso tangible que puedes compartir.

O supongamos que recibes un encargo para diseñar seis campañas de *marketing*. Si empiezas elaborando una campaña entera para el cliente, este tendrá una idea más ajustada del producto final que si le presentas los bocetos para las seis campañas. En otras palabras, tu resultado provisional tendrá un valor sólido para el cliente.

2. COMPÁRTELO ACTIVAMENTE (CON PERSONAS CLAVE)

No des por hecho que la gente valora lo que estás haciendo. Eres tú quien debe compartir de forma proactiva tus creaciones en curso. A menudo me sorprende lo poco que involucramos en nuestros proyectos a las personas que conocemos. De alguna manera, pensamos que nuestro trabajo se hará notar por sí mismo, y, en caso contrario, pensamos que no es bastante bueno. Evidentemente, no tiene ningún sentido. La gente está ocupada en sus propios asuntos, así que es mejor asumir que no se han percatado de tu trabajo que tomar su silencio como una mala señal. Siéntete orgulloso de lo que estás haciendo ¡y deja que los demás sepan lo entusiasmado que estás!

Cuanto antes compartas tu trabajo con otra persona, más relevancia adquiere «quién» es esta persona. Cuando acabas de empezar, lo que buscas es energía positiva. La sabiduría popular dice que no deberías esperar buenos consejos de la gente que te importa (tu pareja, tus padres, amigos, etc.) porque es menos probable que sean sinceros con tus errores. Sin embargo, cuando empiezas un proyecto, este tipo de respuestas positivas son beneficiosas y útiles para que sigas trabajando.

Mostrar tu trabajo también te puede ayudar si te has bloqueado en el camino. Esto sucede porque, para ofrecerle a tu cliente (a tu lector o a tu usuario) algo valioso, tienes que dejar claro en qué fase del proceso estás. Puede ser tan sencillo como coger el borrador de tu presentación y añadir diapositivas vacías tituladas «parte 2» y «parte 3» para indicar que habrá más. La inspiración te llegará muchas veces sobre la marcha.

3. CONSIGUE COMENTARIOS POSITIVOS SOBRE EL RESULTADO PROVISIONAL

Aquí viene la parte que más me gusta. Después de compartir tu trabajo con personas clave, puedes relajarte y procesar sus reacciones. No seas tímido. Este es el momento de estar orgulloso de tu trabajo. Has creado algo que te ilusiona, ¡así que anúncialo a los cuatro vientos! Cuanta más energía puedas obtener en esta fase, más provechosa será.

4. UTILIZA LAS APORTACIONES PARA DAR EL SIGUIENTE PASO

Aparte de reacciones positivas, es posible que también recibas indicaciones sobre cómo podrías mejorar tu trabajo. Puede que te sienten mal, pero no hay que desentenderse de ellas. Úsalas a tu favor para dar el siguiente paso. Si buscas intencionadamente algo más que ánimos, cambia la pregunta «¿Qué te parece?» por «¿Podrías decirme algo que pueda mejorar?». Tómalo todo en consideración, avanza enseguida hacia la siguiente fase y repite el proceso.

A la mayoría de los ingenieros de *software*, esta idea les resulta familiar. Todo su código es visible para sus compañeros, y eso les permite recibir aportaciones y ánimos al instante. Siguiendo estos pasos, cualquiera puede beneficiarse de este poderoso motivador.

Motivador 5. Perfeccionar tu creación

Hace unos años vi un precioso documental titulado *Jiro dreams of sushi* (*Jiro sueña con sushi*). En él se acompaña a Jiro Ono, un anciano chef japonés (tenía ochenta y cinco años en aquel momento), en su cuidadosa y delicada rutina diaria. Ono sale de casa a la misma hora todos los días, espera el mismo tren, y todos los días elabora con su equipo un producto celebrado en todo el mundo: el *sushi.* Los aprendices de Jiro se forman durante meses para perfeccionar tan solo una de su infinidad de técnicas. La formación no es sencilla, pero los aprendices disfrutan enormemente del trabajo. Ya sea masajeando un pulpo durante cincuenta minutos para conseguir la textura ideal o enfriando el arroz hasta la temperatura exacta, cada detalle es importante. Esa búsqueda de la perfección es el objetivo. Y la película sabe exponerlo con suma belleza.

Este motivador no tiene nada que ver con empezar a trabajar, sino con mantener el rumbo. Sin duda, supone un reto todavía mayor cuando trabajas en un gran proyecto o en uno que está en marcha y que en realidad no tiene una meta final. Aunque los resultados provisionales son buenos impulsores, Jiro (y el concepto japonés *kaizen* que representa) nos enseña otro tipo de motivación que podemos tomar de ejemplo.

Kaizen es una palabra japonesa que significa «cambio a mejor» o «mejora». En nuestras ajetreadas vidas que se guían por los objetivos, estamos acostumbrados a valorar los resultados por encima de cualquier otra cosa. *Kaizen* representa justo lo contrario. Se centra en el camino. Se trata de apreciar profundamente el acto de trabajar en sí mismo y de su perfeccionamiento continuo. Esta idea puede ser una poderosa motivación para seguir avanzando. La atención y la repetición te abren los ojos ante la belleza de tu creación. Observas cómo pueden perfeccionarse las acciones. Y a través de este ciclo reiterativo, tus acciones ganan previsibilidad. Y la previsibilidad tiene la ventaja de que, cuando sabes exactamente lo que estás haciendo y cuál será tu siguiente paso, te protege del estrés de tener que elegir entre otras actividades. Yo me he convertido en un gran fan de este motivador y te animo a que lo adoptes también en tu trabajo.

Motivador 6. La regla del *boy scout*

La regla del *boy scout* es útil para esos momentos en los que no estás inspirado para atar los cabos sueltos. Es algo que aprendí de otros ingenieros de *software* y que sirve de impulso para correr el último kilómetro.

Aunque el trabajo de un programador es crear nuevas funciones, la mayor parte de su tiempo lo dedica a modificar fragmentos de código existente y reparar los errores. Una vez solucionados los problemas, es posible que el código original siga siendo algo caótico. Un programador podría dejar el código imperfecto como está porque, a fin de cuentas, el código antiguo ya no forma parte de su tarea actual. Pero esto no es lo que hacen los buenos programadores. Los buenos programadores siguen la «regla del *boy scout*»: deja siempre el código más limpio de lo que lo encontraste. Como los verdaderos exploradores en la naturaleza.

La regla del *boy scout* es una recompensa en sí misma. ¿Quieres terminar bien un trabajo? Entonces hazlo. Sea lo que sea en lo que estés trabajando, siempre te encontrarás con aspectos que hay que enderezar o retocar. No te dejes cegar por tu plan maestro, limpia todo lo que puedas a medida que vayas avanzando. Si encuentras una factura sin pagar, haz una nota para que alguien se ocupe de ello. Si editas un documento compartido y encuentras otros borradores, archívalos. Sé minucioso con el trabajo y lo harás mejor. Además, terminarlo será más gratificante.

Motivador 7. Reacción en cadena

Aquí tienes otro motivador útil en esos momentos en los que tienes la meta al alcance de la mano. Intenta visualizar la reacción en cadena que tu trabajo generará. Pocas veces el trabajo o la tarea que estás realizando es el objetivo final. Normalmente, otras personas estarán esperando tu trabajo para seguir donde tú lo dejaste. Tu trabajo, por grande o pequeño que sea, será su punto de partida y la energía que inviertas en él es lo que les permitirá avanzar.

Para desatar una reacción en cadena es fundamental que, cuando termines, lo comuniques a los demás. Si la gente está esperando tu trabajo, adviérteles de que estás en ello y que compartirás tu trabajo tan pronto como esté listo. ¿No estás seguro de si se han dado cuenta de que estás a punto de terminar? La mayoría de las veces es mejor comunicar demasiado que demasiado poco.

Hemos empezado este capítulo configurándote un cerebro de apoyo. Te has hecho una idea de la claridad y la tranquilidad que te puede aportar y de cómo libera tu cerebro para lo que sabe hacer mejor: pensar. Darte este regalo (una agenda para guiarte y una lista de tareas pendientes inteligente para despejar la cabeza) es un gran comienzo. Ahora veremos otra parte fundamental de nuestra jornada laboral: el correo electrónico. Hay estudios que demuestran que los trabajadores dedican la friolera de trece horas a la semana solo en revisar el correo electrónico.[3] ¿Podemos hacer algo al respecto? ¿Cómo podemos lidiar con la comunicación constante en el trabajo? ¿Y cómo podemos sacar el máximo provecho del tiempo que dedicamos al correo electrónico? Esto es lo que abordaremos a continuación.

3. FWD: RE: RE: LA HORA DEL CORREO ELECTRÓNICO

Gestiona tu buzón

¿Qué pasaría si te dijera que a partir de ahora no puedes leer ni responder tu correo electrónico? ¿Qué pensarías? ¿Que es imposible? ¿Que sería como decir adiós a tus clientes y olvidarte de atraer a nuevos? ¿Ignorar el correo podría costarte el empleo? De acuerdo, probablemente tengas razón. Pero si es tan importante, he aquí mi pregunta: ¿reservas tiempo en tu agenda para el correo electrónico cada día? Si el correo electrónico es fundamental para tu trabajo (desde luego, para mí lo es), entonces, se merece un lugar destacado en tu horario.

En el capítulo 1 hemos visto cómo gestionar tu agenda y planificar la semana laboral. En el capítulo 2 hemos presentado la lista de tareas pendientes como una herramienta para que tu cerebro se ocupe de las tareas más importantes. Ahora, añadiremos un tercer elemento a tu semana: el momento adecuado para consultar el correo electrónico. Efectivamente, de hoy en adelante, el correo electrónico ya no será algo que tengas que revisar en tus ratos libres.

Una buena forma de empezar es reservarte tres bloques de media hora cada día. Todos los mensajes que queden sin responder tendrán que esperar hasta el siguiente bloque. En mi caso, los reparto a lo largo del día, de modo que hay uno a primera hora de la mañana, otro antes o después de comer, y otro al final del día. Pero ¿realmente es suficiente una hora y media? Para la mayoría de nosotros sí. Sin duda.

Si por un momento dejaras a un lado todas las otras tareas que tienes programadas, la figura 3.1 muestra el aspecto que tendría tu agenda:

	Lunes 11	Martes 12	Miércoles 13	Jueves 14	Viernes 15
8.00					
9.00	Correo electrónico 9.00	Correo electrónico 9.00	Correo electrónico 9.00	Correo electrónico 9.00	Correo electrónico 9.00
10.00					
11.00					
12.00					
	Correo electrónico 12.30	Correo electrónico 12.30	Correo electrónico 12.30	Correo electrónico 12.30	Correo electrónico 12.30
13.00					
14.00					
15.00					
16.00					

17.00	Correo electrónico 17.00	Correo electrónico 17.00	Correo electrónico 17.00	Correo electrónico 17.00	Correo electrónico 17.00
18.00					

FIGURA 3.1

Aunque de entrada parezca exagerado, dale una oportunidad a esta estrategia, porque funciona. A continuación, te explico por qué:

- Te permite ver cuánto tiempo necesitas realmente para estar al día con tu correo electrónico. Y esto ya es un avance, porque probablemente ahora mismo no tengas ni idea.
- Puedes tener el programa de correo cerrado el resto del tiempo, porque sabes que lo retomarás en el siguiente bloque.
- Puedes olvidarte de que los correos electrónicos se entrometan en tu trabajo. ¿Por qué? Porque habrás desvinculado el correo electrónico del resto de tus tareas. Enseguida lo veremos.

En mi caso, no sería difícil pasarme toda la semana respondiendo todos los correos electrónicos que recibo, y estoy seguro de que también puede ser tu caso. De hecho, durante años, he dedicado demasiado tiempo al correo electrónico. Seguro que la gente con la que trabajaba apreciaba enormemente que respondiera con celeridad sus mensajes, pero desgraciadamente tenía muchas dificultades para sacar adelante las tareas más importantes. El correo electrónico es como un sarpullido: rascarlo solo lo empeora. Cuantos más mensajes envíes, más recibirás (y normalmente más rápido de lo que puedas responder). Cuando tienes fama de responder al instante, la gente se acostumbra bastante rápido. Y esto tiene consecuencias. Si uno lo piensa, es una insensatez dedicar tanto tiempo al correo electrónico. Porque significa que nos pasamos el día respondiendo y ocupándonos de «las prioridades de otras personas». Es algo que conozco muy bien.

Cuando Blendle empezó a crecer en los Países Bajos, la cantidad de correos electrónicos que tenía que gestionar creció exponencialmente. Pronto mi correo gobernaba mi rutina. Algo tenía que cambiar, y me daba cuenta de que trabajaba mejor si ignoraba el correo electrónico durante el día. Aunque algunos mensajes eran importantes, la mayoría podía esperar. ¿Y cuál fue el resultado? Dejé el correo electrónico para la primera hora de la mañana y la última hora del día. Sin embargo, seguía gestionándolo igual que antes. No es de extrañar que no supusiera un gran éxito. Al cabo de poco tiempo, me vi trabajando desde la primera hora de la mañana hasta la última hora de la noche. Esto me hacía infeliz a mí y a las personas que me importaban. Necesitaba un plan mejor. Y cuanto antes. Pero ¿cómo decides qué es lo realmente importante entre ese flujo incesante de mensajes? ¿Y cómo se consigue sacar adelante el trabajo más importante sin hacer horas extras para mantener tu correo al día?

UN ENFOQUE DISTINTO

No sé qué aspecto tendrá tu bandeja de entrada, pero no me extrañaría que hubieras renunciado a intentar controlarla. O tal vez dediques regularmente toda una tarde o la mañana del sábado a despejarla, cosa que mina tu tiempo libre y es solo un remedio temporal.

Por eso te insto a que pruebes algo completamente diferente. Mi método no consiste en aspirar a un objetivo final utópico en el que puedas ocuparte de todos tus mensajes y vacíes tu bandeja de entrada. Entonces, ¿cómo funciona? La esencia de mi método es la siguiente: en lugar de compaginar constantemente el correo electrónico con otras tareas, se trata de reservarle un espacio fijo durante el día. Durante ese tiempo, gestiona tantos mensajes como puedas, centrándote más en la tarea de lo que quizá nunca hayas hecho. Y esto tiene sus beneficios.

Enseguida te enseñaré cómo atajar cada mensaje más rápidamente usando una sencilla lista de comprobación mental. El primer paso consiste en dividir el correo electrónico en bloques de tiempo.

AGRUPAR ACTIVIDADES

Agrupar tipos de actividad similares (como el correo electrónico) en tu agenda es sencillo, pero efectivo. Estas son las razones:

- Con las herramientas y los programas adecuados listos para trabajar, ahorras tiempo y terminas tus tareas con facilidad.
- Dado que el trabajo es repetitivo, es más fácil coger el ritmo. Esto es imposible si uno alterna constantemente tareas distintas como reuniones, lluvias de ideas creativas, conversaciones telefónicas y el correo electrónico.

- La multitarea es un mito. Lo que ocurre cuando hacemos varias tareas a la vez es que pasamos rápidamente de una cosa a la otra. Y, puesto que siempre se necesita cierto tiempo para cambiar de marcha antes de estar totalmente centrados en la tarea que tenemos entre manos, la multitarea dispersa demasiado nuestra atención. Es muchísimo más efectivo (y menos estresante) trabajar en una sola tarea.
- Puedes trabajar con una meta clara porque has definido cuántas tareas o mensajes quieres gestionar de una vez o cuánto tiempo dedicarás a esta actividad.

Treinta minutos no parecen mucho, pero te sorprenderá la cantidad de correo que puedes gestionar en este tiempo. El secreto no es «eliminar» mensajes, sino «ocuparse» de ellos. En pocas palabras, esto implica leer cuidadosamente cada mensaje, determinar una acción de seguimiento y comunicárselo al remitente.

¿Cómo funciona esto en la práctica? Empieza por arriba en tu bandeja de entrada y ve bajando. Por cada mensaje que recibes puedes hacer una de estas cinco acciones:

1. Optas por declinar la petición. Entonces comunica tu decisión y archiva el mensaje.
2. No requiere ninguna acción por tu parte. Solo tienes que archivar el mensaje.
3. Requiere una acción que te llevará como máximo dos minutos. Ocúpate de ello al momento.

4. Requiere una acción que te llevará más tiempo y hay un plazo límite. Añade la tarea a tu agenda de inmediato.
5. Requiere una acción que te llevará más tiempo, pero no hay un plazo concreto. Entonces añade la tarea a tu lista de tareas pendientes.

La figura 3.2 muestra cómo sería el diagrama de flujo:

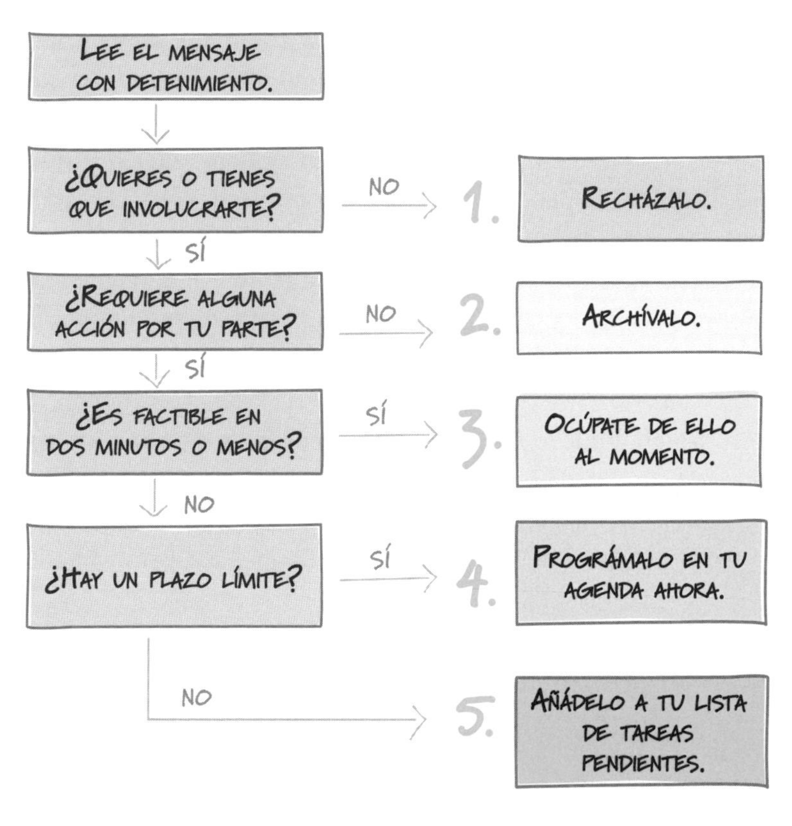

FIGURA 3.2

Sea cual sea la categoría a la que pertenece un mensaje, asegúrate de que el remitente recibe una respuesta. La idea es que respondas lo antes posible, aunque no puedas atender la petición en ese momento. Simplemente, comunica que te pondrás a ello más adelante. No necesitas especificar exactamente «cuándo».

Supongamos que un cliente te pide que le mandes una previsión antes de que termine la semana que viene. Miras tu calendario y ves un hueco el martes por la tarde, de modo que reservas ese tiempo para la tarea. En este momento «podrías» decirle a tu cliente que lo harás el martes, pero esto te dejaría sin margen de error. Por eso es más inteligente responder diciendo que has recibido su petición, lo mirarás y te pondrás en contacto con ellos la próxima semana. Si quieres, marca también en tu agenda el viernes como fecha límite. Así tendrás margen de maniobra esa semana.

1. Recházalo

Ten presente que la respuesta a un mensaje siempre puede ser «No». Antes de aceptar un trabajo nuevo, sométela a la matriz de Eisenhower del capítulo 1. ¿Lo que se te está pidiendo encaja en las prioridades que te has marcado? Si no es así, es una buena razón para rechazarlo.

Lo mismo se aplica a las tareas que te pida tu jefe o tu superior. Sé selectivo. Si percibes que muchas de estas tareas no están en línea con las prioridades de tu trabajo, es razonable señalarlo. Por mucho que creas más conveniente hacer esa tarea concreta en ese momento, a largo plazo es mejor para la empresa invertir tu tiempo correctamente, y el primer paso para hacerlo es notificar que esa tarea compromete tu trabajo.

2. Archívalo

Si lees un mensaje y no tienes que hacer nada al respecto, archívalo. Mucha gente archiva sus mensajes en carpetas distintas. Quizá tú también lo hagas. Ha llegado el momento de romper este hábito consumidor de tiempo.[1] Gracias a la mejora continua de las funciones de búsqueda del correo electrónico, recuperar mensajes suele ser pan comido (asegúrate de habilitar los hilos de conversación para poder ver automáticamente los mensajes relevantes). Y, puesto que el almacenamiento es cada vez más barato, el tamaño de tu buzón probablemente tampoco sea un problema. En caso contrario, eliminar definitivamente mensajes antiguos de vez en cuando es más eficiente que tener que decidir si archivas o eliminas cada mensaje con el que te cruces.

Mi consejo es que te simplifiques la vida. Traslada los mensajes que has atendido a una carpeta de archivo general. Si tu programa de correo no tiene una por defecto, crea una carpeta nueva y llámala «Archivo». Se acabó buscar la carpeta correcta cada vez que has terminado de leer un mensaje. Mételo en el archivo y olvídate de él.

3. Ocúpate de ello al momento

He aquí otro hábito fantástico que puede ahorrarte un montón de tiempo y problemas. Si puedes ocuparte de un mensaje en dos minutos o menos, hazlo. De este modo, no tendrás que buscar un hueco en tu agenda ni añadir otro asunto a tu lista de tareas pendientes.

4. Prográmalo en tu agenda ahora

Los mensajes de correo electrónico que tienen una fecha límite (y que requieren más de dos minutos) son perfectos para la agenda. Es una forma de asegurarte que harás el trabajo. Aunque sepas que te va a llevar menos de treinta minutos, sáltate la lista de tareas pendientes y apúntalo directamente en tu agenda.

También es importante darte un poco de margen de maniobra. En lugar de programar la tarea justo antes de la fecha de vencimiento, procura programarla al menos un día antes. Si al final resulta que era más trabajo de lo que pensabas o surge algún imprevisto, no sufrirás para terminarlo. Y, si todo va bien, podrás entregarlo antes de tiempo.

5. Añádelo a tu lista de tareas pendientes

Los mensajes que requieren algún tipo de acción, pero no tienen una fecha de entrega, pueden ir a la lista de tareas pendientes. Añadir esa nueva tarea de inmediato dará sus frutos más adelante, porque te ahorrará tener que leer y comprender el mensaje otra vez. Es más, redacta estas tareas como si fueran acciones que vas a llevar a cabo. Por ejemplo, en lugar de «Organizar reunión» anota «Llamar al servicio de cáterin para la reunión durante la comida». Cuando llegue el momento de abordar la tarea, sabrás exactamente por dónde empezar. No te preocupes porque no sabes cuándo te pondrás con la tarea. Esto lo veremos en el próximo capítulo, cuando retomemos tu lista de tareas pendientes para planificar una nueva semana.

Una vez que comuniques al remitente qué vas a hacer, puedes archivar el mensaje.

A pesar de conocer todos los trucos para gestionar correctamente mi correo electrónico, debo admitir que me resulta difícil ignorar la bandeja de entrada fuera de los bloques de tiempo que tengo reservados para ello. La realidad es que somos adictos al correo electrónico, y no es una sorpresa.

¿POR QUÉ ES TAN ADICTIVO EL CORREO ELECTRÓNICO?

En su libro *Enganchado,* Nir Eyal analiza cómo nos enganchamos a un producto. A todos nos resulta familiar el impulso de comprobar nuestros mensajes. Puede ser irresistible: cuando nos levantamos por la mañana, cuando hacemos cola para pagar e incluso cuando estamos hablando con nuestros amigos. Para Eyal, no se trata de un hecho fortuito, sino que el correo electrónico es una tecnología creadora de hábitos por excelencia. Cumple todos los requisitos:

1. Crea expectación combinando lo mundano y lo emocionante; nunca sabes con qué te encontrarás.
2. Es extremadamente accesible.
3. Capta tu atención con señales llamativas o notificaciones sonoras.
4. Proporciona una sensación de logro que conlleva una gratificación instantánea.

El libro de Charles Duhigg *El poder de los hábitos* explica cómo funciona este tipo de adicción. Todas las adicciones tienen tres cosas en común: una señal, una rutina y una recompensa. Nuestro buzón es un gran bote de recompensas (y esto también se aplica a los servicios de mensajería como WhatsApp). En él puede haber elogios, ofertas de empleo o mensajes de nuestros amigos. Aunque es evidente que también existe la posibilidad (más alta de lo que creemos) de recibir malas noticias. Sin embargo, la probabilidad de recibir muy buenas noticias siempre predomina. Esto es lo que nos engancha. Y, aunque un mensaje no diga nada del otro mundo, seguimos recibiendo una pequeña recompensa. Por un momento, nos sentimos tranquilos, informados, conectados. Y, bueno, para tu información: las máquinas tragaperras funcionan con el mismo principio.

La mayoría de las veces, la señal para leer un mensaje de correo electrónico proviene de nuestro teléfono u ordenador. Si has apagado las notificaciones después de entender los beneficios que te aporta la hiperconcentración (capítulo 2), en cierta medida, habrás eliminado la fuente del problema. Pero, aparte de la constante «provocación externa» de las notificaciones, el correo electrónico también es una fácil vía de escape cuando estás disperso o bloqueado. Esto sucede porque abrir y responder mensajes de correo electrónico crea la sensación de trabajo hecho (al fin y al cabo, el correo también es trabajo) y, al mismo tiempo, te permite descansar de aquellas tareas complejas e importantes que tendrías que estar haciendo.

Duhigg argumenta que es imposible «no» ser adicto al correo electrónico. Experimentamos cada nuevo mensaje como una pequeña recompensa. Pero hay otras formas de mantener tu cerebro satisfecho. Si puedes mantener el sentido de una recompensa, puedes sustituir un mal hábito por uno más saludable. Las recompensas para superar la adicción al correo electrónico son diferentes para cada uno de nosotros. Para algunos, puede ser interactuar con otra gente. Para otros, un descanso del trabajo. Conozco a personas que han cambiado revisar su correo electrónico por un pequeño paseo. Otros hacen flexiones cada vez que se desconcentran. O, en cualquier caso, siempre puedes recompensarte con una taza de café.

Mi remedio personal es evitar que los correos electrónicos aparezcan instantáneamente en mi bandeja de entrada; así no me distraen cada vez que abro el buzón (para ello utilizo Boomerang, un complemento genial para Gmail; si quieres más recomendaciones sobre aplicaciones y complementos para el correo electrónico, visita gripbook.com/apps). Elige las mejores herramientas y las recompensas que te resulten atractivas, siempre que te ayuden a desarrollar hábitos más saludables.

CUANDO EL CORREO ELECTRÓNICO NO SIRVE PARA NADA

Además de ser adictivo, muchas veces el correo electrónico no sirve para nada. Por sí solos, los mensajes no son muy útiles. Suelen ser un sucedáneo del trabajo con alguna que otra pepita de oro. Lo importante puede ser el adjunto, la presentación o el tema que trate. Echa un vistazo a las conversaciones de correo electrónico que tienes ahora en tu bandeja de entrada. ¿Cuántas de ellas contribuyen directamente a tus prioridades? El hecho de que el correo electrónico en sí mismo no aporte gran cosa es también lo que lo convierte en una distracción tan agradable. Puedes intercambiar mensajes sobre el trabajo que hay que hacer, sobre cómo quieres hacerlo, sobre qué camino deberías elegir o sobre todos los puntos de vista que se te antojen. Pero, en realidad, lo único que haces es huir de lo que se supone que tendrías que estar haciendo.

Escapar del correo electrónico

Lo último que quieres es mandar mensajes de correo electrónico sin sentido. Entonces, ¿cómo podemos identificar los intercambios de correo electrónico que carecen de utilidad? Las señales de alarma son fáciles de detectar. Si hay más mensajes que personas en la conversación, bandera roja. Lo mismo sucede cuando la discusión se aleja del asunto del mensaje original. Podrías poner todo tu empeño en reconducir la conversación al tema central, pero muchas veces es más probable que lo consigas cambiando el canal de comunicación: coge el teléfono, haz una videollamada, empieza un chat, convoca una reunión rápida cara a cara o pásate por la mesa de tu compañero de trabajo. Aunque las reuniones no sean el pasatiempo preferido de nadie, reuniros en línea o en persona durante quince minutos es mucho más efectivo que enviar más mensajes de correo electrónico.

Antes de darle a «responder», pregúntate: «¿Realmente necesito meterme en esto?». Suena un poco frío, pero, si no tienes nada útil que aportar, mejor que no aportes nada en absoluto. Evidentemente, hablar de esto con tu equipo de antemano puede ser de alguna ayuda. Estoy seguro de que pronto empezaréis a enviaros muchos menos mensajes. Y esto beneficia a todo el mundo.

MÁS CONSEJOS SOBRE EL CORREO ELECTRÓNICO

Programar tres veces al día las tareas del correo electrónico es un gran paso adelante. Pero hay más herramientas y técnicas que pueden ayudarte a tomar las riendas de tu buzón.

Olvídate de vaciar completamente la bandeja de entrada

Aunque podría ser una forma efectiva de mantener tu bandeja de entrada bajo control, no soy muy partidario de este enfoque. Como su nombre indica, el objetivo es llegar a tener una bandeja de entrada vacía. Quien toque fondo gana. El problema es que el punto de partida es incorrecto. La mayoría de los mensajes que recibes tienen que ver con las necesidades y las prioridades de otras personas. Serás más feliz (y tu jefe también) si dedicas la mayor parte de tu tiempo a tus propias prioridades.

Conoce tu programa de correo electrónico

Pasas mucho tiempo usando el correo electrónico, así que vale la pena explorar todo lo que el programa que usas te puede ofrecer. Hay funciones para personalizar el panel de lectura, para recuperar mensajes de forma más rápida, para enviar fácilmente mensajes a grupos de personas y mucho más. Yo probé innumerables programas antes de elegir Gmail. Su velocidad, sus potentes funciones de búsqueda y extras de todo tipo lo convierten en la herramienta perfecta para mí. Lamentablemente, no siempre podemos elegir nuestro programa. La mayoría de las empresas lo eligen por ti. Pero no dejes que eso te impida descubrir todo lo que tu sistema te puede ofrecer.

Aprende los atajos de teclado

Esto sirve para todos los programas que uses con regularidad, pero para el correo electrónico es imprescindible. Busca tiempo para aprenderte los atajos de teclado. Te ayudarán a redactar mensajes nuevos, revisar tu bandeja de entrada, archivar mensajes, y enviar y recuperar mensajes con mayor rapidez. Son acciones tan rutinarias que utilizar el teclado en lugar de arrastrar el ratón te ahorra mucho tiempo. Vale la pena.

Usa plantillas

Si recibes muchas preguntas por correo electrónico, es posible que escribas muchas respuestas similares. Puedes ahorrarte un montón de tiempo reutilizando tus respuestas. Gmail tiene un complemento llamado «Respuestas predefinidas» que puede resultarte útil. Mac y iOS disponen de una funcionalidad por defecto para ayudarte a teclear frases usadas con frecuencia (Preferencias -> Teclado -> Texto). Puedes decantarte por una aplicación más sofisticada como TextExpander o usar sencillamente tu aplicación de notas con respuestas que puedas copiar y pegar desde ahí. Esto no solo hace que el proceso sea más rápido, sino que también te ayuda a dar mejores respuestas (respuestas que puedes ir mejorando continuamente).

No confíes en un sistema basado en «sin leer = tarea pendiente»

Mucha gente adquiere el hábito de prestar atención solo a los mensajes marcados como no leídos. Yo no lo recomiendo, porque es demasiado fácil pasar por alto un mensaje que todavía tienes que atender. Si lees por encima un mensaje y te olvidas de marcarlo como no leído, corres el riesgo de que escape de tu radar.

Intenta que sea lo más difícil posible perder el rastro de tus mensajes. ¿Cómo? Archivando siempre manualmente los mensajes que ya has leído. De este modo, todos los mensajes de tu bandeja de entrada requieren alguna acción. No puede ser más claro. Y, además, el último paso de mover un mensaje al archivo resulta extremadamente placentero.

Protege tu bandeja de entrada

Yo siempre intento mostrarme crítico con los mensajes que llegan a mi bandeja de entrada. Los boletines electrónicos y las actualizaciones de sitios como Facebook o Twitter generan interferencias, y puedo vivir sin ellos. Puedes darte de baja de muchos de estos mensajes con apenas unos clics. Si prefieres no darte de baja, pero tampoco quieres que se amontonen en tu bandeja de entrada, la mayoría de los programas de correo electrónico te permiten configurar filtros para archivar automáticamente mensajes de determinados remitentes.

LA BANDEJA DE ENTRADA DE «PRIORITARIOS» DE GMAIL

¿Usas Gmail? Entonces hay una herramienta que hará el trabajo por ti. En «Tipos de bandeja de entrada», en ajustes, selecciona «Prioritarios». Gmail categorizará los mensajes entrantes a partir de entonces como «Importantes», «Destacados» u «Otros mensajes».

Configuración

General Etiquetas Recibido Cuentas e importación Filtros y direcciones bloqueadas Reenvio y correo POP/IMAP

Tipo de bandeja de entrada Prioritarios

Secciones de la bandeja de entrada:

1. **Importantes y no leídos**
2. **Destacados**
3. Sin nada
4. **Todo lo demás**

Restablecer la configuración por defecto

Esta herramienta no solo es muy eficaz, sino que también es flexible porque puedes activar o desactivar el indicador de prioridad para cada mensaje. Esto le permite a Gmail saber que debe tratar todos los mensajes futuros de ese remitente como importantes (o no).

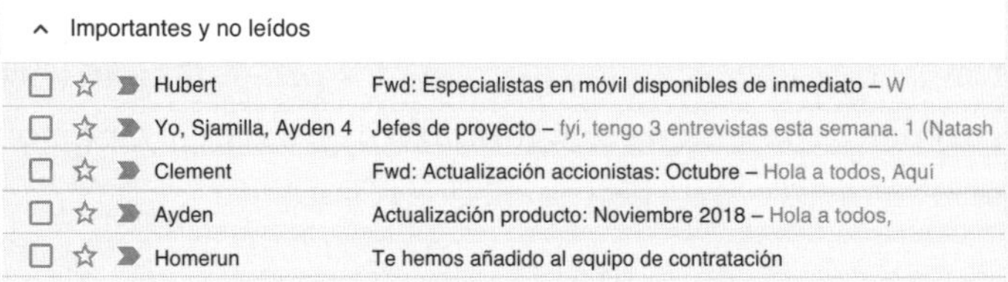

^ Importantes y no leídos

Hubert	Fwd: Especialistas en móvil disponibles de inmediato – W
Yo, Sjamilla, Ayden 4	Jefes de proyecto – fyi, tengo 3 entrevistas esta semana. 1 (Natash
Clement	Fwd: Actualización accionistas: Octubre – Hola a todos, Aquí
Ayden	Actualización producto: Noviembre 2018 – Hola a todos,
Homerun	Te hemos añadido al equipo de contratación

No mires el correo durante las reuniones

Un hábito que todos tendríamos que abandonar de inmediato es consultar el correo durante las reuniones. Aunque sea algo de lo que la mayoría de nosotros hemos pecado en algún momento, es exasperante cuando alguien se distrae con su correo electrónico mientras estás intentando decir algo importante. Lo peor es cuando la persona en cuestión cree que nadie se ha dado cuenta. Enviar mensajes de correo electrónico durante las reuniones es una pérdida enorme de tiempo y energía. No estás prestando atención a la tarea que tienes entre manos, con lo cual no solo estás malgastando tu tiempo, sino también el de los demás. Además, tampoco estás totalmente concentrado en la lectura y comprensión de los mensajes de correo. Si tus respuestas tienen algún sentido será puro azar. Si este es tu caso, analiza los tres bloques que has reservado a diario para el correo. ¿Son estas horas del día las mejores para ti? ¿Es imprescindible que respondas durante una reunión? Por otro lado, si estás en una reunión que no tiene ninguna importancia y no tienes nada que aportar, es eso lo que debes remediar.

CONSEJOS PARA REDACTAR MENSAJES DE CORREO ELECTRÓNICO

¿Quieres escribir mejor los mensajes de correo electrónico? Entonces debes tomarte tu tiempo. Mis tres principales consejos para enviar mensajes más completos son: saber lo que quieres, ser breve y ser proactivo.

¿Qué quieres?

Antes de empezar a teclear, es bueno detenerte un instante para pensar cuál es el propósito de tu mensaje. ¿Quieres una respuesta? ¿Simplemente quieres informar? ¿O activar algún proyecto? ¿Estás intentando persuadir al lector? Si tienes claro el objetivo, escribirás mejor los mensajes.

Ser breve

Sin importar el propósito de tu correo electrónico, procura que sea lo más corto posible. Ve directo al grano. Lo más habitual es que quieras algo del receptor. Puesto que todo el mundo está ocupado, un mensaje largo se entiende como «difícil». En cambio, un mensaje breve y directo con una pregunta específica parece «factible», y por tanto es más probable que consigas una respuesta más rápida y detallada. ¿Tienes muchas preguntas? Divídelas en dos mensajes separados o háblalo por teléfono o en persona.

Intenta seguir el consejo de los expertos en *marketing* que han perfeccionado el arte de mandar boletines electrónicos con una línea de asunto que genera clics. Una línea de asunto de mensaje claro indica inmediatamente al destinatario qué quieres de él. Supongamos que quieres su opinión acerca de una propuesta corta. Una buena frase para la línea de asunto sería: «¿Puedes echar un vistazo a esta propuesta corta?».

Comunícate de forma proactiva

Si tu objetivo es dedicar menos tiempo al correo electrónico, una buena forma de empezar es comunicarte de forma proactiva. ¿Cómo? Yendo un paso por delante: en lugar de hacer preguntas abiertas, formula una sugerencia. Así el receptor simplemente tiene que responder sí o no. Cuanto más ocupada esté la otra persona, mejor será el resultado, y además es más agradable para ambos. Para entenderlo mejor, echa un vistazo a este intercambio de mensajes:

Yo: ¡Hola! Un colega tuyo me pasó tu dirección y me gustaría que nos viéramos para un café y hablar del proyecto X.

El otro: Ningún problema, me parece genial. ¿Cuándo te iría bien?

Yo: Los miércoles y jueves son los días que tengo libres, ¿a qué hora te iría bien?

El otro: Estoy libre el jueves a las 14.00. ¿Dónde nos vemos?

Yo: ¿Qué tal en tu oficina de Ámsterdam?

Podría haber evitado tanto embrollo sugiriendo una reunión en mi primer mensaje. Si la otra persona está más ocupada que tú, ofrécele tres o cuatro posibilidades en cuanto a la hora y el lugar. Si ofrecemos alternativas desde un primer momento, la cita puede cerrarse con una sola respuesta.

Yo: Me gustaría que tomáramos un café algún día para hablar de X. ¿Te iría bien que nos viéramos el próximo miércoles en tu oficina en Ámsterdam, por ejemplo, a las 10.00? Yo el miércoles estoy disponible todo el día y el jueves a cualquier hora a partir de las 11.00.

El otro: El miércoles no me va bien, pero tendría tiempo el jueves a las 14.00. ¡Nos vemos entonces!

MENSAJERÍA INSTANTÁNEA EN EL TRABAJO

Para la mayoría de nosotros, la comunicación electrónica no se limita al correo. Muchas empresas usan otros servicios de mensajería, y hay una buena razón para ello. Muchos compañeros de trabajo crean grupos de WhatsApp para estar al día. En Blendle usábamos Slack. Si bien el correo electrónico es un sistema sencillo de usar, WhatsApp o Slack todavía tienen menos limitaciones para contactar con alguien. Y dado que el historial de conversaciones queda guardado, compartir los conocimientos es sencillo, todo el mundo está más conectado y hay menos posibilidades de duplicar el trabajo innecesariamente. La comunicación es más rápida y fácil, ya que todo el mundo está siempre en el chat.

Es evidente que estos servicios nos facilitan el trabajo y nos ayudan a ahorrar un tiempo valioso. Pero como ocurre con el correo electrónico, debemos elegir cómo los utilizamos. Porque también tiene un gran inconveniente: con los programas de mensajería instantánea tendemos a esperar una respuesta inmediata. La comodidad de obtener respuestas rápidas viene acompañada de una tremenda presión para responder, especialmente cuando recibimos mensajes relacionados con el trabajo fuera de nuestro horario laboral. Sin importar si un mensaje es urgente, una vez que has visto un mensaje es imposible pasarlo por alto. Y buena suerte si quieres dejarlo para la mañana siguiente.

¿Quieres aprovechar al máximo Messenger, WhatsApp, Slack o Teams? Estos son mis consejos:

- *Desactiva las notificaciones.* Si quieres concentrarte en el trabajo más importante, no puedes tener estas aplicaciones interrumpiéndote constantemente. ¿Te preocupa pasar por alto un mensaje importante de tu jefe? La mayoría de los servicios te permiten añadir excepciones. Con WhatsApp puedes optar por silenciar las notificaciones de mensajes nuevos de determinados grupos o individuos. Slack también te da esta opción (por persona o por canal). Slack tiene un práctico estado («No molestar») para cuando queremos desconectar y trabajar en algo importante que requiere concentración. Yo recomiendo silenciar o bloquear estos programas tanto como podamos permitirnos. Siempre puedes comprobar los mensajes más tarde y ponerte al día. Solo debes asegurarte de que todo el mundo sabe cómo ponerse en contacto con los demás en caso de que surja una emergencia relacionada con el trabajo.
- *Utiliza la configuración de estado.* Tanto Slack como Teams tienen una barra de estado en la que puedes decir en pocas palabras dónde estás o qué estás haciendo. Esto permite que los demás sepan si estás de viaje de negocios, en una reunión, de vacaciones o en tu despacho. No hace falta preguntar, lo cual significa menos molestias para todos.

- *Dilo de entrada.* Una de las cosas que más molestan sobre los chats son los mensajes que empiezan con un «¡Eh!», y luego esperan una respuesta antes de plantear la pregunta. Aunque el emisor está siendo afable e informal, para el receptor es molesto porque se ve «forzado» a responder enseguida, sin tener ni idea de lo que le espera.
- *Trata los chats igual que el correo electrónico.* Cuando la gente me pregunta algo usando Slack o WhatsApp, proceso el mensaje igual que cuando recibo un correo electrónico. ¿Me llevará dos minutos o menos? Entonces lo gestiono al momento. Si necesito más tiempo, pongo la tarea en la agenda o en la lista de tareas pendientes. Incluir los mensajes instantáneos a mi rutina con este método reduce el riesgo de que pase por alto cualquier tarea importante.
- *Aprende los atajos de teclado.* Igual que con el correo, los atajos pueden ahorrarte un montón de tiempo en las aplicaciones de mensajería (para redactar un mensaje nuevo, por ejemplo). Vale la pena aprendérselos de memoria.

En este capítulo has reservado tiempo en tu semana laboral para el correo electrónico y otro tipo de mensajes. Si te parece que es mucho para asimilar, empieza por programar cada día esos tres bloques de media hora para el correo electrónico. Puedes repasar este capítulo lentamente, y añadir los demás elementos uno a uno.

Con el correo electrónico completamos la tercera fase de nuestro cohete, pero aún no hemos terminado. Estás creando un sistema inteligente usando las herramientas que hemos visto en los tres primeros apartados, pero ¿cómo puedes aplicarlo a tu rutina exitosamente?

4. TRABAJA CON UNA RED DE SEGURIDAD

Experimenta la claridad y la tranquilidad que te proporciona hacer un repaso cada viernes

Has preparado tu agenda y tu lista de tareas pendientes, y tienes unas horas señaladas para dedicarte al correo electrónico todos los días. ¡Así se hace! Has sentado las bases para gozar de la calma y la tranquilidad en el futuro. Pero eso no es todo, porque sin un mantenimiento constante, el sistema se desmoronará.

El mantenimiento requiere una simple rutina: cada semana dedica treinta minutos de tu tiempo a actualizar tu agenda y a limpiar tu lista de tareas pendientes.

La primera vez que escuché la idea de hacer un «repaso semanal» fue en el libro de David Allen *Organízate con eficacia*, y ahora no puedo vivir sin él. Es una herramienta simple y a la vez poderosa. A continuación, te enseñaré cómo aplicarla.

Pero ¿por qué una vez a la semana y no a diario o una vez al mes? Es una buena pregunta. Pero piensa en tu cocina. Si dejas que se acumulen los platos en el fregadero durante una semana, corres el riesgo de que se convierta en una pocilga. Por otro lado, esforzarte por tener la encimera limpia y el lavavajillas siempre vacío es algo que nunca va a suceder. Lavar inmediatamente cada plato que se ensucia sería enormemente ineficiente. Pero, si no lavas los platos, te quedarás sin ellos tarde o temprano. Del mismo modo, mantenerse al día en el trabajo consiste en encontrar un equilibrio adecuado. Y para el trabajo, he comprobado que una vez a la semana es lo que funciona. Permite mantener cierta flexibilidad durante la semana sin perder de vista la visión de conjunto.

Realizar un repaso semanal o, como yo lo llamo, el *Repaso de los viernes* consiste en crear una red de seguridad para tu semana laboral. Independientemente del caos diario, las reuniones enlazadas y los incendios que debes apagar, hacer un repaso los viernes te permite retomar el rumbo. De hecho, te permite ser «más» caótico durante la semana porque sabes que el viernes vas a reorganizarte de nuevo.

¿El «qué» de los viernes?

El repaso de los viernes es una cita contigo mismo una vez por semana para a) revisar tu última semana de trabajo y b) anticiparte a la semana siguiente. Saber que te has reservado este tiempo para recapitular, y planificar cada semana significa que no tienes que preocuparte por los cabos sueltos el resto del tiempo. Si hay algo que no has podido llevar a cabo o has pasado por alto, lo retomarás en esta sesión. Este repaso te ayuda a hacer seguimiento de las tareas y solo necesitas media hora a la semana. ¿He dicho ya que te aporta tranquilidad el resto de la semana?

Encontrar el mejor momento

Personalmente, siempre hago mi repaso semanal el viernes por la tarde. ¿Por qué el viernes? Muy sencillo. Quiero empezar el fin de semana con la cabeza despejada y partiendo de cero. Es un placer repasar mi agenda y mi lista de tareas pendientes los viernes por la tarde. De este modo, soy consciente de las tareas que no he llegado a hacer esa semana y de las que he planificado para la semana siguiente. Así es más fácil dejar el trabajo a un lado durante el fin de semana. Pero también conozco gente que prefiere hacer el repaso el sábado o el domingo. Por ejemplo, un amigo mío prefiere hacerlo el lunes por la mañana porque de ese modo tiene más energía para la semana. Elijas el momento que elijas, lo importante es que sea un día y una hora que puedas mantener.

¿Cuánto se tarda en hacer el repaso semanal? Normalmente, treinta minutos es tiempo de sobra. No obstante, para empezar, resérvate noventa minutos para organizar todo lo que necesitarás.

Cuando explico el razonamiento que hay detrás del repaso de los viernes, la mayoría de la gente se sube al carro al instante. ¿Claridad y tranquilidad durante la semana laboral? ¿Quién lo rechazaría? Pero también he visto casos donde la gente tiene problemas para empezar. Por eso, abordemos este asunto inmediatamente. Deja de leer por un instante y reserva noventa minutos en tu agenda, a la hora que quieras. Como he dicho, después de esta primera sesión, el proceso será mucho más rápido. Si puedes comprometerte a realizar el repaso cuatro veces seguidas, habrás adquirido una rutina. No te preocupes, no es complicado. Pero es la herramienta más poderosa para incrementar exponencialmente tu rendimiento.

Siguiente pregunta: ¿«cómo» se hace el repaso de los viernes? Consta de dos partes. En primer lugar, mira hacia atrás y repasa tu semana. Y, en segundo, mira hacia delante y analiza la semana que viene.

PARTE 1. MIRA HACIA ATRÁS

Tu repaso de los viernes empieza por analizar los daños de la semana que termina y hacer limpieza. No te preocupes si de repente te das cuenta de todas las tareas que se han perdido en medio de la confusión. Esta es precisamente la razón de ser de esta sesión: que puedas hacer algo al respecto. Allá vamos:

1. Comprueba la agenda

Esta es la parte que proporciona más tranquilidad para el resto de la semana. Y es increíblemente sencilla. Así es como funciona. Hago clic sobre cada reunión y bloque de trabajo que había planificado para la semana y me pregunto:

- ¿Tomé apuntes? ¿O hay acta de la reunión? (Si es así, los repaso y añado a mi lista de tareas pendientes las acciones que debo emprender.) ¿Hay otros temas sobre los que quiera o necesite hacer un seguimiento?
- ¿Es necesaria una reunión de seguimiento? Si es así, ¿está programada?
- ¿He hecho todo lo que tenía previsto esta semana? ¿He puesto al día a todas las personas a las que debía informar?

2. Repasa todas tus «bandejas de entrada»

Probablemente, hayas añadido un montón de temas nuevos a la «bandeja de entrada» de tu lista de tareas pendientes. Este es un buen momento para transformarlas en acciones (si todavía no lo has hecho) para que sean concisas y factibles. Cuando hayas terminado, puedes arrastrarlas a sus respectivos proyectos.

Es posible que tengas otros tipos de «bandejas de entrada»,

de modo que tómate un momento y comprueba que no tienes más cabos sueltos. Tus «bandejas de entrada» pueden incluir:

- Una libreta.
- Notas garabateadas encima de tu escritorio.
- Una aplicación para tomar notas, como Notion o Microsoft OneNote.
- La bandeja de entrada de tu correo electrónico (haz solo un repaso rápido para asegurarte de que no has pasado nada importante por alto esta semana. No te quedes atrapado con el correo electrónico).
- Y no te olvides del correo postal, los archivos en tu carpeta de descargas, las fotos que hayas tomado, los vídeos que hayas grabado y las conversaciones en las aplicaciones de mensajería instantánea. Compruébalo todo para saber si debes hacer algún seguimiento.

3. Repasa los proyectos que tengas en marcha

Repasa uno a uno los proyectos que aparecen en tu programa de gestión de tareas:

- Lee cada una de las tareas de los proyectos, y transforma aquellas que sean ambiguas en acciones claras y realizables. Comprueba si hay acciones abiertas que debes actualizar. Y lo más importante: asegúrate de haber determinado el siguiente paso para cada proyecto. Si no es así, es el momento de hacerlo.
- ¿Hay algún nuevo proyecto? ¿O alguno antiguo que puedas borrar de la lista?
- ¿Siguen vigentes todos tus proyectos y áreas de trabajo (capí-

tulo 2)? Esto es fundamental. Es la manera de no olvidarse de nada.

- ¿Hay personas en tu *Lista de espera* que necesiten un recordatorio rápido?
- No te olvides de echar un vistazo a tu lista «Algún día». ¿Hay tareas o proyectos que podrías empezar la próxima semana?

PARTE 2. MIRA HACIA DELANTE

Con toda la información que has obtenido en la primera parte del repaso de los viernes, ahora sabes qué es lo más importante para un futuro cercano. No lo olvides. Siguiente paso: organiza tu próxima semana.

Planifica tu agenda para la próxima semana

En el capítulo 1 explicamos en detalle cómo planificar una semana de trabajo. Ahora lo volveremos a hacer. Te refresco la memoria:

- Elige las tareas relacionadas con tus responsabilidades y objetivos.
- Busca un equilibrio entre el trabajo urgente y el trabajo importante. Intenta reservarte tanto tiempo como puedas para las tareas «importantes» y «no urgentes».
- Menos es más. Realiza una planificación prudente. Siempre pecamos sobrecargando nuestra carga de trabajo. Intenta reducir tus prioridades para esta semana a dos o tres cosas como máximo.

Con estas prioridades en la mente, puedes planificar tu semana. Estos son los seis pasos que sigo:

1. Bloquea el tiempo que necesitas para todo tu trabajo prioritario, reuniones y citas.
2. ¿Todos los invitados a las reuniones han confirmado su asistencia?
3. ¿Has tenido en cuenta el tiempo de desplazamiento para las reuniones fuera de la oficina?
4. ¿Has reservado el tiempo de preparación que necesitarás para las reuniones?
5. ¿Te falta información para alguna de las reuniones?
6. Es probable que ya tengas algunas tareas en la agenda para esta semana. ¿Hay algo que sea ahora innecesario o redundante? ¿Puedes anularlo?

Objetivos

A estas alturas es posible que todavía no te hayas marcado objetivos concretos. Es normal, la mayoría de nuestros objetivos o metas están a medio elaborar en nuestra cabeza. En el capítulo 5 y 6 te ayudaré a definir tus objetivos. Una vez que los hayas formulado, el repaso semanal será el momento perfecto para repasarlos uno por uno y asegurarte de que has decidido el próximo paso para cada uno de ellos.

En Blendle realizábamos evaluaciones de equipo cuatro veces al año para hacer el balance trimestral. Uno de los problemas que aparecían continuamente en esas reuniones era que cuando planificamos el trabajo solíamos pasar por alto nuestros propios objetivos. ¡Eran oportunidades perdidas! A partir de ese momento, decidí que mis objetivos serían la base sobre la cual estructurar cada nueva semana.

Lista de comprobación personal

El siguiente paso es crear una lista de comprobación básica para el repaso de los viernes. Puede incluir temas que sean importantes para tu trabajo o tu vida personal. Durante años, en mi lista de comprobación siempre aparecía este tema: «Repasar los apuntes de la reunión de equipo de Producto». Lo convertí en una tarea repetitiva porque quería revisar semanalmente las actas de esas reuniones. Conozco algún compañero que en su lista de comprobación tiene como una tarea habitual «Crear copia de seguridad», y a un director de Recursos Humanos cuya lista incluye «Enviar correo electrónico con novedades de personal». En otras palabras, tú decides el enfoque de tu repaso semanal. Una lista personalizada te permite aprovechar al máximo este sistema. Así es mi propia lista de comprobación:

LISTA DE COMPROBACIÓN DEL REPASO DE LOS VIERNES	
LISTA ESTÁNDAR	**LISTA DE RICK**
ÚLTIMA SEMANA	
Repasar calendario + apuntes reuniones	Repasar calendario + apuntes reuniones
Repasar bandejas de entrada	Repasar bandejas de entrada
Repasar proyectos	Repasar los apuntes de la reunión de equipo de Producto
	Repasar proyectos
	Hacer limpieza del escritorio y descargas
	Valorar mi nivel de energía + anotar conclusiones

LISTA DE COMPROBACIÓN DEL REPASO DE LOS VIERNES	
PRÓXIMA SEMANA	
LISTA ESTÁNDAR	**LISTA DE RICK**
Rellenar agenda	Rellenar agenda
	Revisar objetivos
	Pagar facturas pendientes
	Releer misión personal (hablaremos sobre esto en el capítulo 5)

Sube un peldaño: reflexiona sobre tu semana

El repaso de los viernes es el momento idóneo para limpiar tu lista de tareas pendientes y planificar tu próxima semana. También es una gran oportunidad para reflexionar sobre la semana anterior y sacar conclusiones sobre los éxitos y los fracasos. Personalmente, puntúo mi nivel de energía en una escala del uno al diez, y apunto las razones. Esto me ayuda a detectar patrones recurrentes en mi flujo de trabajo. Estas son otras preguntas que podrías incluir en tu repaso:

- ¿Qué logro o triunfo personal fue el más importante la semana pasada?
- ¿Has cumplido con tus prioridades principales? ¿Por qué? ¿O por qué no?
- ¿Cuál es la lección más importante que has aprendido esta semana? ¿Qué te aporta para la próxima semana?

¡Ayuda!

Llevo bastante tiempo enseñando a la gente a realizar repasos semanales. Todo el mundo, sin excepción, asegura que este sistema tan sencillo les permite atar los cabos sueltos y empezar cada semana con una planificación mejor. No obstante, también podemos encontrarnos con algunos inconvenientes. El problema más frecuente es «Programo mi repaso todos los viernes, pero después no lo hago». ¿Te resulta familiar? ¿Eres consciente de la tranquilidad que te proporcionará el repaso, pero eres incapaz de llevarlo a cabo? A continuación, aparece una lista que te puede echar una mano:

- ¿Hasta qué punto respetas lo que aparece en tu agenda? Recuerda: tu agenda es sagrada. Es el pilar sobre el que organizas tu semana. Es posible que no sea fácil acostumbrarte, pero cuanto más respetes tu plan semanal, mejor te funcionará. Tu repaso de los viernes forma parte de ese plan.
- ¿Te paraliza la ansiedad? ¿Te agobia pensar en todos los cabos sueltos o las tareas pendientes? Es muy común. Pero no permitas que esto te desanime. Inténtalo de nuevo. Evitar el trabajo no hará que desaparezca. Además, que el repaso de los viernes esté en tu agenda significa que tiene una hora de inicio, pero también una hora de finalización. Cuando se te acabe el tiempo, déjalo estar y realiza la parte 2. Ya acabarás en otro momento.
- ¿Te va bien el horario? Como ya he dicho, a mí me gusta hacer el repaso semanal el viernes por la tarde. De este modo, tengo una línea de meta bien definida al final de la semana, y un punto de partida claro para la siguiente. Es una forma perfecta de empezar el fin de semana. Sin embargo, puedes probar con otros horarios hasta que encuentres el momento más adecuado para ti. Si los viernes por la tarde suelen recurrir a ti para solucionar cualquier problema, es

posible que hacer el repaso por la mañana sea una opción más acertada. También podrías hacerlo durante el fin de semana, cuando encuentres un momento de tranquilidad. O conviértelo en un placer: un amigo mío hace su repaso semanal como si fuera una pausa larga para el café, con un capuchino como recompensa.

- ¿Tu lista de comprobación es demasiado larga? ¿O demasiado ambigua? Si en tu repaso siempre te encallas en el mismo punto, existe el riesgo de que empieces a saltarte el resto. Esto significa que debes simplificar tu lista.
- ¿Te cuesta mucho cumplir el horario? Intenta emparejarte con algún compañero para hacer el repaso semanal juntos. No tiene que ser necesariamente tu mejor compañero de trabajo, simplemente necesitas uno que supervise con su presencia el repaso. En el capítulo 7 veremos cómo encontrar este aliado.
- ¿Tu repaso de los viernes te lleva demasiado tiempo? Si te cuesta terminar, puede que estés intentando abarcar demasiado. Por ahora, concéntrate en tener las cosas claras y al día. ¡No intentes solucionar otras tareas mientras estás en ello! Sé que es tentador hacer algo de trabajo real durante el proceso de organización, pero si siempre te falta tiempo para todo es mejor dejar el trabajo en sí para más adelante. Primero céntrate en el repaso.
- Al cabo de un tiempo, el repaso de los viernes se convertirá en algo natural. En ese momento, puedes intentar aplicar la regla de los dos minutos: si te topas con una tarea que puedes resolver en dos minutos o menos, soluciónala en ese mismo momento. Reserva las demás para tu agenda o tu lista de tareas pendientes.

He creado un curso intensivo para ayudarte. Regístrate en gripbook.com/Fridayrecap y te enviaré algo de inspiración cada semana para ayudarte a controlar esta poderosa herramienta.

Si tienes que hacer solo una cosa para mejorar tu semana de trabajo, ¡que sea el repaso de los viernes!

CHULETA PARA LA PARTE 1

Trabaja con una agenda (pág. 5)

- Apunta todas las reuniones y citas en tu agenda.
- Especifica claramente la hora de comienzo y de finalización.
- Manda invitaciones.
- Incluye el tiempo de desplazamiento, preparación y papeleo.
- Y lo más importante: programa tu propio trabajo en los proyectos prioritarios.

Define tus prioridades (pág. 15)

- Haz un resumen de tus responsabilidades (básate en la descripción de tu puesto de trabajo y en los objetivos de la empresa).
- Basándote en estas responsabilidades, elabora una lista con tus tareas principales y delega tantas tareas «urgentes» y «no importantes» como puedas.
- Esfuérzate para reducir tu lista de trabajo a dos o tres prioridades.
- Define el primer paso que debes hacer para cada una de estas prioridades.
- Reserva tiempo en tu agenda la semana que viene para cada uno de estos pasos.

Revisa tu plan semanal (pág. 22)

- ¿Has previsto el tiempo suficiente para preparar las reuniones?
- ¿Has invitado a todas las personas que quieres que asistan?
- ¿La localización está definida? ¿O hay un enlace para la reunión?
- ¿Tu agenda refleja tus prioridades?
- ¿Has reservado tiempo para el correo electrónico?
- ¿Estás sacando el máximo provecho a tus horas de trabajo? ¿Has programado el trabajo creativo y las tareas más rutinarias adecuadamente? ¿Tu programación evita el cambio constante entre reuniones y trabajo creativo?
- ¿Has programado el trabajo más importante a principios de semana?
- ¿Te has dejado suficiente margen de maniobra?

Lidiar con los imprevistos (pág. 34)

- ¿Tienes que hacer esta tarea realmente en este momento?
- Realiza una estimación generosa del tiempo que te llevará hacerla.
- Prográmala en tu agenda.
- Comprueba si tienes alguna cita incompatible y comunica a los interesados que tendrás que reprogramarla.
- Añade las tareas de seguimiento que correspondan (como reprogramar otros compromisos) a tu lista de tareas pendientes.

Trabajar con una lista de tareas pendientes (pág. 45)

- Elige tu programa (echa un vistazo a gripboek.nl/en/link/apps).
- Añade todas tus tareas a tu lista de tareas pendientes digital.
- Escribe tus tareas como acciones realizables.
- Agrupa las acciones en proyectos.
- Añade etiquetas para filtrar las acciones rápidamente.
- Define las áreas de trabajo.

Tener tiempo para el correo electrónico (pág. 89)

- Programa tres bloques de media hora cada día para atender el correo electrónico.
- Apaga las notificaciones de correo electrónico.
- Date de baja de los boletines electrónicos que no leas.
- Aprende los atajos de teclado de tu programa de correo electrónico.
- Escribe mensajes más breves.
- Comunícate de forma proactiva para reducir el intercambio de mensajes (por ejemplo, cuando organices una reunión, propón una fecha desde el principio).

Analiza tus mensajes, uno a uno (pág. 95)

- Si no requiere ninguna acción, archiva el mensaje.
- Si eliges rechazar la petición, comunícalo al remitente.
- Si puedes gestionarlo en dos minutos o menos, soluciónalo al momento.
- Si te llevará más tiempo y hay un plazo límite, apunta la tarea en la agenda.
- Si te llevará más tiempo, pero no hay plazo límite, añade la tarea a tu lista de tareas pendientes.

Lista de comprobación del repaso de los viernes (pág. 113)

- Repasa tu semana.
- Revisa la agenda y los apuntes de las reuniones.
- Repasa todas tus «bandejas de entrada».
- Haz un repaso de tus proyectos en marcha.
- Anota los progresos que has hecho para alcanzar tus objetivos.
- Visualiza la semana que viene.
- Planifica tu semana laboral de forma que tu agenda refleje tus objetivos y prioridades.

TOMA LAS RIENDAS DEL AÑO

Imagina que un granjero no planifica sus labores de campo y hace lo que le viene en gana a cada momento. Seguramente, durante el invierno olvidaría los cuidados que necesita la tierra para ofrecer una buena cosecha a finales de verano. ¿Y qué ocurriría si un atleta de maratones no diseñara un plan de entrenamiento? Posiblemente, nunca se levantaría temprano ni batallaría contra las inclemencias del tiempo para preparar una carrera que se celebra al cabo de bastante tiempo.

Tanto para la vida de campo como para preparar una maratón, no puedes improvisar a cada instante. Tienes que comprometerte con un plan.

Y ese compromiso empieza pronto. Porque, en primer lugar, tienes que saber «qué» quieres cultivar o «por qué» quieres correr. Ciertas personas tienen objetivos definidos o metas a medio plazo. Pero ¿qué ocurre si no los tenemos?

En la primera parte del libro hemos hecho hincapié en «cómo» hacer nuestro trabajo. Ahora cambiamos de tercio y nos centraremos en los «qué» y los «porqués». ¿Qué es lo que te mueve? ¿Y por qué? Muchos de nosotros no nos preguntamos este tipo de cuestiones con demasiado detenimiento. Quizá tenemos miedo de las consecuencias que podría tener en nuestra ya de por sí ajetreada vida. O tal vez tenemos nuestros objetivos *in mente*, pero nunca nos tomamos el tiempo necesario para formularlos.

En los próximos tres capítulos te enseñaré a determinar lo que realmente quieres. Te ayudaré a elaborar un plan con objetivos anuales, y te mostraré cómo puedes hacerlos realidad, paso a paso. Por último, veremos una de mis técnicas favoritas para ganar claridad: una sesión semanal con un cómplice.

5. ¿QUÉ TE HACE LEVANTAR DE LA CAMA?

Descubre lo que te motiva

«¿Qué es lo que realmente quiero?» Es una pregunta importantísima que muchas personas temen hacerse. ¡No tengas miedo! Te pierdes muchísimas cosas al evitarla.

En los primeros capítulos nos hemos centrado en hacer que las cosas ocurran. En cómo tomar el control de tu agenda y de tu lista de tareas pendientes para sacar adelante más trabajo prioritario. En este capítulo pasaremos de esta práctica cotidiana, y nos preguntaremos una cuestión esencial: qué es lo que nos motiva y por qué.

A lo largo de las siguientes páginas te voy a plantear todo tipo de preguntas. Para aprovechar al máximo este capítulo, te recomiendo que vayas apuntando tus respuestas a medida que vayas avanzando.

La búsqueda de aquello que te impulsa puede ser tremendamente complicada. Pero mi punto de vista es muy simple: «hacer cosas» es la mejor forma de descubrir lo que te gusta. Prueba, experimenta, quédate con lo que te gusta y renuncia a lo demás. No hay nada definitivo.

En mi caso, marcarme objetivos es una estrategia para progresar en mi trabajo. Y desde luego no soy el único que lo cree. Hay innumerables estudios que demuestran que tener una meta marca la diferencia.[1] Pero para fijarte un objetivo primero tienes que preguntarte qué te ilusiona. Durante mi búsqueda, aprendí que la respuesta a este rompecabezas personal tiene tres piezas: tus pasiones, tus habilidades y tu propósito.

¿QUÉ ES LO QUE TE MOTIVA?

Tu pasión

En 2005, el fundador de Apple, Steve Jobs, pronunció un conmovedor discurso en la Universidad de Stanford sobre cómo seguir nuestras pasiones.[2] Dijo a los estudiantes: «Tenéis que encontrar aquello que amáis. [...] La única manera de hacer grandes cosas es hacer lo que amas. Si todavía no lo habéis encontrado, seguid buscando. No os conforméis. Como con todos los asuntos del corazón, cuando lo encontréis, lo sabréis». Según Jobs, uno no debe reprimirse cuando piensa en sus pasiones; simplemente, debe dejar volar la imaginación. Pregúntate:

- ¿Qué actividades pueden hacerte perder la noción del tiempo?
- ¿Sobre qué puedes leer, escuchar o mirar sin aburrirte nunca? ¿De qué no te cansas? ¿Qué te fascina?
- ¿Hay algo de lo que sepas más que la mayoría?
- Si el tiempo o el dinero (u otras limitaciones) no fueran ningún impedimento, ¿qué es lo que más te gustaría hacer durante algunos meses?

Sin embargo, obviamente, tu pasión no es lo único que te mueve. Hay dos piezas más en este rompecabezas: tus habilidades y tu misión.

Tus habilidades

En su libro *Hazlo tan bien que no puedan ignorarte,* Cal Newport habla de lo que él llama la mentalidad del artesano. Mientras que la pasión se centra en la pregunta «¿Qué puede ofrecerme el mundo?», la mentalidad del artesano se centra en «¿Qué puedo ofrecerle yo al mundo?» (ver Figura 5.1). Según Newport, tener la mentalidad del artesano es el mejor punto de partida para iniciar tu búsqueda. Empieza haciendo algo que domines y sigue ese camino hasta que encuentres tu pasión. Comenzar por tu pasión es más arriesgado porque siempre es más difícil discernir entre lo que realmente quieres y lo que el mundo quiere de ti. No es fácil hacer que tu pasión sea rentable.

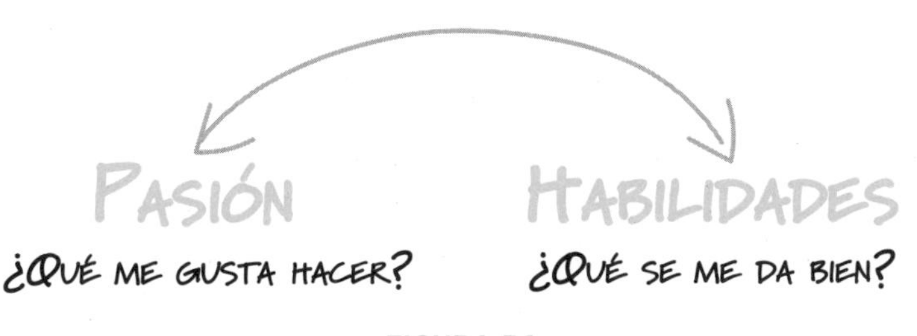

FIGURA 5.1

Cuando tengo que contratar a más personal, siempre busco la mentalidad del artesano, es decir, gente con una habilidad específica que les apasiona.

Entonces, ¿cuáles son «tus» habilidades? Estas preguntas pueden darte algunas pistas:

- ¿En qué eres bueno? ¿Qué sabes hacer de forma natural y beneficia a quienes te rodean (cosas en las que no pensarías o de las que no te das cuenta inmediatamente)?

- Pregúntate: «¿Qué puedo ofrecer al mundo?». ¿Qué te viene a la cabeza?

Así pues, aparte de seguir tu pasión, es igual de importante seguir aquello que se te da bien. Esto nos lleva a la tercera pieza del rompecabezas.

Tu propósito

De momento, no hay problemas. Pero hay otra capa relacionada con tu motivación, con aquello que te mueve o impulsa. Ni siquiera Steve Jobs iba a trabajar todos los días porque le apasionaba su trabajo. Quería lograr algo. Cuando fundó Apple, lo definió así: «Hacer una contribución al mundo creando herramientas para la mente que hagan avanzar a la humanidad». En otras palabras, tenía un propósito (ver Figura 5.2).

Stephen Covey convirtió esta idea en uno de sus siete hábitos de la gente altamente efectiva: «comienza con un fin en la mente». Covey nos propone un ejercicio: imagina que acabas de morir y debes escribir lo que crees que tu familia y tus amigos dirán sobre ti en el funeral. ¿Cómo te gustaría que te recordaran? Si este ejercicio no te convence, no hay problema. Hay otras formas para descubrir lo que es importante para ti.

Fadumo Dayib es una mujer con un propósito. Nació en Kenia, hija de unos inmigrantes somalíes que habían abandonado su país tras haber perdido once hijos por culpa de enfermedades prevenibles y tratables. Poco tiempo después de que deportaran a la familia a Somalia, Dayib tuvo que abandonar de nuevo el país. Esta vez por culpa de una guerra civil. Dayib y sus hermanos pequeños acabaron en Finlandia, donde les ofrecieron asilo. Con catorce años, aprendió a leer; luego, estudió Enfermería, cursó dos posgrados y en la actualidad está trabajando en su doctorado. En 2014 manifestó su deseo de volver a su país natal para presentarse como candidata a la presidencia en las primeras elecciones somalíes desde 1984. En su página web escribió: «Mi propósito es ayudar a reconstruir Somalia mediante un liderazgo político responsable», y aseguró que su «vocación, aparte de ser una madre dedicada a mis cuatro hijos, era lograr el desarrollo de Somalia. Servir a la humanidad». No podría tener un propósito más noble y claro.

FIGURA 5.2

Encontrar nuestro propósito es una búsqueda personal. Espero que la historia de Dayib te ayude a encontrar un propósito valiente y que nada se interponga en tu camino. ¿Es necesario que sea heroico? En absoluto. Pero es bueno saber que «puede» serlo.

Sea cual sea tu opinión sobre Elon Musk y su proyecto para mandar gente a Marte, sus reflexiones sobre el «impacto» pueden ser de gran ayuda. Musk mide el impacto multiplicando los beneficios de una acción por el número de personas que se ven afectadas por ella. Esto quiere decir que un pequeño beneficio que afecte a un gran colectivo tiene tanto impacto como gran beneficio que afecte solo a un puñado de personas. Es algo que podemos tener mentalmente. A continuación, tienes otras indicaciones que te ayudarán a encontrar tu propósito:

- Haz el ejercicio de Stephen Covey: ¿cómo te gustaría ser recordado?
- ¿Cómo podrías aportar algún pequeño beneficio a un gran número de personas? ¿Qué pasiones y habilidades podrías usar para ello?
- ¿Qué te irrita profundamente? Este tipo de emoción también puede ayudarte a encontrar tu propósito.

Estas tres piezas del rompecabezas (pasión, habilidades y propósito) cobran más sentido cuando te pones a trabajar en ellas. Intenta escribir tus pensamientos sobre cada una de ellas en la página 140. No tiene que ser complejo. Yo lo escribo en Evernote haciendo una lista de ideas breves para cada una de las tres piezas. No es una lista estable, pero en estos momentos dice así:

Propósito

¿Qué es importante para mí?

- Quiero hacer que el mundo sea un poco mejor cada día...
  - Con mi trabajo.
  - Con mis proyectos fuera del trabajo.

- Poniendo mi granito de arena para salvar el planeta y reducir la brecha entre ricos y pobres.
- Cultivando una relación cercana y afectuosa con mi familia.

Pasión

¿Qué me gusta hacer?

- Me gusta hacer cosas que otros puedan usar.
- Disfruto resolviendo problemas.
- Me encanta encontrar otros métodos para que las cosas lentas vayan rápido o para que las cosas complicadas sean sencillas.
- Me gusta hacer cosas útiles.
- Me gusta construir cosas partiendo desde cero.

Habilidades

¿Qué se me da bien?

- Soy bueno empezando proyectos.
- Soy bueno haciendo que las cosas complicadas sean sencillas.
- Soy autodisciplinado.
- Soy bueno escuchando a los demás.
- Soy bueno en pensamiento estratégico.
- Soy bueno priorizando.

Siempre leo esta nota como parte de mi repaso de los viernes (ver capítulo 4). Me ayuda a no perder de vista mis motivaciones y puedo comprobar si mis acciones están en sintonía con estas. Cada vez que aprendo algo nuevo sobre mí, actualizo las piezas de mi rompecabezas debidamente.

PROPÓSITO

¿Qué es importante para mí?

- ______
- ______
- ______
- ______

PASIÓN

¿Qué me gusta hacer?

- ______
- ______
- ______
- ______

HABILIDADES

¿Qué se me da bien?

- ______
- ______
- ______
- ______

Ponte en marcha

Tengo dos buenos amigos que vendieron su casa para viajar por Europa en autocaravana. Herman y Sietske llevan un año en la carretera y nunca han sido tan felices. Ahora, sus piezas del rompecabezas, es decir, su pasión, sus habilidades y su propósito, encajan perfectamente. Querían vivir sin ataduras (pasión), y, como ambos son músicos y hábiles con las manos (habilidades), repararon una caravana y se ganan la vida mientras viajan. Pero para ellos también es importante relacionarse con las personas que conocen en sus viajes (propósito). En esta etapa de sus vidas, este estilo de vida nómada es ideal para ellos. Pero nada de esto ha sido un golpe de suerte. Este proyecto requirió varios meses de reflexión y planificación.

Solo hay una forma de saber si lo que tienes en la cabeza es lo que de verdad quieres: probándolo. Puedes filosofar hasta la saciedad sobre si cambiar tu casa por una caravana es lo más adecuado, pero la única forma segura de averiguarlo es haciéndolo. La figura 5.3 te muestra cómo.

FIGURA 5.3

Para descubrir aquello que quieres se ha de empezar por reflexionar sobre tu propósito personal, tus pasiones y tus habilidades (1). Una vez que hayas definido estas tres piezas del rompecabezas, puedes ponerte en marcha tomando una resolución para cada una de ellas (2). Luego, convierte esas resoluciones en acciones concretas para probarlas (3).

¿Tus propósitos, tus pasiones y tus habilidades sugieren que deberías estar haciendo otro tipo de trabajo? ¿O buscar otro tipo de aficiones? Cuanto mejor encajen tus elecciones con tus tres piezas del rompecabezas, mejor se ajustarán a tu vida. Tus resoluciones no tienen por qué cambiarte la vida, como las de mis amigos nómadas. Pueden ser pequeñas cosas como hacerte voluntario en el banco de alimentos, entrenar en una liga infantil o apuntarte a un curso de oratoria. Todas esas experiencias podrán ayudarte a determinar con mayor precisión lo que realmente quieres.

Entonces, ¿cómo se convierte una pieza del rompecabezas en una resolución? Aquí tienes un ejemplo:

- Propósito: para mí es importante defender el trato igual a hombres y mujeres.
- Resolución: unirme a una organización que trabaje para avanzar en este objetivo.
- Resolución: trabajar para cambiar la cultura de nuestra empresa para que todo el mundo reciba un trato igualitario.
- Resolución: organizar un club de lectura para hablar de este tema con amigos.

Como puedes ver, todas estas resoluciones derivadas del mismo propósito pueden variar enormemente. Elegir una de ellas y llevarla a cabo puede ayudarte a descubrir si este propósito te motiva de verdad. Convertir las pasiones y las habilidades en resoluciones funciona de la misma manera. Si te encanta la carpintería, apúntate a un curso para saber si es algo más que un capricho pasajero. Por ejemplo, mi padre empezó a tocar la batería a la tierna edad de cincuenta y seis años para saber si tenía un don para ello. [Narrador: resulta que así era.]

¿Quieres algunos consejos más para elaborar tus resoluciones? Esto es lo que a mí me ayuda:

- Piensa que ninguna decisión es inamovible y que no pasa nada si no aciertas a la primera. Tus resoluciones y lo que hagas con ellas suelen ser fáciles de cambiar o revertir.
- Gracias a mi repaso de los viernes, puedo reflexionar regularmente sobre mis elecciones. Y he aprendido que aquellas que me generaban más recelo acabaron siendo las más gratificantes. Así pues, echa la vista atrás más a menudo y aprovecha las conclusiones que saques.
- Si no persigues tu propósito, tus pasiones o tus habilidades significa que estás persiguiendo otra cosa. «Renunciar» a ese nuevo empleo significa «elegir» tu empleo actual. ¿Es una elección que te satisface?

Si no traduces tus resoluciones en acciones concretas, las probabilidades de que hagas algo con ellas son escasas. Tomemos como ejemplo la resolución de «cambiar la cultura de la empresa para que todo el mundo reciba un trato igualitario». Es un objetivo ambicioso, pero es difícil llevarlo a cabo. En cambio, si lo formulas detalladamente, podrás convertirlo en acciones concretas: «Ayudar a cambiar la cultura de nuestra empresa contratando a un equipo de trabajo para que redacte una guía sobre igualdad de género». Las resoluciones que se convierten en acciones concretas son el trampolín perfecto para tus objetivos.

Muchas personas tienen dificultades para marcarse objetivos alcanzables en su trabajo y su vida personal. Antes de analizar con más detalle cómo hacerlo, demos un paso atrás y preguntémonos: «¿Por qué es buena idea marcarse objetivos para empezar?».

Un objetivo es una meta

Personalmente, soy muy partidario de marcarme objetivos. Me ayudan a centrarme en lo más importante y saber dónde «no» debo emplear mi tiempo. Siempre trabajo mucho mejor si tengo una meta clara. Y esto también lo veo en otras personas. Pero no tienes por qué creerme a mí.

Edwin Locke y Gary Latham han investigado sobre la importancia de marcarse objetivos desde 1974. Desarrollaron su teoría de la fijación de metas[3] basándose en sus investigaciones conjuntas a partir de cientos de estudios. Esta teoría propone que tener objetivos puede ser una forma efectiva de incrementar la productividad, siempre que se utilicen correctamente. ¿Cuál es la clave? Un «qué» claro y suficientemente estimulante, así como un «cuándo» específico, además de un *feedback* periódico que te permita saber cómo lo estás haciendo.

Conozco a algunas personas que son alérgicas a la palabra «objetivo». Lo consideran algo demasiado grande y pesado, tal vez por culpa de los objetivos imposibles que les impone algún jefe u otra persona. O quizá porque en el pasado se ilusionaron con un objetivo personal que resultó inalcanzable. Si has tenido experiencias negativas como estas, es posible que no te apetezca fijarte ninguna meta.

Aun así, espero poder animarte a perseguir nuevos objetivos de una manera diferente. Quizá te interese saber que, en mi método, los objetivos no son un destino final, sino hitos en el camino donde puedes detenerte para recuperar el aliento y celebrar lo lejos que has llegado. Lograr tus objetivos es una sensación fantástica. Y pueden ser tan pequeños y realizables como desees (un truco infalible).

Los objetivos te dan energía

Seguro que alguna vez has experimentado esa explosión de energía cuando estás cerca de alcanzar un objetivo, como cuando superas la última curva en una carrera y aparece la línea de meta delante de ti. Ese último tramo que tienes por delante es claro y factible, y lo único que necesitas es un último esfuerzo. Con los objetivos consigues ese mismo subidón, idéntico impulso extra.

MARCARSE OBJETIVOS

Alcanzar tus objetivos depende en gran medida del empeño que dedicas a su planificación. Si un objetivo está bien formulado, puede marcar la diferencia entre llegar a la línea de meta o quedarte a medio camino. Seguramente, has oído hablar del enfoque SMART para marcarse objetivos. Es la regla que indica que los objetivos deben ser específicos, medibles, alcanzables, realistas y oportunos (*specific, measurable, achievable, realistic y timely,* en inglés). Aunque no hay nada de malo en este planteamiento, prefiero algo más sencillo. Por eso pongo a prueba mis objetivos con solo dos indicadores:

1. ¿Es algo que me ilusiona?

Si basas tus objetivos en tu pasión, tus habilidades y tu propósito, es imposible que no te ilusionen. Por eso lo he convertido en mi criterio principal para valorar mis objetivos. La idea de perseguir un objetivo tiene que despertar entusiasmo, y alcanzarlo debería ser algo que quieres celebrar (ver Figura 5.4). Los criterios como «alcanzable, realista o medible» se quedan cortos en comparación.

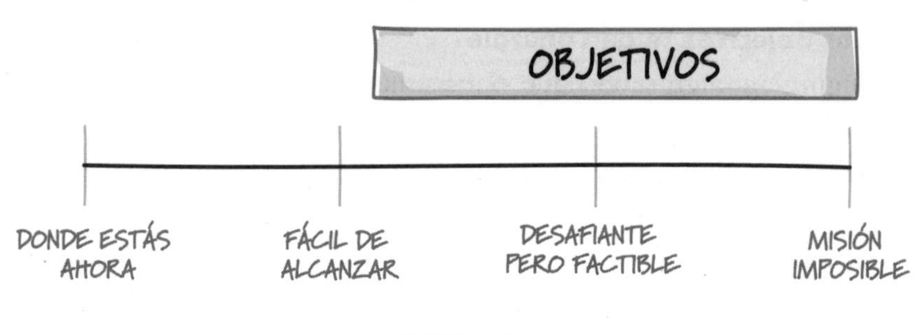

FIGURA 5.4

Tu entusiasmo por un objetivo depende en parte del desafío que suponga. ¿Cuánto esfuerzo necesitaré para alcanzarlo? No tiene ningún sentido marcarte objetivos que no puedes alcanzar, pero tampoco deberían ser demasiado fáciles. Una de las claves para mantener la motivación es fijar objetivos que estén a medio camino entre ambos extremos.

Pero ¿qué sucede con los objetivos que te impone tu jefe o tu superior? En este caso, lo que puede ser de gran ayuda es intentar entender su entusiasmo. ¿Por qué este objetivo es importante para mi jefe? (Si descubres que frecuentemente no compartes los mismos valores de tu jefe, tal vez sea el momento de plantearte si tu trabajo es el adecuado.) Para mí, escuchar los motivos de entusiasmo de mi jefe suele marcar una gran diferencia. Y una vez que te haces una idea de por qué es importante un objetivo, puedes encontrar la motivación necesaria para alcanzarlo.

2. ¿Sabré cuándo lo he alcanzado?

Saber de antemano cuándo alcanzarás tu objetivo es sumamente importante. Innumerables estudios así lo demuestran, y yo lo he visto personalmente una y otra vez. Si tus objetivos no son específicos, tendrás problemas para saber cuándo los has alcanzado. En Blendle, una de mis responsabilidades era pensar en la estrategia de la empresa. Nadie tenía que convencerme de que aquello era importante, de modo que el entusiasmo no era un problema. A la hora de convertirlo en un objetivo, podría haberlo llamado algo así como «*pensar* en el futuro de Blendle». Pero, entonces, ¿cómo iba a saber cuándo había acabado el trabajo? En cambio, si hubiera definido mi objetivo como «Presentar planes para el resto del año antes del 1 de junio», nunca habría dudado. Así pues, a la hora de formular un objetivo es fundamental tener una respuesta clara a la pregunta: ¿cuándo lo habremos alcanzado? ¿Cuándo habré terminado? Una buena forma para comprobar si el resultado es suficientemente claro consiste en preguntarse: «¿sabrán los demás cuándo he alcanzado mi objetivo?».

Si la respuesta es afirmativa, entonces es que es suficientemente específico.

En la práctica, los objetivos que requieren una planificación de más de tres meses de antelación son complicados. La línea de meta queda demasiado lejos. Yo intento mantener los plazos de mis objetivos dentro del trimestre. Con proyectos más grandes, es recomendable dividir el objetivo en partes más pequeñas.

Objetivos a largo plazo

El presidente John F. Kennedy quería enviar al primer hombre a la Luna. Fadumo Dayib apuntó a la más alta institución de Somalia, que nunca había sido ocupada por una mujer. Jody Williams quiere librar al planeta de las minas terrestres. Y Bill Gates quiere erradicar la malaria. Estos son objetivos enormes, llamados a veces BHAG en inglés (*big hairy audacious goals*). Yo prefiero el término «objetivos a largo plazo». Si los objetivos que tienes en estos momentos no suponen un desafío, es hora de ampliar su alcance.

Fijarse un buen objetivo a largo plazo es todo un arte. Puede que el objetivo se aleje de nuestro alcance habitual, pero no tanto como para que nunca podamos alcanzarlo. Si quieres estar motivado y luchar para lograr un gran objetivo, tiene que estar a medio camino entre «imposible» y «difícil pero factible». Cuando JFK anunció el 25 de mayo de 1961 que tenía la intención de enviar un hombre a la Luna esa misma década, era una meta clara, aunque aparentemente fuera de su alcance. Al mismo tiempo, todas las personas del planeta podían «imaginarse» un cohete espacial llegando a la Luna. Este es el segundo elemento de un objetivo a largo plazo.

Si quieres fijarte un buen objetivo a largo plazo, comprueba dónde se situaría en esta lista de comprobación:

- Puedo imaginarme claramente consiguiendo este objetivo.
- Pensar en este objetivo me da un poco de miedo.
- No tengo ni idea de cómo voy a conseguir este objetivo.
- La gente que me rodea se cuestiona abiertamente si podré hacerlo.
- La idea de conseguir este objetivo me ilusiona enormemente.

Tanto los objetivos como los objetivos a largo plazo nos ayudan a progresar. Por mi experiencia, combinar ambos tipos de objetivos es la mejor opción. Suelo tener uno o dos objetivos verdaderamente grandes y ambiciosos, así como un puñado de objetivos más pequeños y factibles que estoy seguro de poder alcanzar con un poco de tiempo y esfuerzo.

Si quieres que tus probabilidades para alcanzar tus objetivos sean elevadas, debes procurar no fijarte demasiadas metas a la vez. Mi consejo es no fijarte más de siete objetivos. Recuerda: menos es más. Dicho esto, a mí me gusta tener siempre por lo menos cuatro objetivos en cartera. Si me atasco con uno, siempre puedo cambiar y centrarme en otro.

Hacer un seguimiento de los objetivos

Ahora pasemos a cuestiones prácticas: ¿cómo podemos llevar el control de nuestros objetivos? Del mismo modo que con la agenda, la lista de tareas pendientes y el correo electrónico, existe un sinfín de herramientas parar elegir. No obstante, a mí me gusta escribir mis metas en una hoja en blanco de Google Docs. Tiene más o menos el aspecto de la figura 5.5.

Como puedes ver, me he marcado seis objetivos hasta finales de junio y ya he alcanzado dos. Todos tienen el mismo plazo límite. Me gusta utilizar Google Docs para esto porque me ofrece una sencilla página en blanco donde tengo total libertad para anotar las cosas como me plazca. Y este programa me facilita la posibilidad de compartir los objetivos que desee con otras personas.

Evidentemente, muchas empresas tienen su propio sistema para que los empleados puedan plasmar los objetivos que fijan con sus superiores. Yo me he acostumbrado a añadir mis objetivos laborales a mi lista de Google Docs. De este modo, todos los objetivos en los que estoy trabajando están en un mismo lugar.

Te animo a que lo pruebes. Ciertamente, quizá tendrás un par de objetivos que aparecerán en ambos sitios, pero esto no supone un gran problema. Lo más importante es que puedas ver todos tus objetivos de un vistazo.

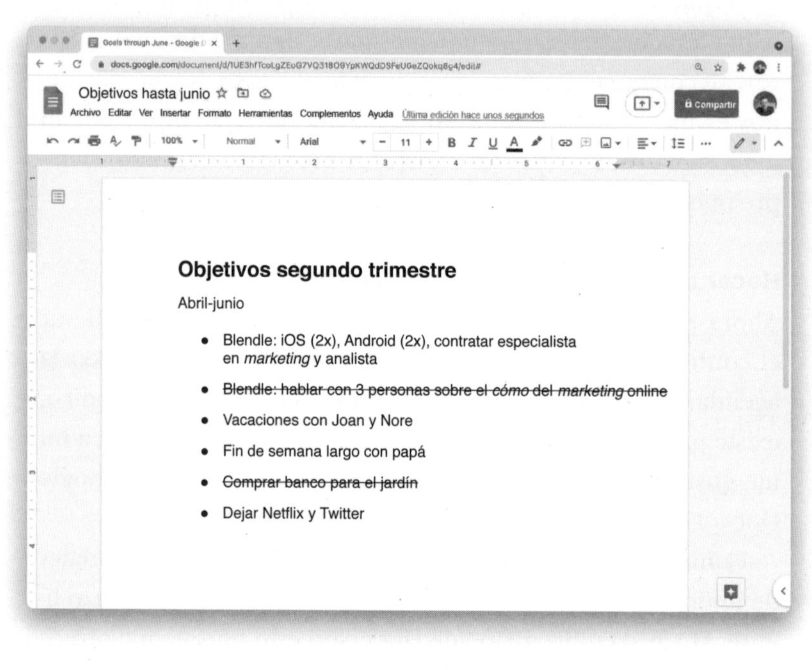

FIGURA 5.5

CÓMO ALCANZAR OBJETIVOS

Has anotado tus objetivos, sabes por qué son importantes para ti y has definido cuándo los habrás alcanzado. ¡Buen trabajo! Ahora solo falta que vayas a por ellos:

El primer paso

Ahora mismo, es posible que eches un vistazo a uno de tus objetivos y no tengas la menor idea de cuál es el primer paso. No te culpo, especialmente si se trata de un objetivo a largo plazo. Recordemos de nuevo la historia de mis amigos Herman y Sietske, y su sueño de vivir en una autocaravana. ¿Por dónde empezarías?

En realidad, es sorprendentemente sencillo. Todo lo que tienes que hacer es preguntarte lo siguiente: ¿cuál es el primer paso concreto que podría dar para acercarme a ese objetivo? Podría ser «Consultar los anuncios de autocaravanas usadas en venta» o «Pedir consejos a amigos con más experiencia». ¿Recuerdas cómo convertías tus prioridades en tareas específicas? Pues perseguir un objetivo funciona de la misma manera. Se trata de decidir cuál podría ser el siguiente paso y repetir el proceso hasta que cruces la línea de meta.

¿Has pensado en el siguiente paso? Excelente. Antes de hacer cualquier otra cosa, coge tu agenda y planea el tiempo que necesitarás para hacerlo. Así te asegurarás de convertir esta tarea importante (aunque probablemente no urgente) en una prioridad de la semana.

Después de esto, solo se trata de ponerse manos a la obra. Cierra el correo electrónico. Desconecta de Netflix. Y cierra la sesión de Facebook e Instagram del teléfono. O, mejor aún, deja el teléfono fuera de tu alcance. Deja todas esas tareas del hogar para otro momento y EMPIEZA.

¿Tienes dificultades para ponerte en marcha? Aquí tienes algunos consejos más:

- Intenta que tu primer paso sea «aún más pequeño» para que puedas completar esa primera acción en cuestión de minu-

tos. Pongamos que tu objetivo es dominar el Excel. Programa cinco minutos en el temporizador para ver un tutorial de Excel en YouTube. O, si tu objetivo está relacionado con hacer ejercicio, empieza con diez minutos de estiramientos.
- Tras completar tu primer paso, busca una recompensa. Realiza un descanso corto, toma una taza de café o regálate un pequeño capricho.
- Recuérdate por qué este objetivo es tan importante para ti. ¿Qué es lo que esperas conseguir? Cierra los ojos e imagínate cómo te sentirás una vez que lo consigas.

Mucha gente tiene grandes planes, pero no todo el mundo consigue llevarlos a cabo. El truco consiste en intentar dividir los proyectos grandes y ambiciosos en pequeñas tareas factibles. Te sorprenderá lo lejos que puedes llegar con este sencillo truco.

Fíjate plazos realistas

Un buen objetivo también necesita una fecha límite. Los plazos no son un invento para enemistar a los jefes con sus empleados. Está demostrado que tienen un efecto en nuestro trabajo. Sin una fecha de entrega, nuestra atención se distrae hacia asuntos menores y corremos el riesgo de no alcanzar nunca nuestros objetivos.

Fijarse un plazo largo de entrega puede parecer una gran idea, pero no lo es. Es lo que dice la ley de Parkinson: el trabajo siempre se expande para ocupar el tiempo disponible. Si fijas un plazo de cuatro semanas para un proyecto técnico complicado, te garantizo que trabajarás hasta el último día. Sucede lo mismo a pequeña escala. Si programas dos horas para una reunión, llenarás los ciento veinte minutos. Un plazo límite realista te ayuda a sacar el trabajo adelante y seguir avanzando.

No te impongas demasiados objetivos a la vez

Otro problema habitual es fijarse demasiados objetivos. Repartir tu atención entre muchos proyectos hace que sea menos probable que consigas acabar alguno de ellos. Para mí, como he comentado antes, el número de objetivos ideal está entre cuatro y siete. Si trabajo en más de siete objetivos, me resulta difícil mantener el entusiasmo por todos ellos. Si tienes dudas sobre un objetivo, mi consejo es que lo dejes aparcado (o lo comentes con tu jefe). Si al final resulta que tienes tiempo de sobra, siempre puedes añadir otro objetivo.

Reserva tiempo para evaluarte

Siempre puedes fijarte nuevos objetivos y añadirlos a tu lista. A mí me funciona hacerlo una vez por trimestre (como veremos en el próximo capítulo), pero aquí no hay una regla específica. Lo importante es incluir todos los objetivos en el repaso de los viernes (pág. 114). Es la mejor forma de controlar tu progreso y definir los siguientes pasos que debes tomar.

Otro pequeño truco que he aprendido para alcanzar mis objetivos es involucrar activamente a otras personas. Un ejemplo: en mi antiguo trabajo, teníamos que incorporar personal nuevo antes de que terminara el trimestre. Yo estaba ilusionado con este objetivo porque tener gente nueva mejoraría nuestro trabajo y lo haría más divertido. Además, era un objetivo fácil de evaluar porque sería evidente si habíamos incorporado a alguien a tiempo o no. Hasta aquí cumplía todos los requisitos. Pero durante las primeras semanas avanzamos muy poco hacia nuestro objetivo. Yo me había anotado algunas acciones para mí, por supuesto, pero no estábamos coordinando nuestros esfuerzos. Seleccionar, contactar y entrevistar a los nuevos candidatos debía ser un esfuerzo de equipo, pero nadie hacía su parte. En cierto modo, era comprensible, puesto que se trataba de una típica tarea «importante y no urgente», así que era lo primero que posponíamos si teníamos otra tarea. Finalmente, nuestro director de Recursos Humanos sugirió cambiar de estrategia y hacer un control semanal. Empezamos fijando una breve reunión con todo el equipo una vez a la semana para saber qué había hecho cada uno y cuáles serían nuestros siguientes pasos. Eso fue lo que nos ayudó a coger el ritmo porque todos dependíamos los unos de los otros para conseguir el objetivo común. Esto demuestra que, independientemente de la claridad con la que defines tus objetivos o del entusiasmo que tengas, lo que «realmente» ayuda es tener a alguien que te supervise y te diga: «¿Cómo lo llevas? ¿Qué has hecho hasta ahora? ¿Cuál es el siguiente paso?».

Un estudio de la Universidad Dominicana de California destaca la eficacia de hacer equipo de esta manera.[4] Los investigadores estudiaron distintas formas de trabajar hacia un objetivo. El resultado fue que los participantes que compartieron su objetivo con un amigo obtuvieron una puntuación significativamente mayor cuando valoraron la consecución de los objetivos. Sus resultados fueron un cincuenta por ciento mejor que los del grupo de control que no había compartido sus objetivos. Y otro grupo que, además, enviaba una actualización semanal a un amigo obtuvo todavía mejores resultados: un setenta y siete por ciento mejor que el grupo de control. Esto indica que compartir nuestros progresos es un incentivo excelente para llevar un plan hasta el final, cosa que veremos más detalladamente en el capítulo 7.

No temas revisar tus objetivos

Hay pocas cosas más frustrantes que enfrentarte, semana tras semana, a un objetivo que, visto en perspectiva, no es viable. Esto me sucedió hace algunos años al proponerme un gran reto. Para mejorar mis habilidades para hablar en público, me comprometí a realizar una presentación en algún sitio todos los meses. Los dos primeros meses empezaron bien porque tenía un par de presentaciones programadas. Pero luego la cosa se estancó. En marzo, abril y mayo tuve que ocuparme de otros proyectos y no hice ni una sola presentación. Cada vez estaba más frustrado. En junio evitaba sutilmente este objetivo en el repaso semanal, y no hice más presentaciones durante el resto del año. Fue una lástima, porque si hubiera reformulado mi objetivo haciéndolo más factible (por ejemplo, «Hacer cuatro presentaciones este año» o «Mandar por correo electrónico mi propuesta de presentación a diez conferencias»), tal vez hubiese conseguido hacer algunas presentaciones más. Pero, en lugar de eso, abandoné mi plan original y solo logré hacer dos.

También puedes experimentar este tipo de frustración con objetivos que hayas acordado con tu equipo o con tu superior. Cuando esto ocurra, no te desanimes. Coméntalo con las personas involucradas y aborda el asunto con ellos. Al profundizar en el problema juntos, es posible que encontréis un camino totalmente diferente hacia el objetivo original. O que acordéis un resultado distinto que, al menos, sea mejor que renunciar por completo.

También es aconsejable revisar un objetivo cuando te das cuenta de que no es suficientemente claro. Es posible que tú y tus compañeros de equipo tengáis, por ejemplo, distintas opiniones sobre cuándo se habrá alcanzado el objetivo. Aclarar las cosas y conseguir que todo el mundo esté en el mismo barco es fundamental. No hay nada que desgaste más que no saber exactamente cuál es el objetivo o cuándo se habrá alcanzado.

En este capítulo has aprendido cómo descubrir lo que te gusta hacer. Empezamos encajando las tres piezas del rompecabezas, es decir, tus propósitos, tus pasiones y tus habilidades. Y resulta que somos más eficaces cuando tenemos algo a lo que aspirar. Así que debes fijarte objetivos que te ilusionen. No obstante, aunque tus objetivos cumplan todos los requisitos, puedes ir todavía un poco más allá. ¿Cómo? Haciendo planes para el año que tienes por delante.

6. EL DÍA DEL PLAN ANUAL

Planifica el año en un solo día

En el capítulo 4 te presentamos el repaso de los viernes, donde repasas la última semana y planificas la siguiente. La mayoría de nosotros no tenemos tiempo en nuestras apretadas agendas para mirar más allá de la semana siguiente, y mucho menos para pensar en lo que queremos para el año que tenemos por delante. Aquí es donde desempeña un gran papel el repaso «anual». En este capítulo te enseñaré cómo aprovechar al máximo tu año, analizando lo que has hecho en los últimos trescientos sesenta y cinco días y planificando lo que harás el siguiente.

Fue Chris Guillebeau, escritor, trotamundos y bloguero estadounidense, quien me convenció para hacer una «revisión anual», tal como él describía en su blog. Por eso, en el 2014, seguí sus pasos para hacer por primera vez una revisión detallada de mi año.[1] Quedé tan satisfecho con el resultado que no he dejado de hacerlo desde entonces. A continuación, expongo algunas ventajas que encontré:

- Dediqué más tiempo a pensar qué tipo de rol quería tener en el trabajo, me apunté a un curso para poder tomar ese camino y reformulé el contenido de mi trabajo.

- Decidí cómo quería organizar a mi equipo y qué era lo que tenía que cambiar, y llevé a cabo estos cambios.
- Se me ocurrió un proyecto para enviar boletines electrónicos a diario durante un año y lo saqué adelante.
- Elaboré planes para hacer más ejercicio, tocar más la guitarra y hacer más presentaciones.
- Dejé de usar Netflix y gané mucho tiempo para otras cosas.
- Organicé salidas con los amigos y la familia, como, por ejemplo, un día en barco con mi madre. (Es toda una experta ¡y además una instructora fantástica!)

En resumen: invirtiendo unas pocas horas, el repaso anual proporciona unos resultados que duran hasta el año siguiente. La aritmética es indiscutible. Así que veamos cómo funciona.

¿QUÉ ES UN REPASO ANUAL?

Igual que el repaso semanal, tu repaso anual será el momento de mirar hacia atrás y hacia delante. No obstante, las similitudes terminan ahí. En el repaso anual deberás reflexionar sobre cosas completamente distintas. En lugar de centrarte en las tareas a corto plazo, pondrás la atención en los propósitos a largo plazo. Es el momento de analizar los últimos doce meses y pensar sin limitaciones lo que podrías hacer en el año que viene. ¿Y cuál es el resultado? Una nueva perspectiva del trabajo que hiciste el último año, unos conocimientos más sólidos y una gran cantidad de ideas para el año que viene.

¿CUÁNDO?

No importa. Tú decides. El mejor momento para revisar el último año y explorar el siguiente es cuando a ti te vaya bien. Lo más importante es tomarte el tiempo que necesites. A mí me va bien despejarme la agenda durante dos días consecutivos. De este modo, puedo tomarme el tiempo necesario para disfrutar recordando todo lo que ha pasado el año anterior y soñar con los nuevos planes que tengo en la mente. En mi caso, aprovecho esos días tranquilos entre la Navidad y el Fin de Año, pero a algunas personas les gusta hacer el repaso anual en otros momentos, como, por ejemplo, después de las vacaciones de verano. Como he dicho varias veces, tú decides cuándo llevarlo a cabo. Y, aunque ciertamente es mejor dedicar una buena franja de tiempo libre para ello, si no tienes otra opción, también es sorprendente lo que puedes llegar a hacer en una sola tarde. ¿Quieres sacar el máximo provecho de este capítulo? Entonces deja de leer un instante, abre tu agenda y resérvate al menos medio día de este mes para el «día del plan anual».

Antes de empezar con tu plan anual, esto es lo que puedes esperar de él:

- Un resumen de lo mejor y lo peor del año.
- Objetivos concretos para los próximos tres meses (enseguida explicaré por qué este horizonte de tres meses y no de un año).
- Una recopilación de ideas a las que podrás recurrir durante el próximo año.

Si esto te parece muy ambicioso, no te preocupes, iremos paso a paso. Empezaremos por analizar el año que dejas atrás.

PLANIFICAR EL AÑO

Retrospectiva anual	Lluvia de ideas	Objetivos

Paso 1. Retrospectiva anual

TU AGENDA

Tu agenda es tu piedra angular. Si vamos a revisar el último año, tiene todo el sentido empezar por aquí. Comenzaremos repasándolo semana a semana (si no hace tanto tiempo que utilizas la agenda, revisa los meses que tengas vacíos e intenta acordarte de lo que estabas haciendo). Anota todos los grandes acontecimientos o actividades más destacadas, así como el mes en el que tuvieron lugar en una de estas dos listas: «lo mejor del año» y «lo peor del año».

A mí me gusta hacerlo en formato digital, pero puedes utilizar el formato que prefieras. Una libreta también funciona estupendamente. ¿Qué cosas fueron bien? ¿De cuáles estás orgulloso? Añádelas a tu lista de lo mejor del año. ¿Qué cosas podrían haber ido mejor? Ponlas en tu lista de lo peor del año.

A mí me encanta hacer listas de lo mejor y de lo peor. Es estupendo poder recordar los acontecimientos del año anterior. Además, siempre me encuentro con cosas que había olvidado por completo. Conozco a alguien que hace este primer paso en familia. Es genial ver cuáles son los mejores y los peores momentos para los niños. Torben, que tiene seis años, tenía clarísimo cuál era el peor momento del año: «Cuando los gatos tuvieron pulgas (y la casa también)».

Si quieres ponerte inmediatamente manos a la obra, he elaborado una plantilla para el «día del plan anual» que puedes utilizar. La encontrarás en gripbook.com/templates.

TUS FOTOS

Es el momento de aprovechar el hecho de que ahora sacamos más fotos que nunca. Tómate un tiempo para revisar las fotos del último año y añade lo que te sugieren a tu lista de lo mejor y lo peor del año.

TU DIARIO

¿Llevas un diario? Échale un vistazo. Las franjas horarias de tu agenda no te dirán cómo te sentías un día determinado, así que tu diario puede aportarte información muy valiosa sobre el contexto. También puedes revisar tus publicaciones en las redes sociales. Cuanta más información tengas del último año, más rico será el material para sacar conclusiones.

Paso 2. Revisa tus objetivos

Revisar los objetivos que te marcaste el año pasado es clave en el repaso anual. Pero es posible que la primera vez no tengas todavía unos objetivos claros para evaluar. Ningún problema. Podrías intentar escribir algunas frases sobre lo que querías hacer este año y por qué lo conseguiste o no lo lograste.

En el caso de que te hubieras marcado unos objetivos, es el momento de revisarlos uno a uno. Crea una página nueva o toma una hoja de papel en blanco, apunta los objetivos y pregúntate si los lograste o no. Al hacerlo, a mí me gusta añadir alguna reflexión que aporte más información sobre los procesos. ¿He logrado mi objetivo original? ¿He hecho todo lo posible para conseguirlo? ¿He perdido de vista el objetivo a medida que el año avanzaba? ¿He modificado el objetivo sobre la marcha? ¿Perdí el interés? ¿Por qué? ¿Qué he aprendido de la experiencia?

Ahora tienes tres listas: lo mejor del año, lo peor del año y una revisión de tus objetivos del último año.

Paso 3. Repaso por categorías

Ahora, analiza detalladamente tu último año basándote en aquellas categorías que tengan sentido para ti. Esta es la lista que estoy usando yo. Me ayuda a no centrarme demasiado o exclusivamente en el trabajo. Puedes elegir entre estas categorías o añadir otras que te convengan.

- Trabajo.
- Pareja y vida familiar.
- Círculo familiar.
- Amigos.
- Salud.
- Vida espiritual.
- Habilidades.
- Proyectos paralelos.
- Diversión.
- Altruismo.
- Renuncias.
- Dinero - ingresos.
- Dinero - ahorros.

Coge una página en blanco y echa un vistazo a cada una de las categorías que vayas a usar. Piensa en el último año y anota tus observaciones sobre cada una de ellas. Estas son algunas de las preguntas que podrías aplicar a cada área de tu vida:

- ¿Qué he hecho?
- ¿Qué no he hecho?
- ¿Con qué estoy satisfecho y con qué no?
- ¿Qué me ha dado mucha energía? ¿Qué es lo que decididamente me la ha quitado?

Analiza cada categoría y anota tus ideas para cada una de ellas. Tómate todo el tiempo que necesites. Estas valiosas conclusiones te ayudarán en el próximo año.

Esto es lo que escribí para una de mis categorías:

- Amigos:
  - Empecé un club de lectura con varios amigos el año pasado. Fue un gran acierto. Analizamos cuatro libros interesantes.
  - He quedado con Jurgen, pero no lo suficiente. Me hubiera gustado verle más.

ES COMO UNA EVALUACIÓN DE RENDIMIENTO..., PERO SIN EL JEFE

La gente subestima lo provechoso que puede ser realizar un análisis autocrítico sobre el rendimiento laboral. Puesto que solo tienes que responder ante ti mismo, no tienes ninguna presión para decir lo que tu jefe quiere oír y puedes basar los siguientes pasos que quieres dar en las conclusiones que saques. Y todo a tu ritmo. Esto lo convierte en una forma sencilla y directa de potenciar tu desarrollo personal. Además, una actitud proactiva suele tener sus recompensas.

Paso 4. Repaso trimestral

Ahora tomemos perspectiva. Coge tus listas de lo mejor y lo peor del año, y anota tus impresiones para cada trimestre. Pueden ser apenas unas breves palabras sobre las cosas que te vengan a la memoria. Esto te ayudará a comprobar si hay alguna época del año que destaca por encima del resto. ¿Hay algo que te choque o te sorprenda? ¿De qué estás orgulloso? Un repaso rápido podría ser algo así:

- **T1**. Vacaciones increíbles. Pero podría haber delegado mejor mi trabajo antes de irme. ¡Volví a ir en bici! Pude hacerlo porque el invierno fue suave. Hice malabares con tres grandes proyectos. Completé dos de los proyectos (nueva campaña de *marketing* y lanzamiento de la nueva *app*) con muy buenos resultados. Me hubiera gustado ver más a mis amigos durante este trimestre. Construí el nuevo porche en el jardín trasero.
- **T2**. Apenas pude cumplir mis objetivos. Pasé muchas horas en el nuevo porche. ¡Qué gusto! Trabajé duro.
- **T3**. Hice borrón y cuenta nueva en la planificación de mi trabajo para dedicar menos tiempo a cosas poco importantes. Hice grandes progresos. Si lo hubiera sabido, me habría tomado una semana libre ese trimestre. También me hubiera gustado leer más libros.
- **T4**. Finalmente, limpié el garaje (hacía ¡siglos! que lo tenía en la lista de tareas pendientes). Este trimestre estuve en baja forma. Estaba muy cansado y me acostaba pronto. La meteorología no echó una mano. Me ayudaron mucho los comentarios de mi jefa. Fue muy satisfactorio aplicar algunos de sus consejos enseguida.

Todas estas valiosas reflexiones pueden marcar una gran diferencia a la hora de planificar el año que viene.

Paso 5. Reflexiona

Este es el último paso. Ahora que has tenido la oportunidad de recapitular los aspectos más o menos destacados del año, los objetivos que te has marcado, las categorías más importantes, y has echado un vistazo rápido a los cuatro trimestres, intenta resumir lo que has descubierto en un par de líneas. ¿Cómo ha sido este último año? ¿Estás satisfecho? ¿Han pasado cosas extraordinarias? ¿O ha sido un año complicado?

Tu repaso tendrá más o menos este aspecto:

RETROSPECTIVA ANUAL

Lo mejor y lo peor del año

¿Qué ha ido bien? ¿De qué estoy satisfecho? ¿Cuáles han sido los puntos álgidos del año?

- ______
- ______
- ______

¿Qué podría haber ido mejor? ¿De qué no estoy tan satisfecho? ¿Qué ha sido lo peor del año?

- ______
- ______
- ______

Objetivos

¿Cuál era mi objetivo? ¿Lo he alcanzado? ¿Por qué?

- Objetivo 1 ______
- Objetivo 2 ______
- Objetivo 3 ______

Categorías

- Trabajo ______
- Pareja y vida familiar ______
- Círculo familiar ______
- Amigos ______

Trimestres

- T1 ______
  ______
- T2 ______
  ______
- T3 ______
  ______
- T4 ______
  ______

REFLEXIÓN

Ahora, resume tu año

- Este año ha sido ______
  ______
  ______

ELIGE TU PROPIO FORMATO

Mi hermana hace su repaso anual con pequeños dibujos. Su retrospectiva anual es una suerte de mapa mental. Utiliza colores, símbolos y pequeños garabatos para reflexionar sobre su año. Ojalá yo tuviera su talento, pero puedo arreglármelas con una simple lista.

Elaborar una retrospectiva anual tiene muchas ventajas, porque el simple hecho de hacer un balance puede ayudarte a hacer algunas cosas de otro modo en adelante. Pero, además, también te permite revivir los mejores momentos, algunos de los cuales seguro que habías olvidado. Incluso en los años más duros, el «día del plan anual» siempre me permite ser más consciente de todo lo que me ha pasado. Espero que tenga el mismo resultado contigo.

LLUVIA DE IDEAS

PLAN ANUAL

RETROSPECTIVA ANUAL > LLUVIA DE IDEAS > OBJETIVOS

Llegados a este punto, «podrías» apuntar todos los cambios que pretendes hacer y fijarlos como objetivos para el año que viene. Pero eso sería conformarse con poco. Es decir, si quieres un coche nuevo, no te limitas a comprar el primero que te pasa por delante por el simple hecho de que es mejor que el que conduces ahora. Tómate tu tiempo para reflexionar y explorar otras opciones. Al fin y al cabo, no se trata de decisiones intrascendentes. Las elecciones que hagas ahora repercutirán dentro de un año de tu vida, así que date la oportunidad de pensarlas bien.

La fase de lluvia de ideas de tu repaso anual se basa en dejar a un lado las cuestiones pragmáticas y pensar en GRANDE. El límite es el cielo. Mejor aún, intenta no limitarte en absoluto e ignora cualquier potencial obstáculo. Tampoco es buscar limitaciones para los próximos doce meses. Ya tendrás la oportunidad de juzgar cómo funciona tu cabeza más adelante.

Para empezar, regresa a tu lista de categorías. Esta vez, escribirás algo que te haga ilusión para cada categoría. Es una buena manera para dar con las primeras ideas para el próximo año. En este punto, lo que a mí me ayuda es repasar mi lluvia de ideas del año anterior. Muchos propósitos siguen estando vigentes o me inspirarán nuevas ideas para el próximo año.

¿Estás listo para empezar? Prueba con un formato de lluvia de ideas que se adapte a ti. Puedes elaborar una simple lista con lo que te pase por la cabeza para cada categoría (como hago yo), usar pósits para cada idea individual, hacer una obra de arte (como hace mi hermana) o dibujar un mapa mental. Puedes optar por una pantalla o una hoja de papel; lo importante es dejar volar tu imaginación.

A continuación, tienes algunas preguntas que te ayudarán a pensar en cada categoría. Puedes usarlas como punto de partida y añadir tus propias preguntas. Un último consejo: guárdate esta lista de preguntas para volver a usarla el año que viene.

Preguntas para la lluvia de ideas

TRABAJO

- ¿Estoy satisfecho con mi trabajo?
- ¿Quiero seguir haciendo este trabajo?
- ¿Quiero trabajar más?
- ¿Quiero trabajar menos?
- ¿Qué tipo de proyectos quiero hacer?
- ¿Qué quiero aprender?
- ¿Qué necesito para mejorar?
- ¿Qué nuevos proyectos quiero empezar?
- ¿Qué tengo que dejar de hacer?
- ¿Me veo haciendo el mismo trabajo dentro de tres años?
- ¿Qué tipo de *feedback* recibo más habitualmente?
- ¿Qué se me da bien y cómo puedo aprovecharlo?

PAREJA Y VIDA FAMILIAR

Si tienes una relación, anota tus pensamientos sobre la vida con tu pareja (y tus hijos si los tienes).

- ¿Qué quiero hacer con ellos?
- ¿Cómo me siento respecto a la cantidad de tiempo que hemos pasado juntos últimamente?
- ¿Qué proyectos quiero que emprendamos juntos?
- ¿Qué me gustaría cambiar en mi relación?
- ¿Qué quiero empezar a hacer?
- ¿Qué tengo que dejar de hacer?

CÍRCULO FAMILIAR

Haz una lista de los familiares con los que tienes relación y anota tus pensamientos para cada uno.

- ¿Qué puedo ofrecerles?
- ¿Qué puedo esperar de ellos?
- ¿Quiero reforzar o profundizar la relación con alguien? Si es así, ¿cómo quiero hacerlo?
- ¿Con qué familiares he perdido el contacto últimamente? ¿Quiero hacer alguna cosa al respecto? Si es así, ¿qué debería hacer?

AMIGOS

Los buenos amigos no tienen precio. Comparten nuestros momentos de felicidad y nos apoyan en los tiempos difíciles. Pero con el tráfago de la vida, a veces dejamos de verlos. Haz una lista de tus mejores amigos y luego piensa en el mismo tipo de cosas que pensaste para tus familiares: ¿qué puedo ofrecerles? ¿Qué puedo esperar de ellos? Y también:

- ¿Qué amistades son más importantes para mí?
- ¿Qué amistades sacan lo mejor de mí?
- ¿Hay relaciones en las que me gustaría invertir más tiempo?
- ¿Hay amigos que tengan un efecto negativo en mí?
- ¿Hay amigos con los que haya perdido el contacto y a los que me gustaría volver a tener en mi vida?
- ¿Cómo visualizo el crecimiento de mis amistades?

SALUD

- ¿Duermo lo suficiente? ¿Duermo bien?
- ¿Sigo una dieta saludable y variada?
- ¿Hago suficiente ejercicio?
- ¿Estoy satisfecho con mi rutina diaria?
- ¿Cuánto bebo?

- ¿Estoy enganchado a algo? (No te olvides del móvil, las redes sociales o las noticias.)
- ¿Voy al dentista con regularidad?
- ¿Estoy mentalmente estable?

VIDA ESPIRITUAL

- ¿Hasta qué punto me conozco a mí mismo?
- ¿Qué papel desempeña la espiritualidad en mi vida?
- ¿Me gustaría tener una vida espiritual más activa? (Esto puede incluir la religión, la meditación o el *mindfulness*.)

HABILIDADES

- ¿Qué me gustaría aprender a hacer?
- ¿Qué habilidades me ayudarían a ser mejor en mi trabajo?
- ¿Qué habilidades sería interesante aprender?
- ¿Hay algún idioma que me gustaría aprender?
- ¿Qué instrumento musical me gustaría tocar?
- ¿Qué deporte me gustaría que se me diera bien?

PROYECTOS PARALELOS

Los proyectos paralelos son las cosas que haces en tu tiempo libre, tanto para aprender algo nuevo como para ganar un dinero extra. Son tareas como estudiar a tiempo parcial, gestionar una tienda en Etsy o eBay, hacer un curso de fotografía o escribir un blog. Podrías plantearte este tipo de preguntas:

- ¿Tengo ideas para algún proyecto paralelo que me gustaría empezar?
- ¿Cuál de mis proyectos paralelos actuales me estimula más?
- ¿Con qué proyectos paralelos quiero seguir?

- ¿Qué proyectos paralelos quiero dejar?
- ¿Siento que mis proyectos paralelos requieren demasiado tiempo?
- ¿Qué me dicen mis proyectos paralelos sobre mi trabajo?

DIVERSIÓN

Los primeros dos años que hice esta sesión de lluvia de ideas no tenía una categoría llamada «diversión». Esto quería decir que todos mis planes para el año siguiente tenían que ver con cosas serias. Así que no te saltes esta categoría. Es tan fundamental como las demás para propiciar un año completo y equilibrado. Además, seguro que te ofrece buenas experiencias.

- ¿Qué disfruto haciendo en mi tiempo libre?
- ¿Qué voy a hacer este año para pasarlo bien o relajarme?
- Cuando tengo todo un día por delante y no tengo planes, ¿qué es lo que más me gusta hacer?
- ¿Qué me gustaría hacer más a menudo?

ALTRUISMO

Piensa en el altruismo en su sentido más amplio. En el pasado, mi repaso anual vinculaba esta categoría exclusivamente al dinero. Pero entonces alguien me escribió apuntando que mi categoría «Altruismo» era muy limitada. No pude estar más de acuerdo. Si piensas en el altruismo más ampliamente, se te abrirán todo tipo de nuevas posibilidades.

- ¿Qué puedes aportar al mundo? Piensa en términos de tiempo, bienes o dinero.
- ¿Qué habilidades puedes enseñar a otros?

- ¿Puedes presentarle a la gente otras personas que las hagan avanzar en la vida o en el trabajo?
- ¿Estarías abierto a reservar una parte de tu tiempo o de tu dinero y regalarlo?
- Reflexiona sobre cómo empleas tu tiempo. ¿Hay un equilibrio entre lo que es bueno para ti y lo que es bueno para los demás?

RENUNCIAS

Añadí esta categoría hace un par de años. Suele ser difícil incorporar cosas nuevas a tu vida sin renunciar a otras. La categoría «Renuncias» puede ayudarte.

- ¿Hay algo que realmente menoscabe tu energía?
- ¿Qué responsabilidades sería mejor delegar en otra persona?
- ¿Alguna tarea se te da especialmente mal y sería una buena idea renunciar a ella?

DINERO – INGRESOS

- ¿Hay algo que en el futuro afecte a mis ingresos?
- ¿Cuánto me gustaría ganar en un futuro?
- ¿Cuánto necesito?
- ¿Cómo son mis hábitos de gasto?

DINERO - AHORROS

- ¿Cuáles son mis objetivos de ahorro y por qué?
- ¿Tendré algún gran gasto en el futuro para el que debería empezar a ahorrar? ¿El nacimiento de un hijo? ¿La matrícula de la universidad? ¿Comprar una casa?
- ¿Qué porcentaje de mis ingresos ahorro?
- ¿Tengo que empezar a ahorrar para la jubilación? ¿Debo cam-

biar mis inversiones? (Las preguntas sobre si hay que ahorrar para la jubilación, probablemente, nos llevarían demasiado tiempo, pero estudiar el asunto puede ser un buen objetivo.)

FIJARSE OBJETIVOS CONCRETOS

PLAN ANUAL

Después de haber realizado satisfactoriamente la retrospectiva anual y la lluvia de nuevas ideas, es el momento de llevar a cabo el último paso: marcarse objetivos. Te lo voy a poner muy fácil. En lugar de pensar en los objetivos anuales, solo debes preocuparte por los próximos tres meses.

¿Y por qué tres meses? Para empezar, me he dado cuenta de que un año es un margen de tiempo demasiado largo para formular objetivos específicos. O bien los pierdes de vista, o bien los experimentas como una carga tan grande que es más fácil posponer. Además, tomar decisiones para todo un año es bastante complicado. Por otro lado, un mes es demasiado corto. Cuando empiezas a avanzar, ya es hora de concluir. Lo he visto en mi propio trabajo y con las personas con las que trabajo.

Tampoco te molestes en establecer plazos límite para cada objetivo. Tu plazo límite es el final del trimestre. ¡Una cosa menos de la que preocuparse!

Paso 1. Marcarse objetivos en cada categoría

Ahora nos pondremos manos a la obra con los resultados de tu lluvia de ideas. Para cada categoría, elige entre uno y tres proyectos que te gustaría convertir en objetivos para el próximo trimestre. ¿Cómo? En función de tu entusiasmo. Puedes utilizar las respuestas que escribiste para tu propósito, tu pasión y tus habilidades en el último capítulo.

Mi lista podría tener este aspecto:

TRABAJO

- Algo relacionado con las presentaciones.
- Hacerme con un gran proyecto.

CÍRCULO FAMILIAR

- Llamar a mi madre regularmente.

EJERCICIO

- Correr una carrera.
- ¿Empezar a nadar?

Por muy entusiasmado que esté con tales objetivos (el primer requisito para un buen objetivo, ver pág. 145 del capítulo 5), todavía no son «medibles» (el segundo requisito). Así pues, en primer lugar, transformaré esta lista en objetivos medibles, ya que es igual de importante para poder alcanzarlos. En el capítulo 5 explicamos con más detalle cómo fijar y lograr objetivos.

Veamos ahora mi lista de objetivos para el próximo trimestre:

Objetivos de abril a junio

TRABAJO

- Leer un libro sobre cómo hacer presentaciones.
- Hacer una presentación y analizar los comentarios de dos compañeros de trabajo.
- Hacerme con el proyecto para la nueva página web de la empresa.

CÍRCULO FAMILIAR

- Llamar a mi madre una vez a la semana.

EJERCICIO

- Correr una carrera de 10 kilómetros.
- Nadar una vez por semana.

Vale, de acuerdo, me imagino lo que debes estar pensando: ¿llamar a mi madre tiene que ser un objetivo? ¿No lo convertirá esto en una obligación? En absoluto. Además, eres tú quien decide sobre tus objetivos. Para mí, convertir en un objetivo reservar tiempo para los amigos y la familia funciona. ¿Y cómo lo sé? Porque los resultados (un fin de semana con mi padre o un día en barco con mi madre) fueron algunas de las mejores experiencias del año. Dale una oportunidad. Puedes cambiar de opinión en cualquier momento. ¿Qué puedes perder?

Es posible que en parte no estés seguro al cien por cien de algunos objetivos. Antes, tal vez, quieras consultar alguno de ellos con tu jefe. No dejes que esto te frene. ¡Todavía no he conocido a ningún jefe que se oponga a los objetivos medibles! Así pues, con esto en mente, sigue adelante y concreta tus objetivos tanto como puedas.

Paso 2. Último repaso

Ahora tienes una lista de objetivos medibles, estimulantes y concretos para los próximos tres meses. Puede que tengas cinco, quince o incluso veinte. No obstante, es mejor tener un número reducido de objetivos y ser capaz de alcanzarlos todos que intentar abarcar más de lo que puedes. Menos es más. Puedes reducir al mínimo la lista con estas preguntas:

- ¿El próximo trimestre trabajarás en tareas realmente importantes para ti?
- ¿Hay otros acontecimientos o actividades que no hayan salido en tu sesión de lluvia de ideas que requerirán buena parte de tu tiempo? Si tu objetivo es ir a nadar cada semana, pero tienes programada una salida de tres semanas para hacer senderismo, ahora es el momento de ajustar tu objetivo.
- ¿Tus objetivos son estimulantes? ¿Hay un buen equilibrio entre objetivos y objetivos a largo plazo?

Paso 3. Perfila los próximos tres trimestres

Después de fijarte los objetivos para el primer trimestre, es una buena idea trazar las líneas generales del resto del año. No te preocupes demasiado, apenas se trata de un esbozo. Quizá tengas algunos objetivos en el horizonte, como, por ejemplo, una campaña importante en el trabajo, algún proyecto de bricolaje casero o un acontecimiento importante a la vista, como un gran viaje o un hijo en camino. Vuelve a repasar tus notas de la lluvia de ideas para encontrar este tipo de objetivos en proceso. Tu esbozo del año podría ser algo así:

T2

- Limpiar el desván.
- Contratar a un becario.
- ¿Vacaciones en la playa?

T3

- Lanzamiento de la gran colaboración de nuestra empresa con la ciudad.
- Este año me gustaría hacer más excursiones a la costa.

T4

- ¿Tener más tiempo para la familia durante las vacaciones?

Como puedes ver, mi esquema para los próximos tres trimestres incluye proyectos personales, ideas vagas y un recordatorio para pasar más tiempo con la familia. Este último surgió de mi reflexión del año pasado. Aunque no hay nada definitivo, el boceto contiene unas pautas claras para señalar mis intenciones. Y estas pautas me resultarán útiles más adelante, cuando sea el momento de marcarme objetivos concretos para el segundo, tercer y cuarto trimestre. Enseguida lo vemos.

Con este último paso has completado tu plan para el año que viene. ¿Estás impaciente por empezar? ¡Genial!

ALCANZAR LOS OBJETIVOS DE ESTE TRIMESTRE

Fijarse objetivos es una cosa, pero llevarlos a cabo es otra muy distinta. Durante todos estos años, me he percatado de la correlación que existe entre los objetivos que alcanzaba y la frecuencia con la que recibía algún recordatorio sobre ellos (independientemente de dónde viniera). Y esto me ha enseñado una lección importante: para tener todas las probabilidades de alcanzar mis objetivos, tienen que aparecer continuamente en mi radar.

Lo que necesitas es una forma sencilla de no perder de vista tus objetivos trimestrales. La buena noticia es que ya disponemos de la herramienta perfecta: el repaso de los viernes (capítulo 4). Yo añado los objetivos del trimestre a mi lista de comprobación personal (pág. 120). De este modo, tendré presentes estos objetivos y, lo más importante, pensaré en acciones de seguimiento para ellos cada semana.

Otra estrategia que me es de gran ayuda consiste en desglosar los objetivos en pequeños pasos asequibles. Puedo avanzar un poco cada semana y me resulta más fácil encajarlos en la agenda.

Además, si todavía quieres ser más eficaz, encontrar a alguien que te ayude a cumplir tus objetivos puede ser increíblemente útil. Puedes empezar con algo sencillo. Ponte de acuerdo con alguien para intercambiaros un mensaje de correo electrónico semanal, para resumir qué progresos has hecho con cada uno de tus objetivos. En el próximo capítulo te proporcionaré algunos consejos sobre cómo puede ayudarte un «cómplice».

El fin del trimestre

Al terminar el trimestre, llega el momento de fijar los objetivos para el siguiente. Es como la gran lluvia de ideas que hiciste para el año entero, aunque más rápido y sencillo porque ya has hecho la mayor parte del trabajo de reflexión.

Estos son los pasos que sigo para planificar un nuevo trimestre. Básicamente, son una versión resumida de los que te he enseñado antes en este capítulo. Si lo crees conveniente, puedes utilizar mi plantilla. La encontrarás en gripbook.com/templates.

UNA RÁPIDA MIRADA ATRÁS

- Paso 1. Anota los mejores y peores momentos de los últimos tres meses (pág. 165).
- Paso 2. Revisa tus objetivos trimestrales y elimina los que ya hayas alcanzado (pág. 166).
- Paso 3. Para cada categoría, escribe una o dos líneas sobre cómo ha ido el trimestre (pág. 166).
- Paso 4. Resume en un par de frases el conjunto del trimestre (pág. 166).

FIJARSE NUEVOS OBJETIVOS

- Paso 1. Toma las notas de la lluvia de ideas anual y el esbozo que hiciste para los próximos tres trimestres y úsalos para definir los nuevos objetivos para el próximo trimestre (pág. 173).
- Paso 2. Vuelve a evaluar si estos objetivos son tu trabajo más importante en estos momentos (pág. 177).
- Paso 3. Revisa tu esquema para el resto del año. ¿Ha cambiado algo? Actualízalo.
- Paso 4 (opcional). Comparte tus objetivos con un amigo o un compañero de trabajo.

Verás que estos pequeños repasos trimestrales harán que tu próximo repaso anual sea mucho más sencillo porque tendrás la información resumida en cuatro partes.

Así pues, no te lo pienses dos veces y dale una oportunidad al repaso anual. Hazle un hueco en el calendario tan pronto como puedas. Quedarás sorprendido del control y la perspectiva que aportará a tu trabajo y a tu vida.

No obstante, todos sabemos lo complicado que puede ser no desviarnos de nuestros planes. ¿Cuál es mi solución? Encontrar a alguien que me acompañe y me mantenga en el buen camino. Es el momento de buscar un «cómplice».

7. UNA MOTIVACIÓN EXTRA

Tu sesión semanal con un cómplice

En cierta ocasión, el autor de la legendaria novela *El señor de los anillos,* J.R.R. Tolkien, dijo sobre su colega y amigo C.S. Lewis: «La deuda, imposible de pagar, que tengo con él, no es la "influencia" tal como se suele comprender, sino el aliento. Fue durante largo tiempo mi único auditorio. Solo de él recibí por fin la idea de que mis "cosas" podían ser algo más que una afición privada».[1]

Todos necesitamos que nos den aliento. La automotivación tiene sus límites, y esto es especialmente cierto en los momentos de experimentación o con grandes proyectos. Por tal motivo, compartir el trabajo es para mí una prioridad. Lo hacía en las reuniones semanales que dirigía en mi agencia, en las reuniones diarias que hacíamos en Blendle o en el grupo de emprendedores *online* del que ahora formo parte. Estas sesiones no solo son divertidas e interesantes, sino que cuando la gente se junta y comparte lo que se trae entre manos, es increíblemente inspirador y alentador.

Y así fue como se me ocurrió otra forma de encontrar más motivación. En 2014 empecé a tener sesiones semanales por Skype con Derk, un antiguo socio que tiene más o menos mi edad. Nuestras charlas, en las que nos preguntamos por nuestras vidas y nuestros trabajos, nos sirven a ambos de estímulo para progresar un poco más. Y siempre son uno de los mejores momentos de la semana.

Un repaso semanal como el que hemos visto en el capítulo 4 sirve para aclarar las cosas, comprobar que no se nos ha escapado nada esta semana y para planificar la siguiente. Pero para que esto funcione tienes que estar muy atento. Tu repaso semanal no te interpela constantemente y, si quisieras, podrías eludir fácilmente las tareas difíciles.

Tener un buen «tribunal de cuentas» o, como a mí me gusta llamarlo, un cómplice dificulta este tipo de evasión. Un cómplice te recordará tus resoluciones, te ofrecerá nuevas perspectivas, alabará tus habilidades y te señalará dónde tienes margen para crecer. Pero para eso tienes que otorgarle la potestad de que te ofrezca su opinión, incluso si no quieres escucharla.

Esta charla semanal con tu cómplice no sustituye tu repaso semanal. Te interesa hacer ambas cosas. Mientras que el repaso semanal pone orden al caos y proyecta tu nueva semana, este tribunal de cuentas se centra en compartir tus planes con alguien que puede ofrecerte una perspectiva crítica.

Pero empecemos por el principio: ¿cómo puedes encontrar al cómplice perfecto?

Encontrar a tu cómplice

Cuando le hablo a la gente de mis sesiones de rendición de cuentas, su primera reacción suele ser la sorpresa. La segunda es: «No tengo ni idea de con quién podría hacerlo yo. ¿No es eso pedirle mucho a alguien y abusar de su valioso tiempo?».

No pienses que es un abuso, porque ambos os beneficiaréis de ello. Es un diálogo y tu aportación es igual de valiosa para la otra persona. Aquí tienes algunos consejos para encontrar al cómplice perfecto:

- Tiene que ser alguien en quien confíes y con quien estés suficientemente cómodo como para poder hablar de una gran variedad de temas. Derk y yo tampoco nos conocíamos tanto, así que en nuestros primeros intercambios nos centrábamos en nuestro trabajo. Al cabo de un tiempo, empezamos a compartir nuestras ambiciones y nuestros sueños más allá del trabajo.
- Tiene que saber escuchar. Estas sesiones tienen un impacto exponencialmente mayor si tu compañero te deja espacio para contar tu historia. (Tú también debes aprender a escuchar. Lo veremos en el capítulo 9.)
- Tiene que ser alguien que te estimule. Deberías salir de cada sesión con la energía renovada para perseguir tus objetivos.
- Tiene que ser una persona que no tema decir la verdad, que esté dispuesta a ser totalmente sincera contigo.

Sé que este primer paso puede intimidar un poco, pero no dejes que eso te detenga. Seguro que hay alguien en tu red de contactos que cumple todos los requisitos. Empieza echando un vistazo a tus contactos de LinkedIn. ¿O quizá tienes algún antiguo compañero de clase, un socio o un compañero de trabajo de otro equipo u otra ciudad que podría estar dispuesto a probar con algunas sesiones de rendición de cuentas? Piensa en ello como si se tratara de un periodo de prueba. Si no funciona, siempre podéis dejarlo estar.

¿Ya has encontrado a un posible candidato? Una vez que lo tengas, es hora de organizar vuestra primera sesión.

La primera sesión

Este paso es fácil: elegid un momento para hablar. Durante esta primera sesión os pondréis de acuerdo en cómo estructurar vuestras charlas. Estas son algunas de las cuestiones que seguro que necesitaréis abordar:

- ¿Cómo organizaremos nuestras sesiones? ¿Qué abarcaremos? (Dentro de un momento compartiré contigo mis preguntas estándar.)
- ¿De qué temas queremos hablar? ¿Hay algo que queramos dejar fuera?
- ¿Con qué frecuencia nos reuniremos?
- ¿Qué esperamos el uno del otro?
- ¿Qué esperamos sacar de estas sesiones?
- ¿Cuánto durará nuestro periodo de prueba?

Para que estas sesiones tengan el máximo impacto, necesitaréis un tiempo para conoceros. Tras la primera sesión, piensa detenidamente si es la persona adecuada para ti. Derk y yo lo hicimos acordando que mantendríamos tres sesiones y luego decidiríamos si encajábamos o no.

¿Cómo llevo a cabo una sesión de rendición de cuentas?

Antes de mostrar cómo funciona una sesión, me gustaría compartir contigo algunas de las cosas que Derk y yo hemos descubierto. Espero que las lecciones que nosotros hemos aprendido durante estos años puedan ayudarte a que tus sesiones sean más provechosas.

HORARIO

Como yo, Derk tiene la mayoría de las tardes ocupadas. Queríamos reunirnos regularmente, así que fijamos un día de la semana por la mañana. Esto fue ideal por otra razón. Puesto que uno de los dos, o ambos, solemos tener otro compromiso después, debemos controlar el tiempo. Como normalmente no coincidimos en la misma ciudad, nos conectamos por videollamada.

DURACIÓN

Sea cual sea la hora que decidáis (por la mañana, durante el día o a última hora), siempre es bueno tener un ojo puesto en el reloj. Establecer un límite de tiempo garantiza que no os andéis por las ramas y vayáis al grano. Derk y yo nos reservamos treinta minutos para nuestra sesión semanal, y dejamos quince minutos a cada uno para hablar. En un principio, hacíamos turnos para hacernos las preguntas, pero nos dimos cuenta de que esto hacía que nos centráramos demasiado en nuestras propias respuestas. Partir el tiempo en dos resolvió el problema.

TOMAR NOTAS

Nos hemos dado cuenta de que escuchamos mucho más activamente si tomamos notas. Cuando mi cómplice habla, yo resumo lo que dice en un documento de Google compartido para que podamos hacer un seguimiento a tiempo real. Así él puede centrarse en contar su historia y ve inmediatamente si su mensaje está llegando. Otra ventaja de tomar notas es que tenemos un registro de nuestras conversaciones. Esto resulta útil cuando repasamos el año.

LA PREPARACIÓN ES FUNDAMENTAL

En cada sesión, cada uno de nosotros hace una lista fija de preguntas (que veremos más adelante). Pronto nos dimos cuenta de que aprovechábamos más la sesión si pensábamos sobre nuestras respuestas con antelación, así que ahora las escribimos para nosotros antes. Esta preparación nos permite ser más precisos y estar más atentos al *feedback* que nos da nuestro compañero, ya que no estamos pendientes de qué responderemos a la siguiente pregunta. Si tienes la sensación de que podrías estar sacando más provecho de las sesiones, asegúrate de que ambos hacéis este trabajo de preparación.

FRECUENCIA

Mi compañero y yo hablamos cada semana, pero no siempre fue así. Nuestras primeras sesiones tenían lugar cada dos semanas, pero cuando llegaba la siguiente sesión, habíamos dejado de lado nuestras resoluciones, reorganizado nuestras prioridades y olvidado lo que queríamos mejorar. Actualmente, si alguna vez nos vemos obligados a posponer una sesión, siento que estoy menos centrado y motivado. Una sesión semanal ha resultado ser mucho más eficaz para ambos. Comprueba si te ocurre lo mismo.

El formato

¿Verdad que tener un orden del día claro facilita el desarrollo de las reuniones? Lo mismo sucede con las sesiones de rendición de cuentas. Si no elaboras de antemano un orden del día concreto, corres el riesgo de que os paséis toda la sesión yéndoos por las ramas. Aunque socializar un poco siempre es bienvenido, especialmente cuando trabajas desde casa, también os interesa aprovechar al máximo el tiempo que pasáis juntos. Por eso Derk y yo nos ceñimos a una lista fija de preguntas que permite que nuestra charla avance sin distracciones. Esta es nuestra lista:

1. ¿En qué objetivo trimestral estás trabajando?
2. ¿Cómo te han ido las acciones que habías planeado la semana pasada?
3. ¿Qué te ha ido bien esta última semana y por qué?
4. ¿Qué podrías haber hecho mejor?
5. ¿Cómo llevas tu equilibrio?
6. ¿Cómo podrías ser mejor como pareja y como padre?
7. ¿Qué acciones concretas emprenderás la semana que viene?

Hemos redactado estas preguntas para que desemboquen en nuestra siguiente acción. Preguntar «¿Cómo es la relación con tu pareja?» puede ser un tema interesante, pero no fomenta la acción. «¿Cómo podrías ser mejor como pareja?» te lleva directamente a hacer algo al respecto. Y eso es exactamente lo que buscamos: un empujón amistoso para empezar a hacer cambios. Pequeños matices como este pueden ayudarte a llevar tus charlas a otro nivel. Así que prueba diferentes tipos de pregunta para saber cuál es el método que funciona mejor para ambos.

Asimismo, mi compañero y yo revisamos regularmente que nuestras preguntas respeten nuestras intenciones. Si no es así, actualizamos nuestra lista. Pero la fórmula básica no cambia: echamos una mirada atrás, valoramos si nuestras acciones van en consonancia con nuestros objetivos, y luego miramos hacia delante, hacia la próxima semana. Si empezamos a repetirnos de una semana a otra, esto significa que alguna pregunta en concreto no es muy eficaz. Eso es señal de que tenemos que replantearnos nuestra lista.

¿EN QUÉ OBJETIVO TRIMESTRAL ESTÁS TRABAJANDO?

En el capítulo 6 vimos cómo hacer un plan proactivo para el año que teníamos por delante. Esto es lo que te ayudará a marcarte objetivos para cada trimestre, objetivos que revisarás cada semana en tu repaso semanal. Todos estos elementos juntos te ayudarán a centrarte en lo que quieres hacer.

Puedes asegurarte de que no perderás de vista tus objetivos incluyéndolos en tus sesiones de rendición de cuentas. Al fin y al cabo, cuanto más te recuerden tus objetivos, más probable será que los alcances.

Derk y yo decidimos empezar nuestras sesiones con la pregunta «¿En qué objetivo trimestral estás trabajando?», que nos obliga a decidir qué objetivo es nuestra máxima prioridad en este momento. Mi respuesta me dice inmediatamente para qué tengo que reservar más tiempo la próxima semana. Al mismo tiempo, mi compañero de rendición de cuentas anota las acciones que tengo previstas para acercarme al objetivo elegido.

¿Todavía no tienes objetivos trimestrales? Ningún problema. Prueba a empezar las sesiones con una pregunta que te obligue a elegir una sola cosa: «¿Cuál es la cosa en la que más quieres centrarte la próxima semana?».

¿CÓMO TE HAN IDO LAS ACCIONES QUE HABÍAS PLANEADO LA SEMANA PASADA?

Esta pregunta nos sirve para comprobar si hemos llevado a cabo las acciones que habíamos planeado para la semana. Si no ha sido así, no hay nada de qué avergonzarse. Ocurre en las mejores familias. La idea es debatir el porqué con tu compañero de rendición de cuentas y encontrar una nueva perspectiva para volverlo a intentar la próxima semana.

¿QUÉ TE HA IDO BIEN ESTA ÚLTIMA SEMANA Y POR QUÉ?

Puede parecer una pregunta sencilla hasta que llegas al «porqué» del final. Es fácil hablar del trabajo bien hecho, pero analizar «cómo» lo conseguiste es más difícil. Replantéalo del siguiente modo: «¿Por qué te hace sentir especialmente contento u orgulloso? ¿Cuál fue tu aportación?». Para dar con una buena respuesta, tienes que ser muy preciso. Una respuesta fácil podría ser: «He triunfado en una reunión importante», pero esto nos da mucha menos información que «Estoy contento de haber dedicado el tiempo que necesitaba el martes para prepararme la importante reunión del miércoles. La reunión se desarrolló sin dificultades y estoy ilusionado con el resultado». La segunda respuesta hace hincapié en tus buenas decisiones. Esto es lo que buscamos.

¿QUÉ PODRÍAS HABER HECHO MEJOR?

Esta es, para mí, la pregunta más importante de la sesión, porque es de los errores de lo que más aprendo siempre. Podemos caer en la tentación de dar una respuesta fácil y pasar página. ¡Resístete! Tómate tu tiempo para reflexionar sobre esta pregunta. A mí me gusta repasar mi calendario antes de cada sesión para refrescar la memoria. Si llevas un diario, también puede ayudarte. Te pongo un ejemplo: explorar esta cuestión hizo que me diera cuenta de que los fines de semana con actividades una detrás de otra eran una gran fuente de frustración para mí. Ahora que soy consciente de ello, solo tengo que asegurarme de que no sobrecargo mis fines de semana. Y mi cómplice me mantiene alerta, preguntándome periódicamente sobre ello.

¿CÓMO LLEVAS TU EQUILIBRIO?

Hace algún tiempo que mi compañero y yo añadimos esta pregunta a nuestra lista. Nos dimos cuenta de que nos perdíamos en nuestras ajetreadas vidas y no destinábamos tiempo a cuidarnos a nosotros mismos. No dormíamos lo suficiente, no teníamos momentos de inactividad y teníamos las tardes demasiado ocupadas. Ambos éramos conscientes de que debíamos cambiar las cosas. Hacernos esta pregunta cada semana nos obliga a parar y pensar en el ritmo que llevamos, y si es saludable y sostenible.

¿CÓMO PODRÍAS SER MEJOR COMO PAREJA Y COMO PADRE?

Desde que empezamos, nuestras sesiones se han ido volviendo cada vez más personales. Para ambos es importante ser buenos compañeros para nuestras parejas. A estas alturas, Derk y yo nos conocemos lo suficiente como para compartir esa faceta de nuestras vidas. Incluir esta pregunta en nuestro orden del día semanal hace que pensemos activamente sobre nuestras relaciones. Y, ahora que ambos tenemos hijos, esta pregunta nos lleva a pensar en nuestro papel como padres semanalmente.

¿QUÉ ACCIONES CONCRETAS EMPRENDERÁS LA SEMANA QUE VIENE?

Esta pregunta constituye el núcleo de nuestras sesiones, junto con «¿Qué podrías haber hecho mejor?». Aquí es donde recogemos todas las acciones que han surgido hasta el momento. Derk y yo podríamos simplemente anotarlas por separado para nosotros, pero, conociéndome, sería una suerte si terminara solo la mitad de las que había planeado. Hemos visto que formular y escribir las acciones conjuntamente en las notas compartidas de la sesión nos va mucho mejor.

Al prepararte la sesión, ya habrás empezado a pensar en acciones de seguimiento de tus otros objetivos trimestrales. Ahora es un buen momento para repasarlas brevemente, convirtiéndolas en parte de tu lista de acciones. Tras la sesión, tómate un momento para añadir estas acciones a tu calendario y a tu lista de tareas pendientes. Seguro que hay algún solapamiento con las tareas que ya te habías marcado en tu repaso semanal. Si es así, mejor todavía. Hablar con tu cómplice a menudo te hará descubrir nuevas perspectivas. Si se da el caso, quizá quieras hacer algunos cambios en tu programación, así que tómate el tiempo para emprenderlos. Por otro lado, si tu planificación de la semana ya estaba bien como estaba, también es bueno saberlo. Sea como sea, incluir todas estas acciones en tu sistema justo después de la sesión te ayudará a asegurarte de que efectivamente las llevas a cabo.

Entre sesión y sesión, Derk y yo nos mandamos actualizaciones sobre nuestros progresos. Si no lo hiciéramos, podríamos tener la tentación de posponer estas importantes acciones, aunque hacerlas solo nos lleve un momento. El propósito de estos mensajes no es supervisarnos el uno al otro, sino animarnos a seguir adelante. Esto nos mantiene en el buen camino. ¡Y es estupendo compartir nuestros logros! Evidentemente, «cómo» os animáis el uno al otro depende de vosotros. La clave es estar de acuerdo en lo que esperáis el uno del otro, lo que os hace sentir cómodos y lo que os funciona.

Posibles obstáculos

Como todo en la vida, tus sesiones de rendición de cuentas evolucionarán continuamente. Irlas afinando solo requiere práctica. Pero puedes adelantarte aprendiendo de algunos de los errores que hemos cometido nosotros:

1. NO HACER SUFICIENTES PREGUNTAS CRÍTICAS

La primera respuesta que solemos recibir (o dar) casi nunca es la respuesta completa. De modo que la calidad de tus sesiones dependerá en gran parte de que os hagáis preguntas de seguimiento constructivas e inteligentes. La cuestión es no dejar de ser críticos. Este es el poder que tienen tales sesiones, pero también nos ponen en el punto de mira. Al cabo de un tiempo, ya sabrás qué tipo de preguntas puedes esperar de tu compañero. Si da por buena una respuesta con demasiada facilidad, no dudes en indicárselo. Y lo mismo vale para ti. Cuando es tu compañero el que comparte, ofrécele un retorno constructivo y positivo. No se trata de cuestionar al otro, sino de hacerle preguntas que arrojen luz sobre sus respuestas y aumenten su motivación.

2. NO HACER SEGUIMIENTO DE LAS ACCIONES PLANEADAS

Anotar las acciones es importante, pero, si no revisas tus avances en la siguiente sesión, será muy fácil que se pierdan en el camino. Por eso, si algo no sale bien (independientemente de por qué razón), tu compañero debería tener la libertad de decirte: «Es una lástima que no hayas podido hacer X». Esto abre la puerta a poder hablar otra vez de ello y de cómo podrías intentarlo de otro modo.

Mis sesiones de rendición de cuentas con Derk ya han valido la pena en muchos sentidos. Me han ayudado a cambiar de ciudad con éxito, a experimentar con nuevos caminos profesionales y a profundizar en las relaciones con amigos y familia, entre muchas otras cosas. Y no soy el único que ha experimentado el increíble poder de hablar con un cómplice sobre lo que más me importa. He escuchado un montón de historias llenas de entusiasmo de otras personas. Así que la única pregunta que nos queda para concluir este capítulo es: «¿A qué estás esperando?».

CHULETA PARA LA PARTE 2

¿Qué te hace levantar de la cama? (pág. 133)

- Escribe cuál es tu propósito: ¿qué es importante para ti?
- Escribe cuál es tu pasión: ¿qué es lo que te gusta hacer?
- Escribe tus habilidades: ¿qué se te da bien?
- ¿Qué quieres conseguir en consonancia con tu misión, tu pasión y tus habilidades?
- ¿Qué objetivos concretos podrían ayudarte a conseguirlo?

Marcarse objetivos (pág. 145)

- Pregúntate a ti mismo: ¿me ilusiona este objetivo?
- ¿Cómo sabré que he llegado a mi objetivo?

Alcanzar tus objetivos (pág. 150)

- Asegúrate de tener claro el siguiente paso y haz que sea tan pequeño como sea posible.
- Date un plazo límite realista.
- No intentes abarcar demasiados objetivos a la vez. ¿No estás avanzando? Elimina algunos.
- Resérvate algunos momentos para evaluar tus objetivos.
- Si tu interés empieza a decaer, revisa tus objetivos.

El día del plan anual

El año en perspectiva (pág. 160)

- Repasa tu calendario semana a semana y empieza a hacer una lista de lo mejor y lo peor del año.
- Revisa tus fotos y tus publicaciones en redes sociales del último año y añade lo que consideres a tu lista.
- Echa un vistazo a tu diario y añade lo mejor y lo peor a tu lista.
- ¿Te habías marcado objetivos para este último año? Anota si has cumplido o no con cada uno de ellos.
- Repasa tu año usando las categorías que tengan sentido para ti: Trabajo, Pareja y vida familiar, Círculo familiar, Amigos, Salud, Vida espiritual, Habilidades, Proyectos paralelos, Diversión, Dar, Dejar, Dinero-Ingresos, Dinero-Ahorros.
- Anota tus reflexiones para cada trimestre.
- Escribe un par de frases sobre el año en su conjunto.

Mirar hacia delante (pág. 174)

- Mira hacia delante usando las categorías que prefieras: Trabajo, Pareja y vida familiar, Círculo familiar, Amigos, Salud, Vida espiritual, Habilidades, Proyectos paralelos, Diversión, Altruismo, Dejar, Dinero-Ingresos, Dinero-Ahorros.
- Realiza una lluvia de ideas para cada categoría que hayas elegido.
- Formula dos o tres objetivos medibles por categoría para los próximos tres meses.
- ¿Crees que alcanzarás tus objetivos? Si no es así, recorta la lista hasta que creas que es factible.
- Revísalo y asegúrate de que el próximo trimestre te dedicarás a lo que más te importa.
- ¿Tienes algún gran acontecimiento previsto que podría

interferir en tu planificación (un viaje largo, un gran proyecto o un embarazo)?
- Da un paso atrás y pregúntate: «¿Me estoy retando lo suficiente?».
- Perfila los siguientes tres trimestres.

Sesiones con tu cómplice

Encontrar a un cómplice (pág. 184)

- Encuentra a alguien en quien confíes.
- Encuentra a alguien que sepa escuchar.
- Encuentra a alguien que te estimule.
- Encuentra a alguien que no tema ser sincero contigo.

La primera sesión (pág. 186)

- ¿Cómo organizaremos nuestras sesiones?
- ¿Qué temas queremos tratar? ¿Hay algo que queramos dejar al margen?
- ¿Con qué frecuencia nos reuniremos?
- ¿Qué esperamos el uno del otro?
- ¿Qué esperamos obtener de estas sesiones?
- ¿Cuánto durará nuestro periodo de prueba?

Las preguntas (pág. 189)

- ¿En qué objetivo trimestral estás trabajando?
- ¿Has hecho las acciones que habías planeado la semana pasada?
- ¿Qué te ha ido bien esta última semana y por qué?
- ¿Qué podrías haber hecho mejor?
- ¿Cómo llevas tu equilibrio?
- ¿Cómo podrías ser mejor como pareja y como padre?
- ¿Qué acciones concretas emprenderás la semana que viene?

PARTE 3

TOMA LAS RIENDAS DE TU VIDA

En los últimos capítulos hemos dado un gran paso adelante, utilizando herramientas cotidianas de forma innovadora. Hemos hecho que la agenda sea tu piedra angular, has creado un cerebro de apoyo para liberar tu mente, has tomado el control de tu correo electrónico, has empezado a trabajar con una red de seguridad gracias al repaso de los viernes, has fijado el día del plan anual, te has marcado los objetivos que llevarás a cabo y has iniciado tus sesiones con un cómplice. Buen trabajo. ¿Y ahora qué?

La tercera parte de este libro te ayudará a coger velocidad de crucero. Es completamente distinta a lo que hemos visto en los capítulos anteriores. Para subir todavía un escalafón más, haremos hincapié en «ti». La tercera parte habla del arte de ser tú mismo, pero mucho mejor. Es decir, aprenderás a escuchar mejor, a pensar estratégicamente, a obtener mejores consejos y a pensar a lo grande partiendo de pequeñas tareas. En resumen: prepárate para mejorar tu juego.

8. SER TÚ MISMO, PERO MEJOR

Cambia tu comportamiento y tu autoimagen

Tienes tu semana de trabajo en orden. Has tomado las riendas de tu trabajo, tus objetivos y tu motivación. Ha llegado la hora de trabajar en ti mismo. ¿Qué puedes hacer para seguir mejorando? ¿Para perfeccionar tus habilidades? ¿Cómo puedes hacerlo sin quemarte?

Para responder a estas preguntas, empecemos con la imagen que tienes de ti mismo. ¿Cómo te ves? ¿Eres descuidado o exigente con los detalles? ¿Te resulta fácil o difícil adaptarte a los cambios? ¿Eres una persona relajada? ¿O eres una persona precavida que necesita sentirse cómoda antes de abrirse?

Podrías decir que estas características son lo que te definen. Que ser descuidado o tener pánico a los cambios es parte de tu forma de ser. «Soy lento trabajando porque soy un perfeccionista» o «soy caótico y por eso se me da fatal hacer planes». Todos estamos hechos de una pasta diferente, cierto. No obstante, si algo he aprendido de mi experiencia es que tenemos más control sobre cómo nos sentimos y cómo nos comportamos de lo que solemos dar por hecho. De hecho, podemos redirigir nuestros rasgos de carácter más fuertes en la dirección que creamos oportuna. ¿Parece complicado? En absoluto. Solo necesitas saber por dónde empezar.

TU AUTOIMAGEN, TU COMPORTAMIENTO Y TU REACCIÓN

Cuando hablábamos del correo electrónico en el capítulo 3, analizamos cómo funcionan las adicciones. Siempre hay un desencadenante, un hábito y una recompensa. Este ciclo perpetúa tanto las adicciones negativas como las positivas. Tu comportamiento puede ser modelado casi exactamente de la misma manera (ver Figura 8.1).

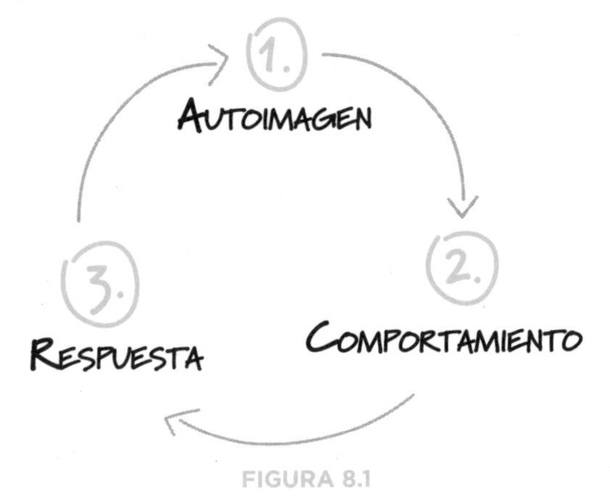

FIGURA 8.1

Nuestra autoimagen es la historia que contamos sobre nosotros mismos. Son esas cosas que te dices a ti mismo y a los demás, y actúan como desencadenante para tus actos. Así pues, si te dices a ti mismo todos los días que eres torpe, verás constantemente aspectos de tu comportamiento que confirman tu torpeza.

Ciertos entornos también pueden reforzar determinados comportamientos. Te pongo un ejemplo: yo era consciente de que no mostraba mi lado creativo en las reuniones y que aportaba muy pocas ideas. Pero me di cuenta de que esto no tenía nada que ver con mi creatividad propiamente dicha, sino que estaba totalmente relacionado con mi comportamiento. En las reuniones solía verme rodeado de gente rápida de reflejos que estaba cómoda lanzando ideas a diestro y siniestro. Lo que hacía yo era escuchar atentamente para entender lo que querían decir. Nadie pedía mi opinión. Todo el mundo estaba concentrado en compartir sus propios puntos de vista. Probablemente, daban por hecho que mi silencio significaba que no tenía nada que añadir. Y, cada vez que esto ocurría, lo tomaba como una señal más de mi falta de creatividad. Esto, a su vez, influía en mi autoimagen, que reforzaba mi comportamiento y cerraba el círculo vicioso. Funcionaba más o menos así (ver Figura 8.2):

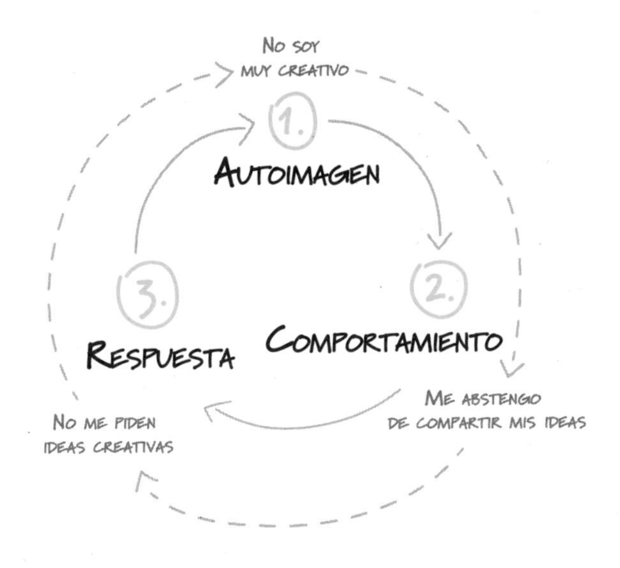

FIGURA 8.2

Sin quererlo, había desarrollado una actitud que confirmaba continuamente mi falta de creatividad. Con el tiempo, se convirtió en un circuito grabado en mi cerebro. No solo empecé a creerme que no era bueno en pensamiento creativo, sino que incluso llegaba a decir «no soy creativo». En otras palabras, se había convertido en parte de mi personalidad.

Es importante darse cuenta de que esta dinámica es altamente adictiva. Incluso cuando la historia que tienes en la cabeza no termina de encajar contigo, su confirmación repetida te engaña y acabas creyendo que todo tiene sentido. Tu comportamiento parece estar alineado con tu personalidad. Y a nuestros cerebros les encantan las cosas que parecen tener sentido. Si volvemos al capítulo 2, esto es un clásico ejemplo de «Sistema de pensamiento 1»: pensar algo en lo que ya crees requiere menos energía que modificar el patrón.

Pero tengo buenas noticias. Desde el momento en el que entiendes «cómo» tu cerebro se deja engañar, puedes romper el círculo vicioso. Puedes utilizar el mismo proceso que dio lugar al patrón para revertirlo.

CAMBIA TU COMPORTAMIENTO

Supongamos que empiezo a cambiar mi comportamiento. A partir de ahora, me prepararé algunas ideas con antelación para estar listo para exponerlas y defenderlas. Aprovecharé el estímulo que supone que la gente escuche lo que tengo que decir. Tendré la experiencia de disfrutar compartiendo mis ideas creativas. Evidentemente, puedo recibir comentarios críticos, pero eso solo demuestra que mis ideas se toman en serio. Progresivamente, lo que me digo a mí mismo empezará a cambiar. Pasaré de «no soy creativo» a «con un poco de tiempo soy capaz de aportar algunas ideas bastante buenas». Y mi comportamiento se ajustará a mi nuevo relato.

¿Te parece una ilusión? Pues no lo es. De hecho, esto es exactamente lo que me ocurrió a mí.

Te pondré otro ejemplo. Tengo un amigo que ha cambiado radicalmente en los últimos seis años. No lo reconocerías si lo hubieras conocido antes. Hace seis años, fumaba y era todo lo contrario a una persona deportista. Entonces decidió cambiar su relato interno, pasando de «no soy atlético» a «soy corredor». Es un cambio significativo. Y una historia tan arraigada no se reescribe sola. Requiere esfuerzo. Mi amigo empezó a entrenar; al principio, de forma moderada; luego, más seriamente. Hoy en día está en plena forma, mantiene unos hábitos saludables y ha participado en múltiples maratones e incluso triatlones. La energía positiva que desencadenó al modificar su comportamiento no solo transformó su relato, sino que además ha afectado a la gente que lo rodea. Cuando recibe comentarios sobre su forma física, no se limita a decir «sí, corro mucho», sino que afirma «soy corredor». Es la prueba fehaciente de que es posible adoptar una característica que puede parecernos ajena y convertirla en una nueva forma de comportarnos y una parte esencial de nuestra autoimagen.

¿La conclusión? Si quieres reescribir tu historia, ignora lo que siempre has dicho sobre ti mismo y empieza a cambiar tu comportamiento en pequeños pasos, así:

TU RELATO	¿QUÉ PUEDES HACER?
NO SOY UNA PERSONA ORGANIZADA	Piensa en un ámbito en el que podrías ser un poco más organizado. No hay una forma más rápida de interiorizar un nuevo hábito que llevarlo a la práctica de forma regular. Puede ser tan sencillo como colocar un colgador de llaves y acostumbrarse a colgarlas nada más llegar a casa. Dejarás de ser «poco organizado».

TU RELATO	¿QUÉ PUEDES HACER?
NO TENGO IDEAS CREATIVAS	Cómprate una libreta que puedas llevar siempre encima para anotar cualquier idea que te venga a la cabeza, incluso las que no sirvan para nada.
	Dedica cinco minutos diarios a hacer una lluvia de ideas sobre algún tema. Anota todo lo que se te ocurra.
NO SÉ ESCRIBIR	Empieza un diario. Nadie más lo leerá. Escribe un párrafo cada día.
	Empieza un blog y escribe algo de vez en cuando. Usa un pseudónimo si quieres.
	Dedica un poco más de tiempo a pulir tus mensajes de correo electrónico.
SOY DESCUIDADO	Elige una acción rutinaria e introduce algún pequeño hábito nuevo que te obligue a ser más ordenado a partir de ahora. Yo sé que, si por la noche dejo la ropa en el suelo al lado de la cama, luego no la recogeré. He trasladado mi desorden al pasillo, obligándome a recoger la ropa y a dejarla en el cesto al levantarme, ya que, literalmente, me tropiezo con ella.
SOY FÁCIL DE CONVENCER	No digas que «sí» automáticamente. Pídele a la otra persona que te explique otra vez su demanda para tener más tiempo para pensarlo.
	Pide más tiempo para reflexionar sobre una propuesta, para que puedas sopesar pros y contras. Es bastante razonable no querer tomar decisiones importantes de forma improvisada.

Con esto no pretendo sugerir que todo se puede cambiar. No podemos diseñar todo nuestro futuro modificando simplemente algunas de nuestras acciones. Pero espero que estos ejemplos te sirvan para darte cuenta de que tienes la capacidad de cambiar más cosas de las que crees. Y vale la pena intentarlo, ¿no es así?

Evidentemente, algunos patrones de conducta están muy afianzados y profundamente arraigados en tu pasado. Si hay alguna dinámica que no puedes superar por ti mismo, habla con un profesional.

Creo que todo el mundo puede beneficiarse de hablar con un psicólogo. Cuando buscaba herramientas y técnicas que me ayudaran a trabajar mejor en equipo, reservé un par de sesiones con un terapeuta ocupacional. A pesar de que suponía cierta confrontación, las sesiones me proporcionaron una visión fascinante de cómo funcionaba mi cabeza. Animo a todo el mundo a probarlo alguna vez.

Ingredientes para un cambio de comportamiento exitoso

- Modifica tu conducta con ajustes lo más pequeños posibles para que sea casi imposible oponer resistencia.
- Céntrate en un elemento a la vez en lugar de intentar cambiar varios comportamientos de golpe. La transformación requiere un montón de energía, así que si empiezas con poco, aumentarás tus probabilidades de éxito.
- Si quieres cambiar un comportamiento, es útil saber cuándo y dónde se da. ¿Sigue algún patrón? Si es así, sabrás cuándo estar alerta.
- ¿Puedes asociar tu nueva conducta a un momento o una actividad concreta? Si haces dos tareas a la vez durante el tiempo suficiente, crearás un hábito. Por ejemplo, si añades «hilo dental» a tu «cepillar los dientes antes de ir a la cama» de cada noche, tu cerebro empezará a vincular ambas actividades automáticamente. Lo único que necesitas es la repetición.
- Identifica cuáles son los mayores obstáculos en el camino hacia tu nuevo comportamiento. Anticípate y contrarresta cada

obstáculo usando la regla de «si pasa esto, entonces aquello». Así pues, «si llueve, entonces me pondré mi chubasquero y saldré a correr de todos modos». Esto te evita buscar excusas cada vez que aparece un obstáculo.

- Anuncia tu cambio de conducta a la gente que te rodea o hazles cómplices de tus planes. Por ejemplo, comunica a tus amigos que ya no pierdes las llaves desde que las guardas en un lugar fijo o anuncia que, a partir de ahora, anotarás todo lo que se acuerde en las reuniones para no olvidarte de nada. Esto cambia el relato en tu cabeza y en las cabezas de la gente que te rodea. Si tienes suerte, puede que incluso recibas ánimos.

EL MÉTODO SEINFELD

El humorista y monologuista Jerry Seinfeld ideó su propia estrategia para tener control sobre su comportamiento. La bautizó como «no rompas la cadena». Se colgó un gran calendario en la pared e hizo un trato consigo mismo consistente en marcar con una X los días que escribía material nuevo. Un solo chiste era suficiente. No romper esa cadena de X diarias se convirtió en su lema. El método Seinfeld es una forma increíblemente efectiva de internalizar un cambio de conducta.

CRECIMIENTO PERSONAL SALUDABLE

Ninguno de nosotros termina nunca su desarrollo, pero ¿cómo se mantiene uno cuerdo ante la presión constante de tener que mejorar? Quizá recuerdes que en la introducción de este libro te decía que soy alérgico a la gente que nos insta a tomarnos las cosas con calma y a dejar de trabajar tanto. A mí no me escucharás decirlo. Pero sí creo en una aproximación saludable al crecimiento personal y en respetar tus propios límites. En los últimos años, he descubierto que hay una forma más inteligente de alimentar mi propia motivación y ambición.

Cada uno de nosotros se ve impulsado por tres fuerzas: nuestra energía, las expectativas externas y nuestras propias expectativas (ver figura 8.3). La cuestión es: ¿en qué momento sobrepasamos nuestros límites? Para responder a esto, analicemos más de cerca este modelo de las tres fuerzas.

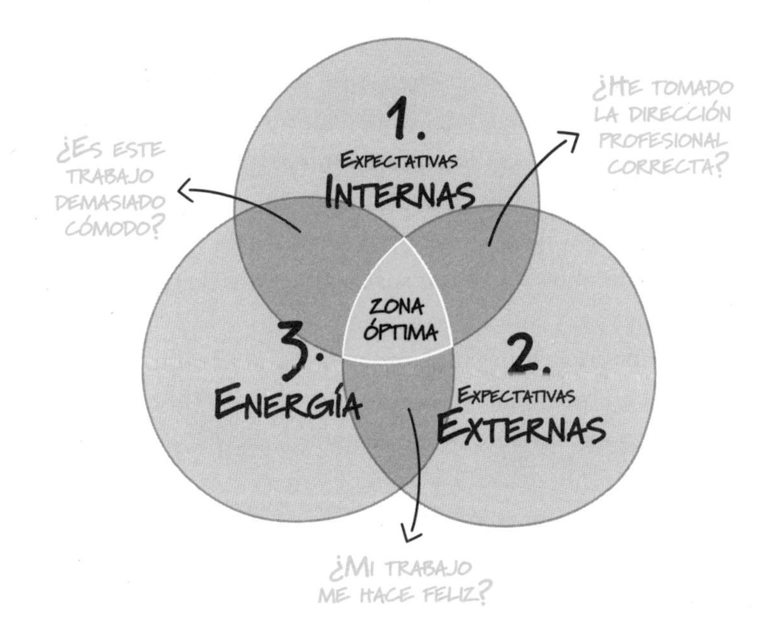

FIGURA 8.3

Fuerza 1. Tus expectativas internas

Tus propias expectativas son la voz interna que te anima a perseguir las oportunidades de crecimiento y desarrollo que tienes por delante. Dejarse guiar por esta brújula interna está bien, siempre que (1) sea compatible con tus expectativas externas (ver diagrama), y (2) tu propio crecimiento y esfuerzo para mejorar te proporcionen energía, en lugar de agotarla.

Si te encuentras en el «círculo de las expectativas internas», pero fuera de las intersecciones, esto indica que tus expectativas internas son demasiado elevadas. Es decir, no tienen contacto con el mundo exterior (círculo 2) y no te aportan energía (círculo 3). Esto te sitúa en zona de peligro. Tus exigencias contigo mismo son demasiado altas y poco realistas, y esto está agotando tu energía.

Para ayudarme a detectar este tipo de comportamiento, yo hago lo que se conoce como «una experiencia extracorporal». Imagina que estás flotando fuera de tu cuerpo y observas cómo trabajas o te relajas desde arriba. Imagínate sentado en tu escritorio, en una silla o en el sofá. ¿Qué opinas de la persona que ves? ¿Son saludables y realistas sus aspiraciones de crecimiento? ¿Qué le dirías?

Hace unos años, hubo un largo periodo de tiempo en el que me dedicaba a producir y colgar vídeos en YouTube. Al hacer este ejercicio extracorporal, me di cuenta de que nadie me estaba pidiendo que grabara y editara vídeos a diario. La única persona que tenía esta expectativa absurda era «yo mismo».

Una experiencia «extracorporal», incluso imaginada, casi siempre nos aporta nuevas perspectivas. Y es posible que te lleve a la conclusión de que ha llegado la hora de reconsiderar tus ambiciones relacionadas con el crecimiento y el progreso.

Fuerza 2. Expectativas externas

No existe ninguna razón para adaptarse ciegamente a lo que el mundo exterior espera de ti o a lo que tú crees que espera. Lo mismo ocurre con las opiniones de otras personas sobre quién eres y lo que haces. Es mejor ignorarlas. Pero, más allá de esto, hay algunas expectativas externas que uno no puede ignorar. Como, por ejemplo, las de tu jefe, tus compañeros de trabajo, tus amigos o tu familia.

Si las expectativas de los demás son más altas que las tuyas, es fácil sentirse desanimado. Este desajuste garantiza estrés. Y un tipo de estrés que no saca lo mejor de ti, sino que puede llegar a quemarte.

¿Te pesan las expectativas externas sobre tu trabajo? ¿Tu trabajo te quita más de lo que te da? Cada vez que sientas que las presiones exteriores te superan, vale la pena que prestes atención. En primer lugar, debes considerar estas expectativas con cierto recelo. Nueve de cada diez veces, las expectativas que tú percibes no se corresponden con las expectativas «reales». Aquí es donde las cosas pueden ir por mal camino, especialmente si estas expectativas no se han articulado en ningún momento. En este caso, te aconsejo que hables con tu superior. Pero, en primer lugar, tienes que aclarar cuáles crees que son estas expectativas. Sé concreto. ¿En qué momentos sientes más presión? ¿Realmente tienes que responder en menos de cinco minutos cuando tu jefe te escribe un sábado? ¿Tus compañeros esperan obtener una respuesta inmediata cada vez que surge una pregunta compleja en una reunión? ¿En serio?

Si las expectativas externas son poco realistas y las circunstancias te superan, ha llegado el momento de buscar un remedio para relajar la presión. Al fin y al cabo, nadie quiere que te quedes fuera de juego durante meses, debilitado por la fatiga laboral. Un conjunto de tareas realistas que equilibre lo que se te da bien, con una curva de aprendizaje adecuada, hará que aproveches al máximo tu potencial. Si esto tampoco ayuda, quizás el problema sea tu jefe.

Fuerza 3. Tu energía

¿Cuál es tu nivel de energía? Este es un criterio adecuado para saber si estás actuando correctamente. Alcanzar un equilibrio entre las tareas sencillas y los desafíos te coloca en un lugar idóneo para poder crecer enormemente. Además, también te ayuda a mantenerte en este camino.

¿Tienes mucha energía? ¿Estás en las últimas? Ambos extremos pueden ser consecuencia de un desajuste entre lo que se espera de ti (por parte de otros o por tu parte) y lo que eres capaz de afrontar.

Hace tiempo que empecé a hacer un seguimiento de mi nivel de energía. Todas las semanas puntúo del uno al diez la energía que tengo y escribo una nota rápida sobre cómo he estado esa semana. Esta práctica me ayudó a identificar cuál era el mejor momento para hacer el repaso semanal, y así es como surgió mi «repaso de los viernes». También me di cuenta de que los días cargados de reuniones son auténticos devoradores de energía. A mí me va mejor repartir las reuniones a lo largo de toda la semana. Son dos pruebas evidentes de que esto me ayudó a mejorar el rendimiento laboral. Puedes registrar la información al momento o hacerlo de forma retroactiva, dibujando un gráfico que represente las últimas semanas e intentando resumir brevemente tu nivel de energía en cada una de ellas. Hacer el gráfico opuesto, sobre tu nivel de estrés, también puede ser útil.

La zona óptima

Cuando tus propias expectativas están alineadas con lo que los demás esperan de ti (tu jefe, tus amigos, tu familia, tu pareja) y con tu nivel de energía, puedes lograr lo que te propongas. En estos momentos te sientes preparado para enfrentarte a cualquier situación. Sin embargo, este tipo de equilibrio no suele durar mucho. Todo cambia constantemente. Dominar una situación puede llevarnos al aburrimiento y a que nos sobre demasiada energía. Por este motivo, tendrás que estar adaptándote continuamente. ¿Estás listo para avanzar en tu desarrollo? Entonces, márcate objetivos estimulantes (expectativas internas) o hazte cargo de un nuevo proyecto y de las expectativas externas que conlleva.

Si siempre te sientes presionado para ser mejor en lo que estás haciendo, vale la pena analizar más de cerca la dinámica existente entre estas tres fuerzas, es decir, tus expectativas internas, las externas y tu nivel de energía. Una vez que descubras si la presión viene de dentro o de fuera, puedes detenerte y ajustar tus expectativas internas o enfrentarte al factor estresante externo.

Quizás hayas oído el siguiente dicho: «Si quieres ir rápido, ve solo. Si quieres llegar lejos, ve acompañado». Aunque, evidentemente, podemos avanzar solos, siempre llegaremos más lejos si trabajamos con otras personas. En el siguiente capítulo dejaremos de centrarnos en nosotros mismos y veremos cómo podemos escuchar mejor lo que los demás pueden ofrecernos.

9. POR QUÉ SALE A CUENTA HABLAR MENOS

Sé astuto. Escucha bien y pide consejo

¿Has tenido alguna vez una de esas conversaciones que cambian tu forma de ver las cosas? ¿Una que provoca un cambio de perspectiva radical? Esos momentos en los que se te enciende la bombilla pueden resultar mágicos. ¿Te gustaría vivir más momentos similares? Entonces, escucha más y escucha mejor.

Es curioso que no hablemos más sobre la escucha. Porque, por mucho que sepas, siempre hay una infinidad de cosas que no sabes. Y escuchar puede ayudarte a llenar ese vacío.

ESCUCHAR MEJOR

Si quieres aprender a escuchar bien, el primer paso es cerrar la boca. Pero, afortunadamente, no solo se trata de eso. La figura 9.1 muestra lo que significa escuchar eficazmente.

FIGURA 9.1

ESCUCHAR
=
EVALUAR
+
HACER LAS PREGUNTAS CONCRETAS
+
PROFUNDIZAR
+
TOMAR NOTAS
+
PROBARLO
+
DAR LAS GRACIAS

Evaluar

Solemos dar por hecho que nuestra situación es única. Así, por lo común, nunca se nos pasa por la cabeza recurrir a otras personas que estén en el mismo barco, y mucho menos a personas que no son expertas en la materia. Pero ¿qué pasaría si actuáramos de otro modo? Muy pocos problemas son nuevos y desconocidos. Siempre hay alguien que ha pasado por una situación similar al que puedes recurrir: un amigo cercano o un contacto de segundo o tercer grado.

Los fundadores de Blendle, Marten Blankesteijn y Alexander Klöpping, incorporaron en la empresa la práctica de buscar una perspectiva externa. Es un mecanismo eficaz que asimilé inmediatamente porque es una forma fácil y barata de aprender más. Cada vez que alguien planteaba una idea o un problema nuevo, le preguntábamos: «¿Has hablado con alguien sobre esto?». En realidad, no lo hacíamos para descubrir nuevos puntos de vista, sino para establecer una pauta de actuación que sabíamos que podía marcar la diferencia.

Pero empecemos por el principio. Antes de preguntar nada a nadie, debes tener claro lo que quieres saber. ¿Cuál es el problema al que te enfrentas? ¿Qué obstáculos se presentan en el camino? ¿Buscas una solución o quieres saber qué historia se esconde detrás del éxito de otra persona?

En Blendle nos propusimos reservar tres días por trimestre para que cada uno tuviera tiempo de trabajar en sus propios proyectos e ideas. Antes de introducir este sistema, lo consulté con un tipo de una empresa similar que había empezado a hacer algo parecido. Al tener claro lo que quería saber, pude preguntar lo que quería y por qué eligieron esta fórmula en particular.

A veces la cuestión es menos concreta. Tras varios cambios importantes en el producto de Blendle, nuestro siguiente reto era impulsar el *marketing* en línea. Pero no tenía ni idea de por dónde empezar, así que mi pregunta de indagación fue más ambigua: «¿Cómo funciona el *marketing* en línea?».

Hacer las preguntas concretas

¿Quieres tener una conversación que te proporcione información? Empieza por hacer buenas preguntas. Con mejores preguntas se obtienen mejores respuestas y conocimientos más útiles. Y esto no se aplica solo a las conversaciones de trabajo, sino también en las personales.

Cuando busco información para tomar una decisión o abordar un problema, me es de gran ayuda orientar las preguntas hacia tres aspectos concretos: sentido, situación y emoción. Hacer preguntas concretas te proporciona respuestas más concretas.

Sentido. ¿En qué se fundamentaron las decisiones que se han tomado? ¿Cuáles son sus porqués y sus razones? Intenta averiguar qué pasos provocaron tales decisiones y qué pretendían conseguir.

Situación. Las cosas no pasan porque sí. El contexto puede ser fundamental. Sabiendo esto, intenta conocer las circunstancias que rodearon la decisión de esta persona. ¿Qué factores influyeron en sus decisiones? ¿Qué factores influyeron en los resultados? ¿Hay factores que te resultan desconocidos? Haz preguntas para saber más.

Emoción. Ahora analiza los efectos de las decisiones de esta persona. ¿Cómo se siente respecto a la nueva situación? ¿Cómo está lidiando con estos efectos? ¿Son sensaciones nuevas o han cambiado con el tiempo?

Estos tres aspectos pueden ayudarte a estructurar tus conversaciones. A mí también me ayuda escribir de antemano lo que quiero saber, especialmente si mi pregunta inicial es ambigua (como en mi ejemplo del *marketing* en línea). El resultado es todavía mejor si puedes elaborar una lista detallada con todas tus preguntas. Esto te permitirá centrarte en lo importante y escuchar las respuestas, en lugar de estar pensando en lo que quieres preguntar a continuación.

Para iniciar la conversación, puedes hacer preguntas del estilo: «Estamos planeando hacer X y, según tengo entendido, tienes experiencia en ello. ¿Podrías decirme cuál fue tu estrategia y por qué?» o «Me estoy planteando comprar este paquete de *software*, ¿podrías decirme qué es lo que te gusta de él?».

Cuando buscaba información sobre el *marketing* en línea, mi planteamiento era: «Tengo curiosidad por saber cuáles han sido vuestros canales de *marketing* en línea más exitosos. ¿Qué es lo que funcionó mejor? ¿Qué no salió como esperabais?».

Y no te olvides de tomar notas. Esto te mantendrá atento y, además, demostrará que estás realmente interesado.

Profundizar

Una vez que has preguntado lo que necesitas, es frecuente empezar a hablar de nuestros propios planes. Algunas veces lo hacemos porque queremos la opinión del experto, pero a menudo solo queremos mostrar nuestros conocimientos. ¿Mi consejo?

No malgastes tu tiempo. Haz preguntas para profundizar, para poder asimilar plenamente lo que te están diciendo.

Cuando te metes en la cabeza de alguien, lo más importante es entender exactamente lo que quiere decir. Ten presente que la primera respuesta nunca explica la historia completa. Siempre hay más. La calidad de las preguntas que hagas para profundizar determinará si consigues hacerte con la historia completa o no. Estas sugerencias pueden ayudarte:

- ¿Puedes decirme algo más sobre esto?
- Antes de continuar, ¿podríamos volver al último punto? ¿Cómo fue exactamente? ¿Cómo llegaste a esa decisión?
- ¿Cómo lo recuerdas ahora?
- Si estuviera en tu mano, ¿qué harías de otra forma?

Tomar notas

Durante la conversación, empezarás a procesar todo lo que estás escuchando. Así que toma apuntes. Yo siempre recuerdo mejor las conversaciones cuando tomo notas, aunque no vuelva a revisarlas nunca más. Tomar notas durante una conversación también me ayuda a estar presente, atento y, además, impide que me distraiga, especialmente, si son charlas por videoconferencia. Si no puedes o no quieres tomar notas durante la reunión, asegúrate de hacerlo justo después. Las personas interesantes siempre tienen consejos interesantes que explorar: otras personas a las que puedes consultar, libros relacionados con el tema o blogs curiosos. Rebusca en tus notas algunas de estas joyas y conviértelas en nuevas tareas pendientes o añádelas a tu agenda.

Encontrar a las personas adecuadas para que compartan sus conocimientos es el primer paso, pero «hacer» algo con toda esa información es un reto mayúsculo. Yo me he dado cuenta de que dedicar un momento a revisar mis apuntes justo después me ayuda a pasar a la acción. Si quieres más consejos sobre cómo tomar notas, dirígete al final de este libro, donde encontrarás mis técnicas (en el capítulo anexo «Tomar mejores notas»).

Probarlo

Aplicar las recomendaciones y los consejos que recibes es una parte esencial de saber escuchar. Tanto si se trata de probar una nueva herramienta como de decidir si lees un libro recomendado, cualquier consejo que te ofrezca una persona inteligente vale la pena considerarlo. Intenta que tu respuesta por defecto sea: «Perfecto, le echaré un vistazo». Frecuentemente, mi mentor (de quien te hablaré más adelante) me regala consejos que pueden parecer largos y escabrosos, pero que *a posteriori* siempre acaban valiendo la pena.

Dar las gracias

La última fase de la escucha no tiene que ver con resolver tu problema, pero te ayudará a ello. Es sorprendente la cantidad de personas que piden consejo y luego no se molestan en agradecer el favor (más allá de mandar una solicitud en LinkedIn). Con esto me refiero a un agradecimiento sencillo como: «Oye, ¡gracias por dedicarme tu tiempo! Me diste grandes consejos sobre X y acabo de pedir el libro que me recomendaste». Nunca des por hecho que la otra persona no tiene interés en saberlo. Mostrarse agradecido con una persona que se ha tomado la molestia de aconsejarte demuestra que la valoras y que pones en práctica sus ideas y sugerencias. También abre la puerta al diálogo. Demostrar que aprovechas su aportación aumenta las probabilidades de que vuelva a prestarte su ayuda.

¿A QUIÉN DEBERÍAS ESCUCHAR?

Si te pareces a mí, seguramente tienes un par de personas a las que acudes cuando estás bloqueado. Pero ¿te has planteado sondear a alguien más? Puede ser increíblemente útil, sobre todo si te has propuesto aprender a escuchar. Pero ¿a quién deberías escuchar? Para determinar quién es la mejor persona para hablar sobre un asunto determinado, hay dos factores decisivos: qué sabe la otra persona sobre el tema y qué sabe sobre ti y tu situación.

Conocimientos sobre el tema

¿Quién conoce realmente los entresijos de lo que tienes que afrontar? Supongamos que quieres comprar una casa. Entonces, prestarás especial atención a los consejos de otros propietarios. No obstante, seguramente aprenderás mucho más si hablas con aquel amigo que se dedica a los negocios inmobiliarios o a ese conocido que ha comprado varias casas. ¿Quieres buenos consejos? Empieza por personas que estén especializadas en aquello en lo que tienes dudas. Dicho esto, las personas con muchos conocimientos también suponen un inconveniente: pueden quedarse ancladas en su propia forma de resolver los problemas. Por eso es una buena idea preguntarles «por qué» apuestan por una determinada solución y qué otras opciones hay que ellos «no» recomiendan. Si puedes, busca una segunda opinión de otro experto. Puede que te sorprenda con nuevas perspectivas.

Conocimientos sobre ti y tu situación

Alguien que sepa lo que quieres y que conozca tus fortalezas y debilidades puede ser de gran ayuda. Te entiende y entiende tu situación. Puede tratarse de un amigo, un familiar, tu pareja o un compañero de trabajo. Pero consultar con estas personas también tiene sus contras. Es posible que no sean totalmente sinceros porque temen herirte o dañar vuestra relación. Nunca lo olvides.

La matriz del consejero

Si introducimos estos dos factores (conocimientos sobre el tema y conocimientos sobre ti y tu situación) en una matriz, obtendremos el esquema de la figura 9.2 con cuatro tipos de consejeros distintos. Veamos cómo nos pueden ayudar.

FIGURA 9.2

CUADRANTE 1. CONOCIDOS LEJANOS

Empiezo por la categoría menos interesante: los conocidos lejanos. Son personas que no saben mucho sobre ti ni acerca de tu situación y que tampoco son expertos, de modo que es poco probable que tengan una respuesta fiable a tu pregunta. Tal vez sean personas brillantes o exitosas, pero les falta experiencia en el tema sobre el que quieres consejo. Cualquier información que recibas de un conocido lejano debe ser verificada primero. Dicho esto, este tipo de consejeros también pueden ser útiles. Que no sean expertos les permite adoptar nuevos puntos de vista y tener ideas creativas e innovadoras. Fíjate en cómo llegan a sus conclusiones. Puedes aprender algo de su razonamiento. Por último, siempre existe la posibilidad de que te pongan en contacto con algún experto.

CUADRANTE 2. AMIGOS Y FAMILIA

Los amigos cercanos y la familia te conocen bien. Pueden ponerse en tu lugar. El hecho de que te conozcan y conozcan tu situación los convierte en perfectos *sparrings*: tú les presentas tu problema y ellos responden. Pero también hay una buena razón para ser precavido. Los amigos pueden tener reticencias a ser verdaderamente críticos. Los amigos que no son expertos tampoco podrán darte soluciones contrastadas, pero es posible que intenten imponer su punto de vista. A pesar de tales inconvenientes, los amigos pueden ayudarte a encontrar respuestas.

- Los amigos pueden compartir su visión sobre «ti». ¿Qué solución creen que se adapta mejor a ti? Hace un par de años, quería hacer un gran viaje de senderismo en el extranjero. Para ayudarme a decidir, pregunté a algunos amigos si creían que lo disfrutaría. Sus ánimos disiparon mis dudas y acabé pasándomelo en grande haciendo senderismo por Austria. Seguía necesitando los consejos de excursionistas experimentados (equipo, rutas, etc.), pero fueron mis amigos los que me convencieron para que empezara la aventura.

- Como te conocen bien, los amigos pueden ayudarte a diseccionar un problema. Así que, en lugar de acudir a ellos para que te solucionen el problema, comprueba si pueden ayudarte a comprender qué es lo que falla.
- Los amigos estarán encantados de ayudarte a encontrar expertos.

CUADRANTE 3. EXPERTOS

La cuestión aquí no es «¿hay algún experto?», sino «¿quién es el mejor experto para esta situación?». Esa es la persona que necesitas. Por mucho que me enseñen sobre gerencia los libros y los vídeos, una sola conversación con un experto me dice exactamente lo que necesito saber sobre un tema al instante. Estos son algunos de mis consejos para aprovechar al máximo las conversaciones con expertos:

- **Encuentra al experto adecuado.** Tómate el tiempo necesario para averiguar quién está mejor preparado para ayudarte. ¿Cuenta con experiencia práctica en tu problema? ¿Ha disfrutado de éxitos notables en este ámbito (o fracasos sobre los que te gustaría preguntar)?
- **Programa una reunión.** La mejor forma de llegar a personas que no conoces es, con diferencia, a través de una conexión mutua. ¿No la tienes? La segunda mejor opción es enviar un mensaje de correo electrónico al experto con tu pregunta. In-

dependientemente de si tienes o no un intermediario, cuanto más directa sea tu petición, más probable será que la gente esté dispuesta a dedicarte su tiempo. Puedes proponer una reunión rápida de media hora en su cafetería favorita. El café corre de tu cuenta, por supuesto, y procura no abusar de su tiempo.

- **Llega preparado.** Todos valoramos nuestro tiempo y estás pidiendo un favor. Así que ve preparado. Muchos expertos comparten sus conocimientos en LinkedIn, Twitter o a través de sus propios sitios web. Échales antes un vistazo. Y, como he dicho antes, si quieres aprovechar al máximo una conversación con un experto debes tener una lista de preguntas concretas preparada. Si el tema es más complejo, a mí también me gusta enviar un mensaje de correo electrónico por adelantado a la persona con los antecedentes. Ten presentes los motivos de la reunión cuando la prepares.
- **No te pongas a la defensiva.** Consultar con un experto suele comportar poner tus propias acciones ante un espejo. Cuando esto ocurre, es natural que quieras defenderte. Después de todo, la persona que tienes delante no conoce tu situación específica y tú tampoco lo estás haciendo tan mal, ¿verdad? Pero este tipo de reacción no te llevará a ninguna parte. Desde luego, no obtendrás lo que necesitas saber. Y para aquellas personas que te ofrecen consejo es muy frustrante que solo busques su aprobación. Siempre que consultes con un experto, recuerda que tu trabajo es escuchar y aprender.
- **Deja claras tus limitaciones.** Si sabes que no puedes aplicar sus consejos por motivos técnicos, financieros o incluso legales, informa a la persona de tus limitaciones y vuelve a pedirle su opinión. En Blendle, por ejemplo, teníamos acuerdos específicos con editores de periódicos y revistas sobre cómo su-

ministrar sus artículos. Estos contratos también establecían si podíamos ejecutar determinados planes propios o no. Si un experto sugería una solución que yo sabía que no era factible, le comunicaba ese contexto adicional. A menudo recibía nuevos consejos que encajaban mejor con nuestra situación.

- **Y, por último, pero no menos importante... ¡Disfruta de la conversación!** No hay nada mejor que hablar con personas brillantes que están dispuestas a compartir su experiencia. Es tu oportunidad de aprender de un profesional.

CUADRANTE 4. MENTORES

Un mentor es un tipo de consejero muy distinto de un experto. Con un mentor hablas con regularidad. Además de tener conocimientos y experiencia, un buen mentor también está familiarizado con tu situación. Al estar en contacto frecuente, se acaba forjando una relación. Por ello, los consejos de un mentor probablemente serán acertados y, a medida que os vayáis conociendo, más acordes con lo que necesitas.

Un mentor es alguien a quien admiras. Es preferible que no sea un compañero de trabajo, porque tendrá intereses propios en relación con tu labor. Con los mentores externos no te va a ocurrir tal cosa, y pueden aconsejarte de forma más objetiva. Una cosa que oigo mucho es: un mentor suena muy bien, pero ¿cómo puedo encontrar uno? Aquí tienes dos consejos:

1. Contacta con más expertos. Yo conocí a mi mentor a través de un experto. Jamás lo habría encontrado si no me hubiera obligado a seguir conociendo a gente nueva. Hablar con expertos es una actividad «importante y no urgente» (capítulo 1). Los buenos mentores no llaman a la puer-

ta. Así que no dejes de buscarlos. Lo que buscas es una persona con conocimientos de experto que sea capaz de sintonizar con lo que necesitas. Encontrar a alguien con la combinación adecuada de cualidades puede llevar algún tiempo, pero merece la pena.

2. No busques un mentor para todo, sino para un tema específico. Encontrar a alguien que sea un ejemplo para seguir tanto en el trabajo como en la vida personal es casi imposible. Será mucho más fácil encontrar a alguien que pueda aconsejarte sobre una faceta concreta de tu trabajo o un asunto personal específico.

Mi experiencia, así como la de muchas otras personas, es que un mentor es básicamente alguien cuyos consejos te suelen gustar más. Es gente que te presenta más retos que los demás, con la que te sientes más libre para compartir ciertos detalles e inseguridades, y que hace preguntas acertadas y buenas sugerencias. ¿Ya has conocido a algún experto que se ajuste a esta descripción? ¡Fantástico! Espera un tiempo prudencial y luego pregúntale si podéis volver a hablar.

En este caso, el protocolo es el mismo que para una buena reunión informativa: llega preparado, sé consciente de lo que quieres saber y utiliza las técnicas para «Escuchar mejor» de este capítulo. ¿Te ha ayudado vuestra segunda reunión? Entonces pregúntale si está dispuesto a ser tu mentor durante un periodo más largo.

La relación con un mentor es básicamente un acuerdo para hablar con regularidad. En mi caso, hablamos una hora cada mes. Puesto que eres tú quien pide el favor, también eres el responsable de programar el encuentro, prepararlo y actualizar tu situación. Así es como funciona:

Programación. Programa vuestras charlas con suficiente antelación y en un lugar y hora que sean convenientes para tu mentor. Mi mentor vive en California, así que a veces el horario no es el mejor para mí, que vivo en Ámsterdam. Pero eso forma parte del trato, porque nuestras conversaciones merecen la pena.

Preparación. Tu mentor pone a tu disposición su valioso tiempo, así que aparecer sin estar preparado sería una falta de respeto. A mí me gusta recoger todo lo que quiero abordar en un documento de Google Docs al que ambos podemos acceder. Actualizo esta lista antes de la sesión y le mando a mi mentor un recordatorio por correo electrónico junto con el enlace al documento. Los problemas con los que estás lidiando y las cosas que no han ido tan bien o tan fluidas como te hubiera gustado son buenos temas para incluir en la conversación. Es muy probable que tu mentor pueda aconsejarte sobre cómo evitar esos problemas en el futuro.

Actualizaciones. Hablar con tu mentor (igual que con otros expertos) debería dejarte con una lista de ideas que poner en práctica. Asegúrate de ponerle al día sobre tus avances. Esta información será muy relevante en la siguiente reunión y tu retorno sobre sus consejos ayudará a profundizar en la relación. Si pones en práctica las sugerencias de tu mentor y le informas de cómo han ido las cosas, le estarás demostrando que valoras sus consejos y que quieres incorporarlos a tu actividad. Tales actualizaciones no tienen por qué ser complicadas: basta con un mensaje rápido de correo electrónico que resuma tus acciones y resultados.

Un buen mentor vale su peso en oro. Con el tiempo, llega a conocerte bien y puede ayudarte a avanzar más rápido de lo que podrías hacerlo por tu cuenta. Mi mentor me ha llevado a tomar mejores decisiones sobre a quién debo contratar, cómo puedo planificar mis días y qué libros debería consultar. Además, me ha enseñado a pensar más detenidamente en lo que es importante para mí a largo plazo. Su aportación fue inestimable cuando uno de los miembros de mi equipo y yo no coincidíamos. Nuestras visiones iban en diferentes direcciones y tuvimos un intercambio desagradable. Cuando se lo conté a mi mentor, su consejo fue sencillo y acertado: tómate un tiempo para sentarte con esta persona y entender la imagen que tiene él en «su» cabeza. Ofrécele una oportunidad para explicarse y escucha «su» perspectiva. Seguí el consejo y organicé una reunión con mi colega. Eso marcó un punto de inflexión en nuestra relación, y ahora entendemos de dónde viene cada uno. La experiencia me abrió los ojos. Me di cuenta de que mi frustración me había impedido ver esta solución práctica, y mi mentor me dio exactamente lo que necesitaba.

Así que no dejes de buscar ayuda —ya sea en un mentor, un amigo, un experto, un conocido o un colega— y escucha lo que los demás tienen que decirte. Es una forma segura de sacarle más partido al trabajo y a la vida.

10. RESUELVE CUALQUIER PROBLEMA

Aprende a pensar estratégicamente

Sé sincero: ¿cuándo fue la última vez que pensaste largo y tendido sobre algo? Es decir, que te estrujaste los sesos de verdad. ¿Y la última vez que miraste hacia atrás y te arrepentiste de no haber reflexionado más sobre una decisión? ¿Cuántas veces te has visto sorprendido por el tiempo que se tarda en hacer algo o por lo complicado que resulta?

En este capítulo te ayudaré a llevar tu pensamiento a un nivel superior. Anticipo mi mejor consejo: encuentra tiempo para pensar. Si eres capaz de hacerlo, jugarás con ventaja. Busca espacio para reflexionar. Reserva tiempo en tu agenda para pensar (si aparece en la agenda no hay otro remedio que hacerlo). Sea lo que sea lo que estés tramando, escríbelo, dibújalo y consúltalo con la almohada.

CONVIERTE LA REFLEXIÓN EN UNA PRIORIDAD

Es posible que esta situación te resulte familiar: estás bajo la ducha y de repente te llega la inspiración. Aparece de la nada una solución para aquello que te ha estado preocupando durante días. Estos momentos *eureka* son maravillosos. Hay quien los llama «epifanías», como si fueran rayos caídos del cielo. Pero esta idea es engañosa. Normalmente, llevas tiempo dándole vueltas al asunto, lo sepas o no. En realidad, el problema y las posibles soluciones estaban madurando en tu cabeza.

Es como cuando no dejas de ver Volkswagen por todas partes cuando quieres comprarte un Volkswagen. Para tu cerebro, los Volkswagen son *trending topic*, de modo que te envía una señal cada vez que pasa uno. Esto se debe a que el cerebro capta todos los fragmentos de información que puede, tanto consciente como inconscientemente. Y esto es muy útil, porque puedes aprovechar esta capacidad cerebral haciendo tu propia preselección. Me refiero a alimentar activamente tu cerebro con información sobre un tema, y luego darte tiempo para digerir los datos. Esto generará automáticamente soluciones que derivan de una mayor reflexión.

Además de alimentar mi cerebro de esta manera, también utilizo otro método más proactivo para mejorar mi forma de pensar: «el pensamiento estratégico».

PENSAMIENTO ESTRATÉGICO

Problemas. Todos nos enfrentamos a ellos. Aparecen en el repaso de los viernes («¿Tengo que empezar con el plan de relaciones públicas de un producto esta semana o necesita más pruebas primero?»), en la lista de tareas pendientes («¿Es el momento adecuado para contratar personal? ¿Y para qué puesto exactamente?») o cuando analizas el último año y haces planes para el siguiente («¿Es un buen momento para inscribirme en un curso avanzado? ¿Cuál es el mejor para mí?»).

Cada vez que te enfrentas a una decisión, tienes tres opciones: aplazarla (que en esencia es una decisión), coger el toro por los cuernos (y tomar una decisión) o hacer una reflexión estratégica (ver Figura 10.1). Es de esta última opción de la que quiero hablarte.

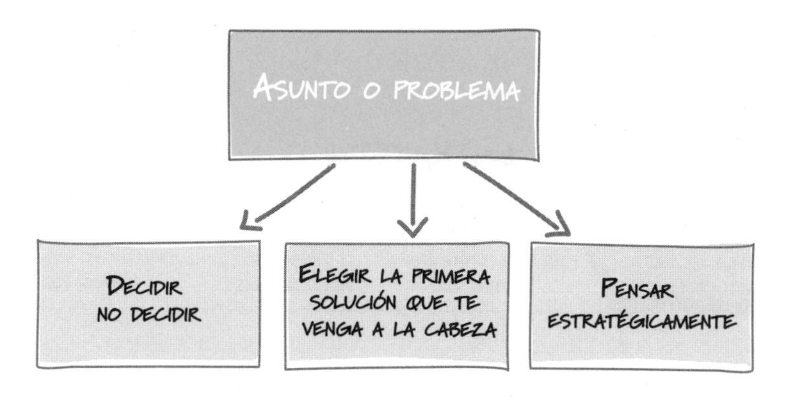

FIGURA 10.1

Para mí, el pensamiento estratégico esconde cuatro tácticas que pueden utilizarse para cualquier asunto, desde decisiones sencillas hasta dilemas complejos.

Cuanto más estratégicamente pienses en un problema, mejores serán los resultados. Te organizarás, evaluarás, planificarás y trabajarás mejor. ¿Y a quién no le viene bien eso? Pero solo funciona si te tomas el tiempo necesario, así que date espacio para pensar.

Puedes utilizar estas cuatro tácticas para resolver incluso los problemas con los que te sientes más confuso:

1. Ve a la raíz del problema.
2. Estudia lo que otros han probado.
3. Piensa en alternativas.
4. Identifica tu sesgo (y corrígelo).

A mí me gusta poner en práctica estas tácticas en este orden, pero también puedes probar a tu antojo. Veamos qué pueden hacer por nosotros.

1. IR A LA RAÍZ DEL PROBLEMA

Cuando estamos inmersos en una lluvia de ideas para resolver un dilema es muy tentador dejarse seducir por cualquier posible solución. Puedes visualizar el resultado final y estás ansioso por pasar a la acción. Aunque este entusiasmo es estupendo, también puede suponer un gran obstáculo. He asistido a muchas reuniones en las que todo el mundo está satisfecho con la decisión hasta que alguien pregunta: «Entonces, ¿ya lo hemos resuelto?», y todos los presentes agachan la cabeza. Al final esa solución no nos ofrecía todo lo que nos imaginábamos. ¿Quieres encontrar mejores soluciones? Entonces invierte más tiempo en analizar el problema. Cuanto mejor entiendas lo que falla, mejor será tu solución.

Supongamos que diriges un restaurante y ha disminuido la facturación. Sin pensar demasiado en el problema, tal vez se te ocurran varias soluciones. Podrías lanzar un servicio de reparto a domicilio, poner más mesas al aire libre o contratar a un nuevo cocinero. Y quién sabe, con un buen instinto y un poco de suerte, podría funcionar. Pero cuanto más grande sea el problema y más dinero haya que invertir, menos sentido tendrá un enfoque intuitivo.

Lo que necesitas es encontrar la raíz del problema. Aquí tienes tres preguntas que pueden ayudarte:

Pregunta 1. ¿Entiendes por qué tu problema es un problema?

Antes de pensar en posibles causas, y mucho menos en soluciones, hay que saber qué es lo que realmente falla. ¿Son los ingresos o los costes resultan demasiado elevados? ¿Qué estipula el presupuesto? ¿Qué aparece en tu cuenta bancaria? ¿Cuál es la magnitud exacta del problema? ¿Cuánto dinero necesitas? Centrarse primero en el problema sin intentar encontrar una solución evitará que pierdas tiempo y dinero en algo que no aborda el tema de fondo.

Pregunta 2. ¿Cuál crees que es la causa del problema?

Si el problema está en casa, probablemente no seas el más indicado para encontrar su origen. Intenta escribir o dibujar un resumen de lo que puedes observar. Así el problema será más concreto y también más fácil de compartir con los demás.

Otro método que me resulta muy útil es la clásica técnica de los «cinco por qué». Si retomamos nuestro ejemplo del restaurante, podríamos abordar el problema del siguiente modo:

- ¿Por qué ha bajado la facturación? → Porque el número de clientes ha descendido en los últimos meses.
- ¿Por qué ha bajado el número de clientes en los últimos meses? → Porque muchos de ellos hacían sus reservas a través de una determinada página web y esas reservas han bajado.

- ¿Por qué ha bajado el número de reservas en esa página web? → Por una mala reseña que alguien escribió en ella.
- ¿Por qué obtuvo tu restaurante una mala reseña? → Porque el personal de sala no supo satisfacer las necesidades dietéticas de un cliente y el menú no estaba claro.
- ¿Por qué no estaba claro el menú? → El cliente no podía determinar si los platos contenían un ingrediente en particular.

No te sorprendas si tienes que investigar un poco para llegar al fondo de tus «cinco por qué». En nuestro ejemplo, habrías tenido que averiguar que muchos clientes llegaban al restaurante gracias a una página web, deberías haber leído todas las reseñas, saber quién estaba trabajando ese día, etc. Pero una vez que hayas hecho ese trabajo, tendrás una idea bastante clara de la causa que ha originado el problema.

Como propietario del restaurante, puedes utilizar estas respuestas para emprender acciones específicas, como actualizar el menú y ofrecer al comensal insatisfecho una comida gratuita con la esperanza de obtener una crítica positiva. Un cambio relativamente pequeño, basado en una investigación sólida, puede suponer una gran diferencia.

A veces también es buena idea examinar el contexto y la historia del problema. Imaginemos que quieres lanzar una nueva cadena de tiendas. Eres consciente de que muchas cadenas importantes han fracasado en los últimos años. ¿Con qué probabilidades cuenta la tuya de tener éxito? Para responder a esto, hay que invertir tiempo en investigar los antecedentes de otras cadenas. ¿Por qué quebraron? ¿Qué factores secundarios contribuyeron? ¿Se vieron afectadas por igual las cadenas de todas las regiones? ¿Hubo alguna que realmente vio cómo se recuperaba el negocio? ¿Qué les permitió sobrevivir? Obtener una imagen clara del contexto y la historia del sector puede ayudarte a comprender mejor el problema.

Pregunta 3. ¿Por qué estás perdiendo clientes o usuarios?
¿El problema que intentas descifrar tiene que ver con otras personas? Si está relacionado con el comportamiento de los clientes o los usuarios, solo hay una forma de llegar al fondo del asunto. Habla con tus clientes. ¿Con qué problema o dificultad se han encontrado? Céntrate en sus experiencias y en cómo se sienten al respecto. Eso es lo que importa.

Cuando trabajaba en Blendle, la empresa estaba situada en un complejo de oficinas en el centro de la ciudad. Los pisos inferiores albergaban un enorme centro comercial que desembocaba en la mayor estación de tren del país. Durante todo el día había un constante ir y venir de gente. A menudo bajábamos para preguntar a la gente qué pensaba de nuestro trabajo. Estos sondeos espontáneos nos ayudaban a responder preguntas como por qué la gente no utilizaba alguna nueva funcionalidad. Casi siempre obteníamos nuevas perspectivas a partir de las respuestas que obteníamos. Evidentemente, no todas las oficinas tienen miles de personas pasando por la planta baja. Si puedes contactar con la gente por correo electrónico, intenta pedirles una opinión rápida por esa vía.

En nuestro ejemplo del restaurante, sondear a los clientes tal vez revele que el problema no tiene nada que ver con la calidad o el precio de la comida, sino con que el horario es limitado. Y eso es fácil de resolver.

LISTA DE COMPROBACIÓN PARA LLEGAR A LA RAÍZ DEL PROBLEMA

- Intenta definir el problema en términos precisos.
- Llega al fondo del asunto usando los «cinco por qué».
- Habla con las personas afectadas para averiguar cuál es la causa del problema.
- Redefine el problema incluyendo su origen.

¿Crees que has entendido el problema? Entonces es el momento de pasar a nuestra segunda táctica: analizar las soluciones existentes.

2. ESTUDIAR LO QUE OTROS HAN PROBADO

En 2014, Blendle decidió rediseñar su experiencia de incorporación de usuarios. Se trata de la forma en que los nuevos usuarios se familiarizan con un producto digital hasta que lo contratan. Puesto que se trata de la primera (y tal vez única) aproximación del cliente al producto, para cualquier empresa de Internet es una parte clave de la captación de clientes.

Se nos ocurrieron algunas nuevas funcionalidades de incorporación con las que nos sentíamos seguros, pero en este caso yo quería aplicar un enfoque sistemático. Al fin y al cabo, desarrollar el *software* iba a ser una gran gesta. Merecía la pena un esfuerzo extra para saber si íbamos por el buen camino o si nuestra solución necesitaba algunos retoques.

Invertí treinta días en conocer el terreno, es decir, en examinar el proceso de incorporación de un producto digital diferente todos los días. Me pareció un enfoque sencillo que no me llevaría mucho tiempo, y funcionó a la perfección. El trabajo de campo no me supuso más de media hora al día. Anotaba los pros y los contras de la contratación de un producto, y lo publicaba todo en mi blog.[1] Y aunque mi inversión total de tiempo fue limitada, en un mes me había convertido en nuestro experto en incorporación de usuarios.

Con mis nuevos conocimientos, se me ocurrieron formas de perfeccionar nuestro propio enfoque. Esto nos condujo directamente a varias mejoras de diseño que valieron la pena, definitivamente. ¿Fueron cambios revolucionarios? Para nada. Pero la observación de otros métodos probados nos proporcionó una base sólida para nuestras funcionalidades de incorporación.

En el capítulo 9 vimos que hablar con expertos puede acelerar nuestra curva de aprendizaje. Cuando buscamos soluciones, básicamente hacemos lo mismo: dedicar tiempo a analizar cómo los demás han abordado un problema. Entonces, ¿por qué «no» aprovechar experiencias similares? Si diriges un restaurante, puedes aprender mucho frecuentando otros locales de tu barrio.

Te planteo otro ejemplo. Supongamos que es difícil encontrar una marca de zapatos que te gusta especialmente. Lo ves como una oportunidad y decides lanzar una tienda en línea para venderlas tú mismo. Es bueno explorar el terreno y observar lo que hacen otros proveedores. Pero ¿cómo?

- Empieza por lo más obvio y analiza otras tiendas en línea que vendan zapatos. Podrías adaptar mi estrategia para la incorporación de usuarios: visita una tienda virtual diferente cada día y anota lo que te llame la atención. ¿Qué es lo que te gusta de su experiencia de compra? ¿Qué hace que su página sea atractiva y accesible? ¿Qué funcionalidades te gustan y cuáles no? Podrías empezar con tiendas en línea que tengan un tamaño similar y un catálogo de productos parecido. No obstante, también puedes analizar tiendas mucho más grandes o especializadas. Si quieres ser muy minucioso, podrías incluso comprar un producto en cada una de ellas. Seguro que descubres detalles que la competencia no ha detectado.
- El siguiente paso no es tan evidente. Analiza empresas que hagan algo parecido, pero que se diferencien de tu proyecto en algún aspecto esencial. Podrías estudiar tiendas virtuales extranjeras de zapatos (diferente localización), tiendas de otros productos (diferente sector) o tiendas de zapatos físicas (diferente canal de venta).
- ¿Quieres ir más allá? Entonces amplía tus criterios de búsqueda para analizar empresas que no venden productos, sino servicios. O vendedores especializados en un eslabón de tu cadena de producción, como, por ejemplo, servicios de paquetería o empresas que fabriquen zapatos además de venderlos.

Más allá de estudiar las ideas de otros, también puede resultar increíblemente útil hablar con los expertos que hay detrás de tales ideas. Evidentemente, personas que trabajen en la competencia directa no querrán divulgar sus secretos, pero las empresas que operan en un mercado distinto o que se dirijan a otro grupo de consumidores son opciones buenas que puedes probar.

LISTA DE COMPROBACIÓN PARA ANALIZAR LAS SOLUCIONES DE OTRAS PERSONAS

- Dedica por lo menos una hora al día a buscar otras soluciones.
- Habla con uno o más expertos sobre posibles soluciones.
- Profundiza: estudia las soluciones existentes y haz una lista de sus pros y sus contras.
- Analiza soluciones en tu propio sector, pero también toma una muestra representativa más amplia.

Investigar lo que otros han hecho antes que tú y analizar cuidadosamente tu problema será de gran ayuda para guiarte hacia el camino correcto. Pero no tomes ninguna decisión todavía, pues la tercera táctica puede descubrirte alternativas aún más prometedoras.

INVENTAR NO ES NUEVO

Inventar es ir más allá a partir de una idea preexistente. Piensa, por ejemplo, en las grandes revoluciones tecnológicas. La invención de la máquina de vapor desencadenó la Revolución industrial. Pon una máquina de vapor en un carro con ruedas y tendrás los fundamentos del automóvil moderno. Pon un carro sobre raíles metálicos y tendrás una locomotora. Y la máquina de vapor tampoco era algo totalmente nuevo, porque ya en el siglo I se había inventado la eolípila. Se trataba de una esfera llena de agua con dos tubos salientes que, colocada sobre una fuente de calor, giraba por la fuerza del vapor expulsado. Así pues, tomarse el tiempo para estudiar ideas que ya existen puede ayudarte a encontrar una nueva idea.

A lo largo de los años he aprendido que la primera solución que se me ocurre no suele ser la mejor. Y no es ninguna sorpresa que las soluciones mediocres produzcan normalmente resultados mediocres. Pero la mayoría de las veces hacemos lo primero que nos viene a la cabeza, cosa que podemos agradecer a nuestros cerebros. Pensar requiere energía (recuerda el sistema 2 de Kahneman, pág. 46), y nuestros cerebros están programados para maximizar la eficacia.

Sabiendo esto, me gustaría invitarte a pensar en otras posibles soluciones para tus dilemas. Cómo lo hagas es cosa tuya, así que aquí el reto es dar con la estrategia que te ayude a pensar mejor. Tal vez sea llevar siempre una libreta para apuntar ideas a medida que surgen o, en el extremo opuesto, sentarse durante un tiempo prolongado para pensar en una sola cosa. Noor, mi compañera de trabajo, se inspira haciendo una lluvia de ideas y colocando pósits sobre una pizarra. El mejor método para mí es reservar tiempo en mi agenda para luego hacer trabajo de reflexión. Lo ideal es que mi trabajo de reflexión no coincida con el día que debo resolver el problema; es decir, hacerlo con la mayor anticipación posible. Y si puedo repartir mi tiempo de reflexión en varias sesiones durante una semana, mucho mejor. Al dedicar toda una semana al problema, sé que tendré momentos de inspiración fuera de los bloques de tiempo que me he reservado para pensar. Por ejemplo, cuando pongo los platos en el lavavajillas o cuando me cepillo los dientes.

Pero ¿qué sucede si estás bloqueado y no se te ocurren más soluciones? Es probable que estés rechazando todas las alternativas en cuanto se te ocurren. Intenta reprimir tu juicio en esta fase. Por absurdo que parezca, escribe todo lo que te pase por la cabeza, porque es muy probable que echar otro vistazo a estos «descartes» te abra los ojos a nuevas posibilidades.

Estas son algunas preguntas que pueden inspirarte otras soluciones:

- ¿Qué haría si tuviera tiempo, dinero y recursos ilimitados?
- ¿Qué haría si tuviera que resolverlo en una hora?
- ¿Cómo sería una solución «simple» e «intuitiva»?
- ¿Cuál sería mi solución si pudiera empezar de cero?
- ¿Hay alguna solución que sea todavía más sencilla?

LISTA DE COMPROBACIÓN PARA PENSAR EN ALTERNATIVAS

- No te detengas hasta que hayas dado con varias soluciones distintas.
- Escribe a mano tus opciones o dibújalas en papel, pósits o una pizarra.
- Desarrolla los pros y los contras de cada solución para que tus reflexiones cristalicen.
- Dale tiempo. Consúltalo con la almohada o sal a pasear.
- Habla sobre el problema y sus posibles soluciones con tu cómplice (capítulo 7), con tu mentor o con un experto (capítulo 9).

Tener un montón de soluciones donde elegir es fantástico. Pero ¿cómo puedes reducirlas a una sola? Aquí es donde entra en juego la cuarta táctica, que te revelará dónde te confunde tu cerebro.

4. IDENTIFICAR TU PROPIO SESGO (Y CORREGIRLO)

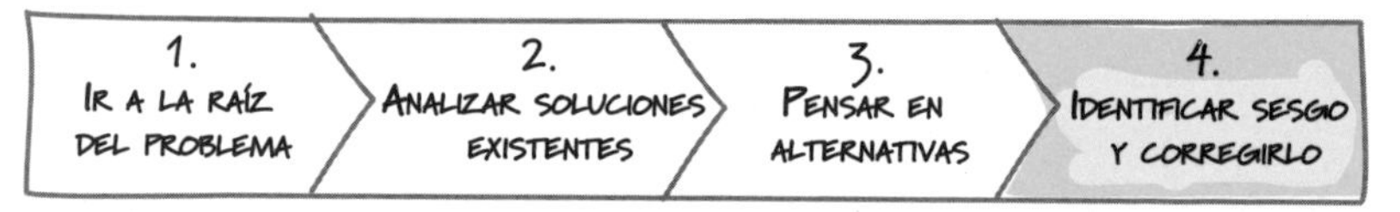

Tu cerebro trabaja a todas horas para comprender el mundo lo mejor posible. Para hacerlo, utiliza todo tipo de mecanismos, cosas con las que soñaría cualquier analista de datos. Para empezar, tu cerebro es un maestro de la clasificación. Pongamos que te muestro la foto de un escritorio cualquiera. Sabrías al instante que es un lugar de trabajo sin haber visto antes ese monitor, esa libreta o esa grapadora en particular. Esto es solo un ejemplo de como nuestros cerebros sacan conclusiones a partir de una mínima cantidad de información. En muchas ocasiones, tales juicios instantáneos funcionan bastante bien. Pero en situaciones que requieren una reflexión profunda este mismo mecanismo puede llevarte a una conclusión errónea sin que te des cuenta.

Para poder aspirar a resolver problemas complejos de forma estratégica, necesitamos reconocer estos mecanismos. El escritor y emprendedor estadounidense Buster Benson ha investigado ampliamente el «sesgo cognitivo».[2] Señala cuatro tipos:

1. Nuestros cerebros filtran cosas

Nuestros cerebros están sobrecargados de información, por lo que están constantemente descartando: a) cosas que parecen normales, b) cosas que se parecen a otras cosas, y c) cosas que no encajan con tu visión del mundo. Así pues, cuando intentes resolver un problema, es importante estar especialmente atento. Si no, tu cerebro no registrará las cosas que consideres comunes o cosas en las que no crees.

2. Nuestros cerebros rellenan los espacios en blanco

Cuando nos falta información, nuestros cerebros completan la imagen utilizando patrones conocidos, generalizaciones y estereotipos. Es más, nuestra experiencia del presente automáticamente nubla nuestra visión del pasado y del futuro. Como resultado, solemos dar por hecho que nuestras acciones pasadas estaban motivadas por los mismos valores que tenemos ahora.

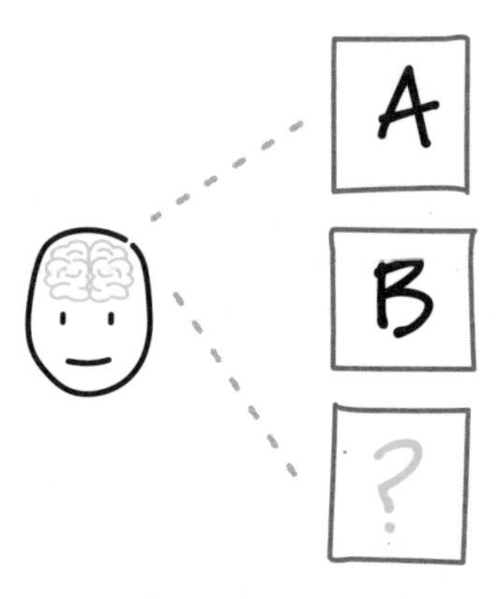

3. Nuestros cerebros prefieren la rapidez a la lentitud

Ser capaces de tomar decisiones rápidas es esencial para nuestra supervivencia. Nuestros cerebros han desarrollado una serie de atajos por este motivo. Priorizan el aquí y el ahora frente al futuro, por ejemplo. Esto lo ilustra la famosa prueba de los malvaviscos, en la que se ofrece a niños pequeños la posibilidad de elegir entre comerse un malvavisco ahora o dos malvaviscos en el futuro, «solo» si son capaces de no comerse el primero durante quince minutos. Más del sesenta por ciento de los niños carecen de esta fuerza de voluntad y se quedan sin la segunda golosina.

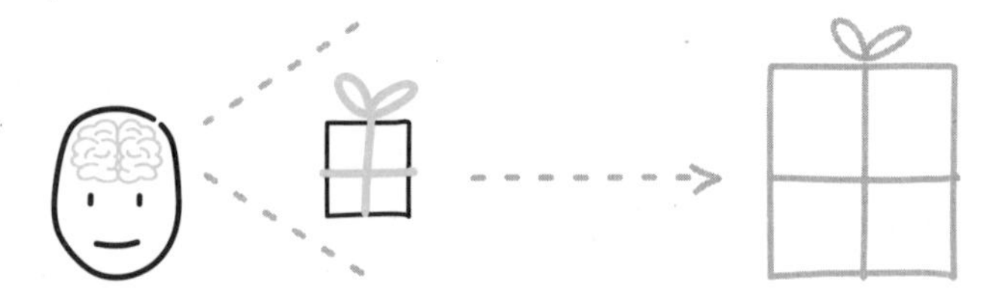

4. Nuestros cerebros son creativos con los recuerdos

Nuestros cerebros condensan los recuerdos y rellenan los espacios en blanco. Tergiversan los hechos y a veces inventan detalles sobre lo que recordamos.

Es imposible eliminar de raíz estos cuatro tipos de sesgo cognitivo, pero, una vez que sabes lo que tienes que buscar, se te dará mejor detectar el sesgo. Al comienzo de este capítulo te di un consejo: «Saca tiempo para pensar». Ahora quiero darte otro: «Y saca tiempo para lidiar con las cuatro formas que tiene tu cerebro de llevarte a conclusiones erróneas». Si analizamos con mayor atención lo que damos por hecho, lograremos identificar nuestros sesgos. Esto es algo que podemos animarnos a hacer unos a otros. Las siguientes preguntas pueden ayudar a arrojar luz crítica sobre posibles soluciones y opciones.

LA GRAN LISTA DE COMPROBACIÓN DEL SESGO COGNITIVO

Me gusta esta idea porque:

- ... ¿he dado con ella recientemente?
- ... ¿me resulta familiar?
- ... ¿es especialmente llamativa o sorprendente?
- ... ¿es nueva, a diferencia de otras soluciones?
- ... ¿encaja perfectamente con mi visión del mundo?
- ... ¿es mía (y las ideas de los demás nunca son tan buenas)?
- ... ¿veo un patrón que tal vez no exista realmente?
- ... ¿encaja con un estereotipo o una generalización que me parecen acertados?
- ... ¿se le ocurrió a alguien que me gusta?
- ... ¿una persona que no me gusta pensó en otras soluciones?
- ... ¿es atractiva y sencilla?
- ... ¿la otra solución me resulta muy difícil de entender?
- ... ¿creo saber cómo piensan los demás?
- ... ¿creo saber cómo funcionará?
- ... ¿la he vinculado a una imagen del pasado de la que estoy cien por cien convencido?
- ... ¿simplemente sé que es andar sobre seguro?
- ... ¿soy optimista respecto a esta idea y no respecto a las demás?
- ... ¿ya he empezado a trabajar en ella?
- ... ¿he hablado con una persona que la encontró brillante (aunque todavía no hay datos que lo demuestren)?
- ... ¿las otras soluciones me parecen demasiado arriesgadas porque son irreversibles (por tanto, ni me las voy a plantear)?
- ... ¿la solución puede afectar a mi estatus?
- ... ¿es la idea sobre la que tengo más información en estos momentos?

- ... ¿tuve una experiencia muy positiva con ella (pero, como nuestros cerebros son creativos con los recuerdos, puede que el recuerdo esté sesgado)?
- ... ¿las otras soluciones me traen a la memoria experiencias muy negativas?
- ... ¿encaja perfectamente con mi experiencia vital hasta el momento?
- ... ¿ya he estado en esta misma situación (aunque tal vez no fuera exactamente la misma)?

LISTA DE COMPROBACIÓN PARA DETECTAR TU PROPIO SESGO Y CORREGIRLO

- Sé consciente de que continuamente estás haciendo suposiciones bajo la influencia del sesgo cognitivo.
- Estudia todas las posibles soluciones y los datos con detenimiento, y date tiempo para decidir. Esto de por sí ya contrarrestará gran parte de tu sesgo cognitivo. (*Nuestros cerebros filtran cosas.*)
- Analiza de forma crítica los datos disponibles. ¿Te falta información? ¿Qué te dicen tus documentos fuente? Al adoptar una perspectiva racional, evitarás tomar decisiones basadas en información errónea. (*Nuestros cerebros rellenan los espacios en blanco.*)
- ¿Te sientes inclinado hacia una solución por sus recompensas a corto plazo? Asegúrate de que estás valorando las consecuencias a largo plazo. (*Nuestros cerebros prefieren la rapidez a la lentitud.*)
- Si recuerdas que una solución funcionó en el pasado, comprueba que tus recuerdos sean precisos. ¿Tienes datos que lo respalden? Protégete de la trampa de la memoria selectiva. (*Nuestros cerebros son creativos con los recuerdos.*)

No es fácil dar con una selección de buenas soluciones ante retos grandes y complejos. Después de haber reflexionado sobre el problema, de haber reunido y comparado diversas soluciones y de haber tomado medidas para evitar el sesgo cognitivo, el último paso es elegir. Pero antes de tomar esa última decisión, hay un par de cosas más que puedes hacer para sacarle el máximo rendimiento a tu forma de reflexionar.

1. SÉ MÁS CRÍTICO CON TUS PROPIAS IDEAS

Independientemente de lo entusiasmados que estén los demás con una idea tuya, es importante mantenerse crítico. Esto puede parecer una contradicción respecto a lo que he escrito antes acerca de conseguir mejores alternativas pensando en más soluciones. Pero al final solo puedes «llevar a cabo» una de ellas. De modo que poder ser crítico con tus propias ideas es fundamental, especialmente si hay mucho en juego (como, por ejemplo, el futuro de tu empresa, elegir una carrera o decidir si aceptas o no un trabajo). Es el momento entonces de cambiar esas gafas de cristales rosas por una lupa y reexaminar tus supuestos y los de los demás. Cuestiónatelo todo.

Estos son algunos consejos para analizar de forma crítica tus propias ideas:

- Recuerda que siempre hay otro punto de vista respecto a lo que estás intentando resolver. Tomemos como ejemplo la vacunación: inyectar una pequeña dosis de la enfermedad para «prevenirla» no parece la solución más obvia. Pero algunas vacunas hacen precisamente esto y han hecho del mundo un lugar mucho más sano.

- Pregúntate: «¿Qué haría una versión de mí cien por cien racional?». Esta pregunta puede ayudarte a detectar diferencias entre tu yo emocional y tu yo racional.
- Respeta tu intuición. Si tu instinto te lleva a rechazar una idea, podría ser interesante profundizar un poco más. ¿Hay más datos que puedas explorar?
- Pregúntate: «¿Qué haría [nombre de tu héroe]?».
- Pon a prueba los hechos. Por ejemplo: «Necesitamos ejecutar el plan A porque incrementará los beneficios al menos un cuarenta por ciento más que el plan B». Aquí tiene sentido verificar si ese porcentaje es cierto.
- Formular las suposiciones. Todos las hacemos y es bueno sacarlas a la luz. Para pensar de forma crítica, es vital reconocer cuándo partimos de suposiciones y luego ponerlas a prueba.
- Observa también lo que «no» se explicita. A veces hay buenas razones para ello y a veces no. Pero, sea como sea, se puede aprender mucho de lo que no se dice. Supongamos que estás seleccionando personal. Una pregunta útil podría ser: «¿Qué cualidad "no" menciona esta persona en su carta de presentación o en su currículum?». Preguntarse «qué es lo que falta» ayuda a ver la situación desde una nueva perspectiva.

2. DOCUMENTA TUS DECISIONES

La única forma de saber si una solución es buena es llevarla a cabo y observar lo que pasa. Antes de juzgar hay que probar. Esto significa que tenemos que documentar nuestras soluciones y revisarlas más tarde con cierta distancia, cuando haya pasado algún tiempo o haya terminado el proyecto. Esta documentación no tiene que ser complicada. Yo llevo una libreta digital,

«Decisiones», para recordar todas mis decisiones importantes. Anoto lo que he decidido y cuándo lo he hecho de la forma más sencilla posible. Normalmente lo hago en una sola frase: «En tal fecha decidí contratar al candidato A» o «En tal fecha decidí detener el proyecto X». Si quieres, puedes añadir el razonamiento detrás de la decisión y las alternativas que rechazaste, si las hubo.

En este capítulo hemos visto cómo el pensamiento estratégico da como resultado decisiones mucho mejores, independientemente del asunto o el problema en cuestión. Si uno lo piensa, es extraño que no aprendamos antes estas técnicas y las apliquemos siempre que tengamos la oportunidad.

11. PIENSA A LO GRANDE

Y empieza dando pequeños pasos

Pensar a lo grande te puede llevar más lejos de lo que piensas. En el capítulo 10 hablábamos del proyecto en Blendle en el que cada día durante treinta días analizaba una experiencia de incorporación de usuarios. La historia no terminó ahí.

Al final de aquel mes, yo era consciente de que había recogido información muy útil. Un día, al volver a casa en bicicleta, tuve un golpe de inspiración: ¿por qué no convertir lo que había aprendido en un artículo e intentar enviarlo a una de mis páginas web favoritas? Escribí a los editores de *A List Apart,* una respetada revista virtual sobre el mundo del desarrollo web. Al fin y al cabo, el que no arriesga no gana. El mero hecho de pedirles que publicaran mi artículo ya era para mí superar un gran obstáculo. Increíblemente, les gustó la idea. Entonces, ¿el borrador de mi artículo ya estaba bien como estaba? De hecho, no. Ni por asomo. Cuando salió publicado solo quedaban algunos fragmentos del texto original. Estuvo listo para su publicación tras semanas de revisar y pulir la pieza bajo la mirada meticulosa de un brillante editor de *A List Apart.*[1]

Tras su publicación me llegaron docenas de reacciones entusiastas de desarrolladores de todo el mundo. Y eso no es todo.

Lo que había empezado como un simple proyecto de treinta días en forma de blog me trajo todo tipo de cosas inesperadas. Un par de meses después me encontraba sobre un escenario en Oslo hablando sobre experiencias de incorporación en un auditorio repleto de noruegos.[2]

Incluso este libro salió de esa aventura. Tras treinta días de publicar en un blog descubrí mi apetito por escribir y decidí empezar mi propia *newsletter* diaria. Todos los días a lo largo del año siguiente compartí mis ideas con un número creciente de lectores sobre cómo desarrollar mejores productos en línea y sobre formas más inteligentes de trabajar. La gente me animó enseguida a hacer algo más con todo aquel material, como, por ejemplo, escribir un libro. Y así lo hice, capítulo a capítulo. Aunque muchas de las publicaciones originales no entraron, el libro fue creciendo progresivamente. El resultado es lo que tienes ante ti.

Los triunfos personales son la suma de una larga cadena de pequeñas acciones. Y no estoy hablando de ingeniería aeronáutica. Hablo de cosas como citas en tu calendario, un mensaje de correo electrónico por aquí o una tarea pendiente por allí. De las sesiones regulares con tu cómplice y del repaso de los viernes. Si puedes marcarte objetivos realizables y trabajar en ellos paso a paso, te sorprenderá lo que puedes conseguir.

Así que subamos un peldaño más. Ha llegado el momento de pensar a lo grande (ver Figura 11.1). Pensar a lo grande (1) te ayuda a saber cuál debería ser tu siguiente paso (2). Dar ese paso te proporciona una nueva perspectiva sobre tus posibilidades (3), lo cual te ayuda a pensar todavía más a lo grande y te prepara para dar otro paso más.

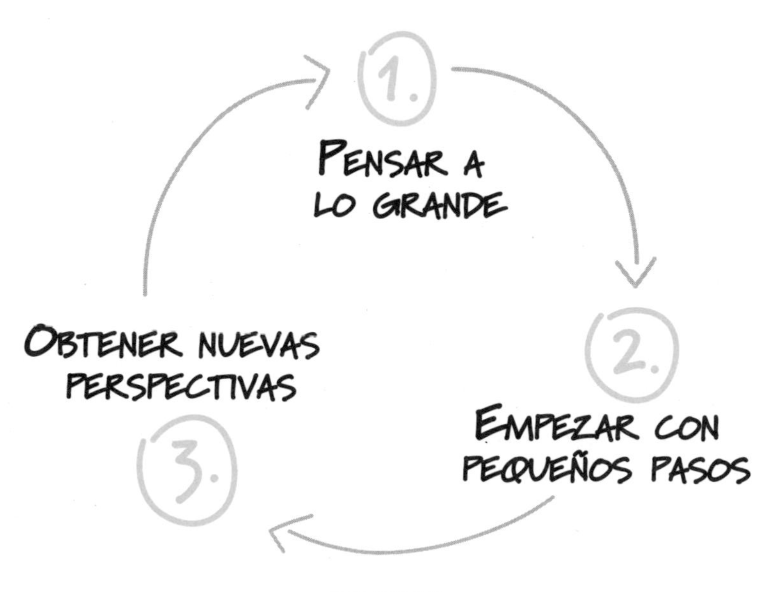

FIGURA 11.1

UN PEQUEÑO PASO...

Boyan Slat es un joven inventor neerlandés. Su *startup* The Ocean Cleanup quiere eliminar la inmensa cantidad de plástico que contamina los océanos de nuestro planeta. A Slat le cautivó este problema desde que escribió un trabajo sobre él en el instituto. Aunque podría haber elegido cualquier otra cosa a la que dedicarse, ha decidido volcarse día sí día también con este gran reto.

A mí me gusta especialmente la forma en que lo hace: Slat y su equipo están constantemente probando soluciones distintas. Si una idea no funciona, está dispuesto a cambiar completamente su enfoque. Aunque es fácil descartar sus ideas o criticar lo que no funciona, él persigue activamente un objetivo claro y obtiene resultados concretos. En su caso, esto significa despertar conciencias y obtener más conocimientos sobre este tema tan importante.

Podemos tomar también el ejemplo de Malala Yousafzai, que se hizo famosa mundialmente escribiendo en un blog de la BBC con once años (bajo seudónimo) sobre la violencia del régimen talibán. Sin dejarse intimidar —ni siquiera por un atentado contra su vida—, sigue defendiendo los derechos humanos y la escolarización de las niñas.

También tenemos a Mette Lykke, que lanzó la empresa emergente Too Good To Go con la misión de acabar con el desperdicio de comida. Desarrolló una aplicación que los supermercados, las panaderías y los locales de comida pueden usar para ofrecer sus sobras a los consumidores en lugar de tirarlas.

Johnas van Lammeren, miembro del Ayuntamiento de Ámsterdam, lanzó una campaña no menos inspiradora para reducir los residuos de papel. En los Países Bajos ya existe una legislación que permite a los hogares rechazar la propaganda postal. Solo tienes que poner una pegatina en tu buzón que básicamente dice «No, gracias». Pero Van Lammeren consiguió revertir esta norma para la ciudad de Ámsterdam. Ahora es necesaria una autorización explícita. La gente que quiera recibir propaganda postal tiene que decirlo expresamente. Su empeño ha ahorrado más de once mil toneladas de papel al año.

Todo esto son ejemplos de personas que intentan hacer del mundo un lugar mejor. Y puede que la gente los trate de locos, pero eso no echa por tierra sus ambiciones.

Me gustaría retarte a que lo pruebes tú también. Sé más ambicioso, sean cuales sean tus aspiraciones. Planifica ese viaje por el mundo. Empieza el negocio que siempre has querido. Lánzate a resolver aquel enorme problema global. U organízate para ayudar a tu comunidad. Cambia de trabajo o de sector. Múdate a una nueva ciudad o a un nuevo país. Es cierto que perseguir un gran objetivo requerirá una gran cantidad de tiempo y energía. Y no será fácil (si lo fuera, todo el mundo podría hacerlo). Pero ahí es donde puedes marcar la diferencia. Así que piensa a lo grande y empieza.

UNA MIRADA A LARGO PLAZO APORTA TRANQUILIDAD

Hacer grandes planes lleva tiempo. Y esta es precisamente la razón por la que los evitamos: nos gusta obtener resultados con rapidez. Pero es una lástima, porque generalmente disponemos de más tiempo del que creemos. Apuesto a que tienes tiempo para perseguir un objetivo a lo largo de diez, veinte o cincuenta años. Imagina todo lo que podrías conseguir en ese tiempo. Bill Gates lo planteó del siguiente modo: «La mayoría de la gente sobreestima lo que puede hacer en un año y subestima lo que puede hacer en diez».

Mirar a largo plazo también te proporciona más espacio para respirar, especialmente en momentos de la vida en los que tienes muchísima presión por rendir. Necesitas que las cosas pasen ahora (este año, este mes o, mejor aún, HOY). Ampliar tu perspectiva puede hacer de contrapeso ante esta presión. No tienes que hacerlo todo ahora mismo. También puedes trabajar paso a paso para conseguir un resultado más lejano. Incluso vale la pena preguntarse: ¿qué es más satisfactorio, hacer tu mejor trabajo antes de cumplir los treinta o cuando llegas a los setenta y cinco?

En su libro *The clock of the long now*, Stewart Brand nos ofrece algunos consejos para ir todavía más allá. Brand y su organización construyeron un reloj que hace tic una vez al año. No repicará hasta dentro de diez mil años.[3] ¡Eso sí que es mirar a largo plazo! Brand señala que «hay problemas imposibles si pensamos en ellos en plazos de dos años (cosa que hace todo el mundo), pero que son mucho más sencillos si el plazo es de cincuenta años».

Si realmente queremos marcar la diferencia y hacer una aportación significativa, debemos alejarnos de nuestras preocupaciones presentes, de esta semana, de este año y quizás incluso de nuestras vidas, y empezar a pensar en el gran orden de las cosas. Así pues, la cuestión no es «si» puedes hacer algo, sino «qué» vas a hacer.

VOLVAMOS A LA AGENDA

Sea cual sea tu ambición, empezar por la agenda y por las prioridades de la semana puede ayudarte a lograr tus objetivos. Estoy convencido de que podemos conseguir grandes cosas una vez que hayas aprendido lo más básico. Solo entonces disponemos del margen necesario para poder pensar en las cosas importantes. Al fin y al cabo, si aislamos las tareas más ambiciosas y de mayor envergadura, no son mas que una serie de tareas pequeñas. Se trata de completar pequeñas tareas.

Ahora tienes todo lo que necesitas para aprovechar las herramientas que ya conoces y modelar tu semana laboral y tu vida de otra manera. De esta forma puedes sacar el trabajo adelante y dedicarte a lo que más importa. Una vez que resuelvas las tareas más pequeñas, podrás empezar a pensar a lo grande. Más que nunca.

No hay mejor momento para empezar.

MARCA LA FECHA EN EL CALENDARIO

¿Quieres aprovechar al máximo este libro? Entonces señala una fecha en tu agenda para volver a hojearlo dentro de seis meses. Seguro que descubres nuevas ideas que te resultarán útiles.

¿NECESITAS AYUDA?

Regístrate en gripbook.nl/en/app para recibir prácticos recordatorios y te ayudaré a aplicar los métodos de este libro durante tu semana laboral. También recibirás un mensaje mío cuando sea el momento de realizar los repasos semanales y anuales.

¿QUIERES MÁS CONSEJOS?

Suscríbete a mi *newsletter* en https://gripboek.nl/english y cada semana recibirás un nuevo consejo para probar. *Work in Progress* te ayuda a tomar las riendas de tu trabajo y a dedicarte a lo que más importa, semana a semana.

CHULETA PARA LA PARTE 3

Saber escuchar (pág. 248)

- Encuentra una imagen clara de tu problema o dilema, y consulta con expertos.
- Escribe tus preguntas de antemano.
- No te conformes fácilmente con las respuestas: haz buenas preguntas para profundizar.
- Toma notas durante la conversación, y revísalas después.
- Pon en práctica lo que te dicen. Si hablas con personas inteligentes, tómate en serio sus consejos.
- Informa a la persona que te aconsejó sobre cómo te ha ido.

Resolver problemas (pág. 235)

- ¿Conoces bien el problema?
- ¿Has analizado soluciones que ya se hayan aplicado?
- ¿Se te han ocurrido posibles alternativas?
- ¿Has intentado identificar tu propio sesgo y lo has corregido?

ANEXO I

TOMA MEJORES NOTAS

Usa una «aplicación» para anotar tus pensamientos (y volverlos a encontrar)

Tomar notas es de sabios. Para empezar, se retiene mejor la información que recibes. Sin notas es imposible recordar todos los temas que se comentan en una reunión y las decisiones que se han tomado. Y las buenas ideas se evaporan muy fácilmente si no las apuntas en algún sitio.

A la hora de tomar notas me gusta tener un espacio más grande para trabajar que el pequeño margen que me ofrece mi lista de tareas pendientes (pág. 45). En el capítulo 2 te animaba a dejar de almacenar cosas en tu cabeza. Esto vale tanto para lo que sale de una reunión como para tus propias ideas. El sitio ideal para hacerlo es una aplicación para tomar notas. Elige la que te vaya mejor. La mayoría de los consejos que expongo a continuación funcionarán con cualquier aplicación.

Tomar notas de forma digital es una decisión voluntaria. Porque está claro que apuntar cosas en una libreta es muy sencillo. Sin embargo, recuperarlas cuando las necesitas es todo lo contrario.

Mis razones para usar una aplicación de notas son las siguientes:

- A diferencia de una libreta de papel, es fácil buscar los temas en una aplicación.
- Yo tengo mi aplicación de notas instalada en el móvil, la ta-

bleta y el portátil. Esto me permite consultarlas en cualquier momento y lugar.

- Una aplicación para tomar notas nunca está llena, jamás se pierde y te ofrece un espacio infinito, además de todo tipo de herramientas inteligentes que ninguna libreta de papel te proporciona. Una buena aplicación también facilita la captura de imágenes, enlaces, gráficos e incluso notas manuscritas.
- Es un sitio en el que puedes aparcar tus pensamientos durante un tiempo, para tenerlos controlados sin que te estorben.
- Algunas aplicaciones de notas como Evernote pueden vincularse a otras aplicaciones. Esto las convierte en la mejor herramienta a la que acudir para apuntar todas tus reflexiones e ideas. Por ejemplo, si la vinculas con Instapaper (una aplicación que te permite guardar artículos para leer más tarde), cualquier texto que subrayes se guarda automáticamente en Evernote.
- La mayoría de las aplicaciones para tomar notas te permiten compartir notas con otras personas, incluso aunque estas no utilicen la misma aplicación. Algunas, como, por ejemplo, Notion, facilitan las notas colaborativas.

¿QUÉ APLICACIÓN ES LA ADECUADA PARA TI?

Ahí afuera hay cientos de aplicaciones para tomar notas, cada una de ellas con sus pros y sus contras. Vale la pena echar un vistazo al hermoso diseño de Notion (notion.so) y a OneNote de Microsoft. Apple también tiene su aplicación de notas por defecto, pero recibe muy malas críticas. El panorama de aplicaciones cambia constantemente. Si quieres un resumen actualizado de mis mejores sugerencias, visita gripbook.com/apps.

Hay dos formas básicas de utilizar una aplicación para tomar notas:

1. Como un buzón para tus notas.
2. Como un directorio organizado para tus notas.

Solemos aspirar a la segunda opción, pero esto requiere más autodisciplina. Así que empecemos por la primera. Crear un buzón para tus notas supone un gran avance inmediato. Y puesto que su funcionamiento es más básico, es más fácil de utilizar.

1. UN BUZÓN PARA TUS NOTAS

Guardar tus notas en un sitio seguro te ayuda a trabajar mejor. Estarás seguro de que no se van a perder y empezarás a repasarlas de vez en cuando (esto lo veremos después); por otro lado, acabará gustándote tomar notas en las reuniones, en las sesiones de lluvia de ideas, en tus citas o donde sea.

Usar la aplicación para tomar notas como un simple buzón es muy parecido a mi forma de abordar el correo electrónico (capítulo 3). Algunas aplicaciones vienen con una libreta por defecto llamada «Bandeja de entrada». Si la tuya todavía no la tiene, créala. Ahí es donde guardarás las notas nuevas. Para refrescar la memoria utiliza títulos que tengan sentido. Si prefieres tomar notas sobre papel, plantéate probar una aplicación que permita tomar notas manuscritas digitalmente. Evernote, por ejemplo, te permite escribir directamente en la aplicación usando el Apple Pencil.

Cuando has terminado con una nota, puedes archivarla arrastrándola desde la «Bandeja de entrada» hasta tu «Archivo».

O, mejor aún, puedes borrarla. ¿Por qué guardar notas que nunca volverás a leer?

¿Quieres asegurarte de volver a consultar las notas que tomas? Ningún problema. Solo tienes que incorporarlo a tu repaso semanal. Haz que «revisar las notas de mi bandeja de entrada» forme parte de tu rutina semanal (capítulo 4). Aunque yo trabajo con mi «Bandeja de entrada» de notas continuamente para, por ejemplo, concretar los resultados de las reuniones, me tranquiliza saber que veré esas notas otra vez durante mi repaso de los viernes. Esto implica que revisaré mis notas cada viernes y decidiré si cada una de ellas requiere algún tipo de seguimiento o puedo eliminarla.

También suelo utilizar mi aplicación de notas para guardar pinceladas de ideas que todavía no son tareas. Aunque podría añadirlas a mi lista de tareas pendientes, me gusta tener ese margen extra para poder anotar libremente lo que me pasa por la cabeza.

Para que te hagas una idea, estas son algunas de las notas de mi «Bandeja de entrada» cuando trabajaba en la «empresa emergente»:

- *Preparar reunión con el agente de protección de datos.* Se trata de una lista de puntos que discutir con la persona que ayuda a Blendle a cumplir con las nuevas leyes de privacidad.
- *Ideas para Blendle Audio.* Aquí aparecen un par de ideas sobre los siguientes pasos para la funcionalidad texto-de-voz de Blendle.
- *Objetivos personales T3.* Estoy pensando en los objetivos del próximo trimestre y he creado esta nota para ir apuntando ideas a medida que se me ocurren.
- *Reflexiones sobre el equipo.* Esta nota contiene algunas reflexiones sobre el rendimiento de mi equipo y acerca de cómo podemos hacerlo todavía mejor.

- *Externalizar.* Esta es una lista de trabajo y tareas personales que me gustaría externalizar o delegar para tener más tiempo para las cosas que son más importantes para mí.

Como puedes ver, en mis notas hay una mezcla de tareas que tendré que atender en un momento u otro. Durante mi repaso de los viernes, reviso mi «Bandeja de entrada» y decido los siguientes pasos:

- Siguiente paso para los *Objetivos personales T3*: reservar una hora en mi agenda para concretar mis objetivos personales.
- Siguiente paso para las *Ideas para Blendle Audio*: añadir una acción a mi lista de tareas pendientes que diga: «Revisar y compartir ideas para la funcionalidad de audio».
- Siguiente paso para *Reflexiones sobre el equipo*: convocar una reunión con un miembro del equipo para discutir ideas sobre una forma más inteligente de estructurar nuestra semana.

En el repaso de los viernes no llego a archivar todas mis notas. Siempre hay algunas sobre las que quiero pensar un poco más sin tener que preocuparme todavía por los siguientes pasos; por eso las paso por alto. Pero al repasarlas una a una, me aseguro de que no he olvidado nada urgente y de que volveré a leerlas la semana que viene.

En su forma más simple, una aplicación para tomar notas no tiene más que una «Bandeja de entrada» y un «Archivo». En ocasiones también ofrecen un bloc de notas para las ideas más elaboradas que permite recuperar lo que te interese más fácilmente. Si quieres descubrir todos los beneficios que puede ofrecerte un bloc de notas, vayamos más allá.

2. UN DIRECTORIO ORGANIZADO

Tomar notas no solo te permite tomar mejores decisiones en el presente, sino que también te aporta beneficios a largo plazo. El siguiente paso es agrupar tus notas en colecciones que vayas a usar más adelante. Piensa en colecciones como, por ejemplo, libros para leer, nuevas series para echarles un vistazo o nuevos lugares para visitar como cafeterías, restaurantes o museos. Si organizas tus notas con inteligencia, con el tiempo habrás creado una colección valiosa a la que recurrir cuando surja la necesidad. Puedes aprovechar la función de búsqueda de tu aplicación de notas, pero no siempre es la mejor opción. En lugar de eso, intenta agrupar las notas. Por ejemplo, si agrupas todas las notas relacionadas con las películas que quieres ver, podrás tener al instante una lista de películas pendientes.

En resumen, si quieres utilizar tus notas de una forma más estructurada y encontrarlas cuando las necesites, lo que tienes que hacer es agruparlas en libretas digitales.

La mayoría de las aplicaciones no te obligan a organizarte de una manera determinada. Esta libertad implica que las posibilidades son infinitas. Sin embargo, también corres el riesgo de que tus notas acumuladas se conviertan en pilas desordenadas. En este caso, es posible que tengas la tentación de tirar la toalla y echarlo todo por la borda. Recuerda: cuanto más complicado sea el sistema, más difícil es mantenerlo. Si sientes que tu método es difícil de gestionar, es mejor que te quedes con la primera opción: un buzón. Tener todas tus notas en un solo sitio es, de lejos, lo que te ofrece las mayores ventajas.

Dicho esto, si estás listo para tener un directorio más organizado, te presento algunas propuestas de libretas además de la «Bandeja de entrada» y el «Archivo»:

- *Trabajo y personal.* Cuantas menos libretas tengas, más fácil te lo pondrás. Así que, antes de empezar a crear todo tipo de apartados específicos, intenta trabajar con categorías más amplias como trabajo y personal. Más adelante podrás añadir más categorías si las necesitas.
- *Ideas. Esta es una libreta para las ideas.* Si tienes una lista o un proyecto «Algún día» en tu aplicación de tareas pendientes, seguro que hay algo que se solapa. Pero cuando quiero empezar a desarrollar mis ideas, me gusta la libertad que me proporciona la aplicación de notas.
- *Reuniones (o libretas para reuniones recurrentes).* Puede ser útil guardar las actas y las notas de reuniones y otras charlas. Yo lo hice durante un tiempo, pero abandoné ese hábito cuando me di cuenta de que nunca las volvía a leer. Ahora solo uso mis notas para crear nuevas acciones y luego borrarlas. Pero quizá para ti sea una colección práctica.

Además de estas colecciones básicas, también tengo libretas específicas en Evernote que me resultan tan útiles que quiero compartirlas contigo:

- *Comentarios de los demás.* Esta libreta es para los comentarios que recibo de otros sobre mí, ya sea en el trabajo o en cualquier otro ámbito. Es una colección valiosa que me ayuda a hacer un seguimiento de mis progresos.
- *Decisiones.* Este es el sitio en el que llevo el registro de mis decisiones más importantes y trascendentes para revisarlas después, y saber si tomé la decisión correcta.
- *Listas de comprobación.* Esta la uso para todo tipo de listas de comprobación, especialmente para los viajes. Ahora mismo

está llena de los artilugios para bebés que necesitamos llevarnos cada vez que viajamos.
- *Fracasos.* Aquí llevo la cuenta de mis errores y fracasos. Puede parecer una colección horrible. Y de algún modo lo es. Pero al mismo tiempo es una forma amable de aprender de mis errores y poner las cosas en perspectiva. Al cabo de un tiempo, aquellas tareas que en su momento me parecieron grandes meteduras de pata, suelen descubrirse como irrelevantes.

Y aquí tienes dos últimos consejos sobre cómo usar tu aplicación de notas:

1. **Mantén la sencillez**, especialmente cuando estás empezando. Cuantas menos libretas tengas, mejor. Una vez que domines los entresijos de tomar notas en la aplicación, puedes plantearte añadir más libretas.
2. **Actualiza el sistema** de vez en cuando. Como ya hemos dicho, es una buena idea ordenar tu «Bandeja de entrada» semanalmente. Pero a mí también me resulta útil evaluar cómo he organizado mis notas cada dos meses, aproximadamente. De este modo puedo ver lo que funciona y lo que no. Me da una mejor visión de conjunto y mantiene la sensación de novedad. Después de hacer estos cambios siempre me siento igual de entusiasmado con la «nueva» aplicación que cuando empecé.

ANEXO II

TOMA LAS RIENDAS EN VACACIONES

Cómo tomarse un descanso y regresar con la cabeza despejada

Estás de vuelta en el trabajo tras un más que merecido descanso. Estás con las pilas cargadas y listo para empezar. Y entonces ocurre. Abres la agenda y descubres que llegas media hora tarde a tu primera videoconferencia. Echas un vistazo a tu bandeja de entrada y te encuentras trescientos cincuenta mensajes nuevos. Hay una pila de cartas sobre tu mesa, tienes la agenda llena de citas una detrás de otra y un cliente está esperando al otro lado del auricular del teléfono. Durante la comida —apenas un bocadillo que te comes en la oficina— empiezas a desear no haber hecho nunca ese viaje.

Esta sensación de frustración es muy común. Esa semana después de las vacaciones puede llegar a ser la más estresante del año.

La buena noticia es que hay una forma más inteligente de hacer las cosas. Y no es difícil. Todo lo que tienes que hacer es programar momentos exclusivos para completar tus listas de comprobación GRIP. ¿Estás listo? Aquí las tienes:

1. TAN PRONTO COMO SEPAS QUE TE VAS DE VACACIONES

Puedes empezar con esta lista en el momento en que conozcas tus fechas de vacaciones:

- Marca las vacaciones en tu calendario. Aunque por lo común no soy partidario de las duplicidades, estoy más que encantado de añadir las vacaciones en varios calendarios si sirve para evitar malentendidos.
- Si eres un trabajador a cuenta de una empresa, sigue el procedimiento que estipula tu empresa para tomarte tus días de descanso. ¿Necesitas el permiso de tu superior? ¿Hace falta buscar un sustituto mientras estás fuera? ¿Hay que registrar tu ausencia en la intranet de la empresa? Muchas organizaciones tienen calendarios compartidos donde todo el mundo puede marcar sus días de descanso.
- Comunícaselo a la gente con la que trabajas. Cuanto antes sepan las fechas exactas en las que estarás fuera, más fácil será para todo el mundo organizarse teniéndolo en cuenta. Yo informo a la gente sobre los días que estaré fuera por correo electrónico, para reducir el riesgo de que las fechas no estén claras.
- Y mi «consejo mágico»: vacía tu agenda para los primeros dos días tras tu regreso. Hazlo ahora y tendrás suficiente tiempo para reorganizarte cuando estés de vuelta (tal vez no puedas anular todos tus compromisos, pero intenta dejarte grandes franjas de tiempo libres). Será tu momento para ponerte al día. Ahora puede parecer exagerado, pero te prometo que luego valdrá la pena.

2. UNA SEMANA ENTERA ANTES DE IRTE

La última semana antes de las vacaciones puede ser bastante frenética. Y, aun así, a menudo conseguimos sacar adelante una cantidad asombrosa de trabajo. Puedes aprovechar esta energía haciendo una planificación inteligente de esa semana anterior a las vacaciones. Este plan consiste en tu repaso de los viernes (capítulo 4) y en esta lista de comprobación:

- Recuérdales a tus colegas que te vas de vacaciones. El correo electrónico es una buena herramienta para hacerlo, igual que la reunión rápida de los lunes. No des por hecho que todo el mundo ha mirado el calendario y sabe que el miércoles es tu último día.
- Informa a tus clientes o usuarios más importantes de tu ausencia. Para ellos no hay nada más frustrante que descubrir que estás fuera cuando ya estás en la carretera o en la playa. Porque, independientemente de lo bien que planifiques tu ausencia, un cliente que se vea en apuros puede llamar igualmente. Evidentemente, no puedes prever todas las contingencias, pero informar con antelación a los clientes siempre será de gran ayuda. Así pueden decidir si necesitan algo de ti «antes» de que te vayas.
- Reserva tiempo para imprevistos en el trabajo. Despeja ahora en tu agenda el último día antes de irte, o por lo menos la última tarde. Este margen de maniobra te permitirá responder a preguntas de última hora de tus compañeros de trabajo o de tus clientes, y atar cabos sueltos para que no tengas que estar enviando mensajes de correo electrónico desde la puerta de embarque.
- Haz una lista de tareas que tienes que hacer sin falta la sema-

na antes de irte. ¿Qué necesitas dejar hecho para marcharte con la cabeza despejada y libre de preocupaciones? Puedes empezar repasando tu lista de tareas pendientes y tu correo electrónico, pero revisa también tus proyectos en marcha y tus objetivos. ¿Hay algo que no pueda esperar? Intenta ser crítico y limitarte a lo esencial. El segundo paso es reservar tiempo en tu agenda para estas tareas imprescindibles (en el capítulo 1 vimos cómo configurar una agenda inteligente). Y habla con tu superior sobre las necesidades que deben solventarse antes de tu marcha.

- Si vas a estar fuera durante más de una semana, anticípate y aparca todo el trabajo posvacaciones en tu lista de tareas pendientes. Normalmente, recomiendo planificar la siguiente semana laboral en el calendario, pero he descubierto que tras unas vacaciones de más de una semana no tiene sentido. Habrán cambiado tantas cosas para cuando vuelvas que tendrás que cambiar tus planes de todos modos. Una lista de tareas pendientes para después de las vacaciones resuelve este problema. Te permite tener controlado lo que deberás abordar para que no se te escape nada importante. Las tareas pendientes te ofrecen la posibilidad de reconsiderarlas con una mirada renovada antes de dedicarles tu tiempo
- Identifica las áreas en las que necesitarás que alguien te cubra durante tu ausencia. Especialmente si vas a estar fuera durante un largo periodo de tiempo. Pueden ser proyectos que tendrás que reasignar, reuniones a las que tendrá que asistir otra persona o clientes que querrán estar al día de los avances. Piensa quién puede sustituirte y reserva tiempo para ponerlos al corriente.

Si tu agenda es similar a la mía, probablemente no encuentres huecos para ocuparte de todos estos asuntos de última hora, además de tus compromisos existentes. Pero esta es precisamente la razón de ser de este ejercicio: determinar qué es lo factible. El siguiente paso es descartar lo que no lo es. Entonces, ¿qué reuniones puedes obviar esa última semana o puedes reprogramar para tu vuelta? ¿Qué tareas puedes delegar o posponer? La clave es ser sincero contigo mismo y con los demás para que puedas marcharte con la cabeza bien despejada y haciendo *tabula rasa.*

3. TU ÚLTIMO DÍA ANTES DE LAS VACACIONES

Hoy tienes la oportunidad de atar los cabos sueltos. Suponiendo que hayas despejado tu agenda, puedes ponerte de lleno a ello:

- Repasa las tareas imprescindibles que anotaste la semana pasada. ¿Las has hecho todas? En un mundo ideal ya has lidiado con ellas según lo previsto, pero en el mundo real las cosas no suelen ir así. Surgen contratiempos y los planes cambian. En primer lugar, no te asustes. Ahora valora lo que todavía puedes hacer hoy. Intenta ser realista. A continuación, comunícate. Sé claro respecto a tus avances y al trabajo que no se ha hecho. Es frustrante dejar las cosas sin terminar, cierto, pero no comunicarlo es peor. Para todo el mundo.
- Comprueba tu lista de tareas pendientes y tu correo electrónico. Durante la última semana seguro que has añadido nuevas tareas y has recibido mensajes nuevos, así que echa otro

vistazo rápido. ¿Hay algo que no pueda esperar bajo ningún concepto? Si no tienes suficiente tiempo, mi consejo es (sí, lo has adivinado) ¡que lo comuniques! Promete que responderás con rapidez cuando vuelvas, pero date un respiro. Por ejemplo: «Estaré de vuelta en la oficina el 26 de agosto, así que te diré algo durante esa semana».

- Habla con tu superior y tu equipo por si hay algún cabo suelto. Puede que acabes con más tareas encima de la mesa, pero insisto: esta es la razón por la que no habías planificado nada para hoy. Decide qué acciones puedes llevar a cabo ahora, delega lo que puedas y comunica la situación.
- ¿Has entregado todo lo que tenías que entregar?
- Vuelve a comprobar tu agenda: ¿tienes tu periodo de vacaciones libre de compromisos y has dejado claro que estarás fuera?
- En tu correo electrónico, crea una respuesta automática para comunicar que estarás fuera de la oficina. Lo mejor es incluir en ella la fecha en la que estarás de vuelta y la información de contacto de un compañero de trabajo, con el que la gente pueda contactar si lo necesita. Sé explícito. «Tendré acceso limitado a mi correo electrónico» es ambiguo y confuso, mientras que «No leeré mis mensajes de correo electrónico hasta el 29 de agosto» no deja lugar a dudas. Otra buena costumbre es mantener la respuesta automática de fuera de la oficina durante tu primer día de vuelta al trabajo. Este margen extra te irá muy bien.

¡Eso es todo! El trabajo está resuelto. Es hora de disfrutar de tus vacaciones.

4. TU PRIMER DÍA DE TRABAJO A TU VUELTA

Si despejaste tu agenda según lo planificado (mi «consejo mágico» de la lista de comprobación 1), entonces tendrás todo el tiempo hoy y mañana para ver cómo están tus proyectos. Estos dos días sirven para ponerte al día y para que puedas tomar las mejores decisiones para elegir lo que es más importante el resto de la semana.

Plan de acción para ponerte al día:

- Revisa de nuevo tu agenda. Solo para asegurarte de que nadie ha convocado una reunión a la que tienes que asistir ni ha hecho planes para ti ni hoy ni mañana. Si fuera el caso, intenta reprogramarlo.
- Durante estos dos días ponte en modo escucha. Escucha lo que ha ocurrido durante tu ausencia. Seguro que hay cosas que habrías hecho de otra forma o que ahora tienes que replantearte. Pero antes de ponerte manos a la obra, escucha la historia completa. Hasta que no hables con todo el mundo o leas la información, no tendrás el contexto completo.
- Revisa tu correo electrónico (ver Figura A.1). Normalmente no aconsejo empezar con el correo electrónico, pero si has estado fuera de la oficina durante un tiempo, tu bandeja de entrada es el mejor sitio para retomar el control de tu trabajo. Hacer esto primero también evita que te pongas o retomes tareas que puede que ya estén hechas o que se hayan vuelto irrelevantes durante tu ausencia. Por esta misma razón es mejor empezar por los mensajes más nuevos. Solo tienes que seguir los pasos del capítulo 3: lee detenidamente cada mensaje de tu bandeja de entrada, determina qué acción requiere y añade la tarea a la lista de tareas pendientes o a la agenda. Si es algo que puedes resolver en menos de dos minutos, gestiónalo al momento.

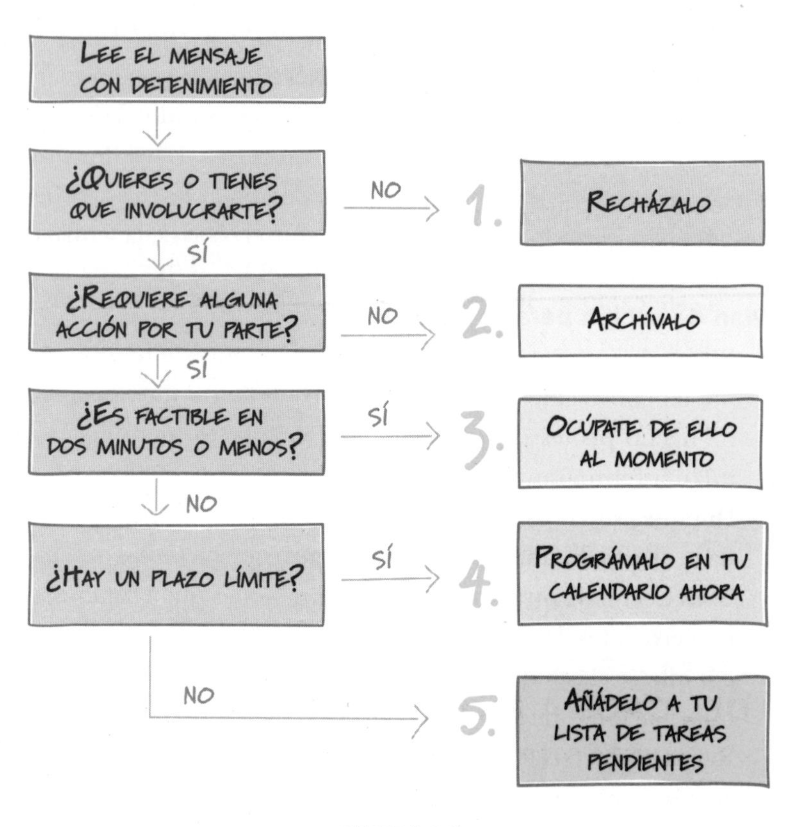

FIGURA A.1

- Pide a tus colegas que te pongan al día sobre los proyectos basándote en lo que has deducido por tus mensajes de correo electrónico y a través de otras fuentes.
- Al terminar tu primer día de trabajo después de las vacaciones, haz un pequeño repaso de los viernes. Es muy probable que tengas que reordenar tu agenda a partir de toda esta información, por lo que es el momento idóneo para definir tus prioridades para el resto de la semana.

Sigue estos cuatro pasos y podrás irte de vacaciones con la cabeza despejada y reincorporarte con tranquilidad.

¿NECESITAS AYUDA?

Suscríbete al asistente de vacaciones que acompaña a este capítulo. Recibirás una serie de recordatorios periódicos por correo electrónico que te guiarán durante todo el proceso para que puedas disfrutar de un descanso sin preocupaciones. Puedes encontrarlo aquí: gripbook.nl/en/vacation.

LISTA DE COMPROBACIÓN: DEL CAOS A LA CALMA

¿Qué ocurre si no puedes despejar la agenda los dos primeros días de vuelta al trabajo? ¿O si has podido, pero te encuentras con un auténtico caos a tu regreso? He aquí cómo vencer el estrés y volver a poner las cosas en su sitio:

- Si tienes que lidiar con demasiadas cosas, lo mejor que puedes hacer es darte más espacio. Analiza qué puedes cancelar o posponer hoy. No tiene ningún sentido asistir a una reunión si estás demasiado estresado para pensar con claridad, así que anúlala si puedes.
- Escribe qué es lo que desencadena el estrés y te hace entrar en pánico. Elabora una lista rápida (digital o en papel) con

todo lo que tienes que hacer. Lo importante aquí es tener una visión de conjunto. Y no te preocupes por el tiempo que te lleve dar este paso. Porque te aseguro que te ayudará.

- Para cada cosa que te genere presión, pregúntate: ¿qué reduciría el estrés? ¿Hay un plazo límite inminente que hayas pasado por alto? A continuación, detalla qué es lo que necesitas para terminar a tiempo.
- Una vez que hayas elaborado una lista con todo lo que tienes que hacer, puedes valorar qué acciones son más urgentes. Añádelas a tu agenda de más a menos urgentes para que puedas abordar las más urgentes (y más estresantes) primero. Esto te aliviará al instante.
- Pero antes de ponerte de lleno con tu tarea prioritaria: ¡comunícate! Imagina que tienes tres tareas y quieres terminar dos ese mismo día, y la tercera al día siguiente por la mañana. Probablemente, puedas hacer una buena estimación de cuándo vas a cumplir, así que informa sobre tus planes a los clientes o colegas que estén pendientes de ello.

El mayor desafío cuando estás bajo presión es tratar de combatir el estrés sin dejar de hacer todo el trabajo habitual. Pero esto es lo contrario a ser eficiente. Si sigues esta lista de comprobación y te permites un margen de maniobra, pronto volverás a tener el control.

CONSEJOS PARA INCONDICIONALES

- Después de viajes largos, he descubierto que vuelvo al trabajo más relajado si regreso un viernes, en lugar de un domingo por la noche. Volver al trabajo el lunes por la mañana resulta menos brusco si he tenido el fin de semana para adaptarme. Hay gente que planifica sus vacaciones de miércoles a miércoles por la misma razón. Así tienes dos días de trabajo tranquilos para retomar la actividad antes de volver a la carga el lunes siguiente.

- Si quieres ser todavía más extremo, dile a la gente —y escríbelo en tu respuesta de fuera de la oficina— que no vas a revisar los correos electrónicos que recibas durante las vacaciones. Pídeles que te vuelvan a enviar un mensaje cuando estés de vuelta. Eso obliga a los remitentes a decidir si su mensaje sigue siendo relevante y no tendrás que hacerlo tú.
- La respuesta automática de fuera de la oficina suele ser bastante seca. Personalízala compartiendo blogs interesantes, libros o incluso nuevas vacantes en tu empresa.
- Si estás ansioso por meterte de lleno en el trabajo, puedes intentar ponerte al día con tu correo electrónico de camino a casa. Hacerlo siempre me ayuda a sentir que estoy de vuelta al ruedo. Además, es una forma de matar el tiempo durante los largos viajes en tren o en avión. La mayoría de los programas de correo electrónico, incluido Gmail, te permiten usarlos sin conexión. Solo tienes que abrir tu bandeja de entrada antes de irte para cargar los nuevos mensajes. Así podrás revisar todos tus mensajes en marcha; en cuanto vuelvas a conectarte, el programa se sincronizará y habrás avanzado algo.[1]

ANEXO III
TOMA LAS RIENDAS GESTIONANDO EQUIPOS
No pierdas de vista la perspectiva global cuando estás al mando

Se han escrito innumerables libros sobre cómo ser un mejor líder. Muchos ahondan en estrategias de liderazgo y de gestión. Pero las grandes preguntas para cualquier gerente son en realidad muy básicas: ¿qué tareas concretas tienes que hacer? ¿Cómo conjugas todas tus responsabilidades? ¿Y cómo mantienes la visión de conjunto entre las exigencias del día a día?

En este libro te he enseñado a encauzar tu trabajo y tu vida. Te he guiado para ayudarte a aprovechar al máximo tu agenda, tu lista de tareas pendientes y tu correo electrónico con el objetivo de sacar más trabajo adelante con menos estrés. Pero hay un tema del que no hemos hablado: ¿cómo se dirige un grupo de personas? Y ha sido por una razón. Quería escribir un libro para todo el mundo, no solo para personas responsables de un equipo.

En este capítulo anexo comparto lo que he aprendido sobre la dirección de equipos a lo largo de los años, primero como directivo novato y más tarde como directivo al cargo de otros directivos.

Verás que en este capítulo uso términos como directivo, jefe de equipo o supervisor indistintamente. Aunque soy consciente de que hay algunas diferencias, todos estos roles tienen una cosa en común: no solo eres responsable de tu propio trabajo, sino que además tienes el privilegio de trabajar con otras personas para cumplir tu misión. Y no utilizo la palabra «privilegio» a la ligera: es importante darse cuenta de que no podemos conseguir grandes hazañas nosotros solos. Aunque no cabe duda de que, trabajando de forma más inteligente, uno puede hacer avances por sí mismo, llega un momento en el que los nuevos incrementos de eficiencia solo aportan una diferencia marginal. Ahí es donde el arte de trabajar de forma más inteligente se convierte en el arte de crear un equipo.

¿QUÉ OBJETIVOS TIENE UN DIRECTIVO?

Es fundamental que, para empezar, tengas claras tus funciones directivas. Por lo común, estas son las dos responsabilidades básicas:

1. Eres responsable de la calidad de productos o servicios que ofrece tu empresa.
2. Eres responsable de alcanzar los objetivos marcados por tu empresa.

Así pues, el directivo es responsable de conseguir que se haga el trabajo y, en muchos casos, de que se haga «mejor» que antes. Esto puede traducirse en mejorar los resultados de un producto o servicio, aumentar la producción o hacer el mismo trabajo con un coste menor. Si la calidad del trabajo no está a la altura, normalmente es el directivo quien debe responder por ello. Y que los directivos no alcancen sus objetivos repercute en toda la empresa.

Hacernos algunas preguntas básicas nos permitirá desarrollar un poco más estas dos responsabilidades:

- ¿De qué productos o servicios eres responsable?
- ¿Qué significa concretamente «la calidad de los productos o servicios»?
- ¿Cuáles son los objetivos de la empresa?
- ¿Cuál de estos objetivos entra dentro de tu responsabilidad directiva?

Según mi experiencia, la mayoría de los malentendidos entre los distintos niveles directivos se deben a respuestas divergentes a estas preguntas. Es probable que tus prioridades no coincidan con las de tu jefe. Para remediar la situación (o, mejor aún, para evitarla desde un principio) intenta formular tus propias respuestas a estas cuatro preguntas y luego compáralas con las de tu supervisor. Y cuanto antes lo hagas, mejor. Así sabréis que estáis en la misma onda.

Formular respuestas claras a estas preguntas te situará muy por delante de la mayoría de los directivos y jefes de equipo. Y una vez que estructures tu semana laboral para trabajar como un equipo con los productos, servicios y objetivos que marca tu empresa llegará la magia. Hablemos entonces de cómo llegar a esos productos, servicios y objetivos, empezando por el modelo de las 3 P.

El modelo de las 3 P

Para llevar a cabo un trabajo de calidad y lograr tus objetivos, tienes tres recursos a tu disposición:

1. Personas. ¿Quién hace el trabajo?
2. Procesos. ¿Cómo se hace?
3. Productos. ¿Qué se genera?

El modelo de las 3 P es una forma habitual de analizar las organizaciones. Tu trabajo como directivo es lidiar con estos tres elementos. Así es como se hace:

TU GENTE

¡Enhorabuena! Como directivo, estás en la posición privilegiada de no tener que hacerlo todo tú solo. Cuentas con un equipo que puede quitarte trabajo de encima. En los últimos años me he dado cuenta de que hay dos elementos esenciales a la hora de dirigir equipos:

1. Sesiones individuales.
2. *Feedback* estructural.

1. Sesiones individuales

La primera vez que oí hablar de las sesiones individuales fue en el *podcast Manager Tools* y en el brillante libro de Andy Grove *Cómo aumentar el rendimiento de los directivos*. Se conocen también como 1:1s, sesiones de *coaching*, sesiones de control o como quiera que queramos llamarlas. Puedes complicarlas tanto como desees, pero la esencia es simple: reunirte semanalmente durante treinta minutos con cada miembro del equipo. Seguir la evolución de todos los miembros de tu equipo puede ser difícil, teniendo en cuenta todas las demás tareas que demandan tu atención. Las sesiones individuales permiten que te tomes un momento cada semana para parar, hacer balance con la otra persona y reconectar. Cada directivo tiene su propio estilo y no hay ninguna regla más allá de buscar un momento para poder escuchar cómo está cada miembro del equipo.

Ahora tal vez estés pensando: «Un momento, ¿media hora a la semana para cada miembro del equipo? ¡Ya puedo decir adiós a toda la semana!». No voy a discutirlo, es mucho tiempo. Pero también vale absolutamente la pena. Las sesiones individuales semanales no solo evitarán que pierdas el pulso de tu equipo a largo plazo, sino que también aportan beneficios inmediatos. ¿Qué te parece el hecho de que tu personal ya no te acribille con preguntas y peticiones puntuales durante todo el día porque se las guarda para vuestra próxima sesión individual?

Aquí tienes algunos consejos prácticos:

- **Agrupa las sesiones individuales.** Yo intento programarlas los miércoles. Requiere mucha energía, pero ya lo tienes hecho para toda la semana.
- **Lleva apuntes de seguimiento.** Yo llevo notas separadas para cada miembro de mi equipo en mi aplicación de notas, donde añado comentarios después de cada reunión.
- **Utiliza etiquetas en tu lista de tareas pendientes.** En el capítulo 2, te expliqué cómo configurar tu lista de tareas pendientes para que no tengas que almacenar cosas en tu cabeza. En este caso, lo que hago es añadir etiquetas con los nombres de las personas involucradas en cada tarea. Esto me permite filtrarlas y ver de un solo golpe de qué quiero hablar en cada sesión.
- **Prioriza las sesiones individuales.** Intenta mantener estas reuniones cada semana, pase lo que pase. No solo por el hecho de que siempre tienes cosas que comentar, sino que, además,

nada demuestra con más claridad que tu equipo no te importa que estar cancelando o reprogramando constantemente sus sesiones individuales.

¿QUÉ TAMAÑO TIENE TU EQUIPO?

No siempre puedes decidir el tamaño de tu equipo, y la cantidad de personas puede variar mucho, pero, para mí, un máximo de ocho subordinados directos es lo ideal. Jeff Bezos, fundador de Amazon, estableció la «Regla de las dos *pizzas*»: debería ser posible alimentar a un equipo con solo dos *pizzas*. Aparte de que los equipos más grandes no funcionan muy bien, es difícil para un directivo ofrecer un liderazgo de calidad y atento con grupos grandes. Con ocho personas puedes terminar con las sesiones individuales en una sola tarde.

Si diriges un grupo mayor, podrías fijar las sesiones individuales cada dos semanas. No es lo mismo que conectar con tu equipo semanalmente, pero es mejor que hacerlo con encuentros casuales ante el dispensador de agua.

2. *Feedback* estructural

En Blendle invertimos mucho tiempo y energía en un modelo de *feedback* que fuera efectivo (si te interesa, el antiguo manual del trabajador está disponible en Internet).[2] Creíamos que recibir comentarios de los demás era clave y todos trabajamos duro para desarrollar una cultura empresarial en la que dar *feedback* positivo y hacer críticas constructivas fuera la norma. El *feedback ad hoc* a medida que surgían las cosas era siempre bienvenido. Y además establecimos dos momentos fijos al año para dar y recibir más *feedback* estructural, operando del siguiente modo:

- Todos los miembros del equipo hacen una autoevaluación, dándose una puntuación del 1 al 5 en «impacto» (¿cómo he contribuido a la empresa?) y en «progreso» (¿cuál ha sido mi evolución?), y respondiendo a tres preguntas: 1. ¿Cuáles son mis mayores aportaciones a Blendle? 2. ¿Qué me ha ido bien? 3. ¿Qué podría hacer mejor?
- Los jefes de equipo hacen un informe sobre cada miembro del equipo.
- Todo el mundo elige a dos o tres compañeros de trabajo (de cualquier equipo) y les pide su *feedback*, utilizando el mismo formulario.
- Una vez presentados los informes, los miembros del equipo pueden ver el *feedback* de sus compañeros y de su jefe de equipo.
- Los jefes de equipo programan una sesión para comentar ese *feedback* con cada miembro del equipo. Estas reuniones de *feedback* estructural «no» son evaluaciones de rendimiento. No hay consecuencias contractuales y no están vinculadas a ascensos ni a incrementos de salario. Esto es así expresamente, ya que lo que se busca es que todo el mundo se sienta libre para abrirse y ser completamente sincero con sus aportaciones.
- La idea es que lleve la reunión la persona que recibe el *feedback*. Ya que están ahí para aprender, tiene sentido que empiecen ellos el diálogo. El objetivo es triple: interpretar el *feedback*, intentar unir los puntos y trazar vías de crecimiento.
- Después de las reuniones, los miembros del equipo usan el *feedback* que han recibido para marcarse objetivos personales

para el siguiente trimestre. Los jefes de equipo los guían en este proceso y ayudan a cada uno a alcanzar sus objetivos.

¿*FEEDBACK* EN UN HORARIO MARCADO? ¿O EN CUALQUIER MOMENTO?

Yo soy muy partidario de periódicas sesiones de *feedback*. Pero algunas personas prefieren prescindir de estas reuniones fijas y compartir su *feedback* de forma continua en su lugar. Sobre el papel, parece una muy buena idea: se acabaron los preparativos, los problemas de programación y las conversaciones incómodas. ¡Es tentador! Pero, según mi experiencia, en estos casos, el hábito de dar buen *feedback* acaba pasando a segundo plano. No hay otra: dar *feedback* de calidad y bien meditado requiere tiempo y energía.

Esto es lo que a mí me ayuda a redactar informes de los que mi personal pueda sacar algo:

- **Llevar notas bien estructuradas sobre los miembros del equipo.** Intenta coger el hábito de anotar en algún sitio observaciones específicas (buenas y malas). Como sabes, guardo notas sobre cada miembro del equipo en mi aplicación de notas. Esto es una gran ventaja cuando llega el momento de escribir los informes.
- **Programar con suficiente antelación el tiempo que necesito para redactar los informes.** Redactar estos informes es una tarea de gran envergadura. No disponer del tiempo suficien-

te para realizar este trabajo tan importante puede resultar muy frustrante (especialmente si no tienes unos buenos apuntes). Ahórrate el agobio programando con antelación el tiempo que necesitarás para hacerlo. A mí también me gusta reservarme al menos una sesión de trabajo para pulirlos. Mis primeros borradores pueden ser poco claros o delicados. Echándoles otro vistazo, lo puedo corregir.

- **¿Cuáles son las ideas más importantes que quieres transmitir?** Antes de empezar a escribir, decide por ti mismo qué es lo que más te interesa hacerle llegar a la otra persona. ¿Qué es lo que quiero que reciba la persona de mi *feedback* y que se lleve de nuestra charla? Intenta tenerlo claro en tu cabeza antes de escribirlo. Y deja a un lado los comentarios ambiguos o menos importantes o cualquier cosa que se pueda malinterpretar.
- **Sin sorpresas.** Una buena regla general a la hora de escribir reseñas es que ninguno de tus comentarios debería ser una sorpresa para la otra persona. Todo tendría que resultarle familiar gracias a las sesiones individuales semanales. Suponiendo que ese sea el caso y que tienes una buena relación con esa persona, en la reunión de *feedback* no hablaréis de nada nuevo. En cambio, sí que podréis centraros en sus oportunidades de crecimiento para los próximos meses.
- **Dedicar tiempo a leer el *feedback* de otras personas.** En Blendle fijábamos plazos de entrega para cada ronda de reseñas de modo que todo el mundo tuviera tiempo de preparase adecuadamente. Sé que parece una obviedad, pero, cuando la gente hace el esfuerzo de escribir sus reseñas, es muy importante tomarse un tiempo en leerlas y procesarlas. Así que haz un hueco en tu agenda. Antes de la reunión intenta tener claros los temas principales que quieres comentar.

Un informe sincero, meditado y escrito con franqueza, combinado con un diálogo abierto y positivo puede tener un gran impacto sobre el rendimiento de cada miembro del equipo, del equipo en su conjunto y del tuyo.

Encontrar a las personas adecuadas

Como jefe, normalmente tienes que hacer malabares con varias cosas a la vez. Pero, independientemente de la habilidad con la que guíes a tu equipo, llega un momento en el que este lo está dando todo y te das cuenta de que necesitas un par de manos más. Resulta que encontrar esas dos manos es todo un arte.

En 2017 dediqué gran parte de mi tiempo a la ampliación del equipo. Después pensé que ya estábamos bien y abandoné mis esfuerzos de reclutamiento. Sin embargo, en un momento concreto de 2018, detectamos algunas áreas en las que nos iría bien tener gente nueva. Como había dejado de hablar con posibles nuevas incorporaciones, tuve que empezar el proceso desde cero. Esto lo hizo todo mucho más lento y no tuvimos más remedio que sacar el trabajo adelante con falta de personal durante unos meses muy duros. No cometas el mismo error. Procura estar siempre al acecho de personas que destaquen. Esto implica hablar con gente nueva y alimentar tu red de contactos continuamente. Si esperas hasta que necesites a alguien, será demasiado tarde.

Cuanto más arriba estés en el escalafón, más tiempo deberías dedicar a las personas y a la contratación. Esto se debe a que la contratación es lo que se conoce como un «multiplicador»: puedes hacer todo tipo de pequeñas acciones para trabajar de forma más inteligente y eficiente, pero, si encuentras a las personas adecuadas para ayudarte, tu eficacia se disparará. Y trabajar con gente buena es el mejor regalo que puedes hacerte como directivo: hace que tu trabajo sea infinitamente más interesante.

Tanto para directivos como para no directivos, es bueno darse cuenta de que nuestra red de contactos actual puede ser una gran fuente de posibles futuros colegas. Así que no te lo pienses e invita a la gente a tomar un café, afianza nuevos contactos e invierte en las relaciones. Además de ser divertido, una buena red de contactos es un gran recurso del que disponer.

Entonces, ¿cómo lo hace uno para encontrar a las personas adecuadas? Te propongo algunas ideas que pueden ayudarte:

- **Redacta la descripción del puesto de trabajo con claridad y sinceridad.** Aunque muchos de los posibles candidatos no estén buscando trabajo y tengas que desplegar una red más amplia (ahora lo veremos), sigue siendo importante publicar una oferta de trabajo completa y atractiva en Internet. Así podrás dirigir a los candidatos interesantes al anuncio. En Blendle tuvimos la idea de incluir en la oferta un resumen de los desafíos concretos en los que tendría que trabajar la persona contratada. Esto añadía cierta novedad a las clásicas listas de habilidades y funciones, y a los candidatos les entusiasmaba. También usábamos Homerun, una fantástica herramienta en línea que permite publicar ofertas de empleo con un aspecto profesional, facilita la presentación de candidaturas y lleva un registro de quién está en qué fase de la solicitud.
- **Prepárate para hacer tu propia búsqueda.** Cuando digo «búsqueda» me refiero a buscar candidatos prometedores de forma proactiva tú mismo. ¿Por qué? Porque los mejores candidatos no están buscando trabajo. Están bien donde están.

Depende de ti encontrarlos, hacer que se entusiasmen con tu equipo y tu empresa, y persuadirlos para poder conoceros mejor. Si quieres algunos consejos sobre esto, echa un vistazo al recuadro de abajo.

- **Prioriza la diversidad.** Podríamos escribir un libro entero sobre este punto. En pocas palabras: un equipo diverso es un equipo mejor. Cuidado con contratar a más gente como tú. Esfuérzate para reunir una mezcla de personas con distintos bagajes, géneros y tipos de personalidad.
- **El primer candidato casi nunca es el ganador.** Esto es algo que me ha ocurrido muy a menudo. Estoy reclutando para un nuevo puesto, y el primer candidato me parece un acierto instantáneo. Detenerse y proclamar al ganador es una tentación, pero no suele ser una buena idea. Yo he descubierto que tengo que hablar con al menos dos o tres candidatos para poder comparar. A medida que hago más entrevistas, mi percepción del puesto y de ese primer candidato siempre cambia.
- **Habla siempre con los referentes.** Hablar con uno o dos referentes, proporcionados por el candidato, es una forma fácil de poder hacer una comprobación extra. Te da un poco más de información sobre cómo trabaja esa persona. Y, aunque no hay ninguna garantía, puede que los referentes te proporcionen el dato que te falta para tomar una decisión final. Para el candidato es una señal de que te tomas en serio su candidatura.
- **Nunca decidas tú solo.** Cuando selecciones nuevas incorporaciones para el equipo, siempre es buena idea involucrar a otras personas. Pídele a alguien de otro departamento que te acompañe durante las entrevistas para ver qué candidato encaja mejor con la cultura de la empresa en su conjunto.

Si no hay nadie en tu empresa que pueda hacer este tipo de aportación, recurre a alguien de tu red de contactos en su lugar. Algunos amigos míos están encantados de entrevistar candidatos por teléfono para darme ese aporte extra (solo si el candidato está de acuerdo, por supuesto).

- **Cuando tengas dudas: no contrates.** Si no todo el mundo que ha participado en la entrevista está entusiasmado con el candidato, estás ante una señal para dejarlo. Independientemente de lo desesperado que estés por cubrir ese puesto, un candidato que no esté a la altura del equipo solo generará más trabajo.

LA BÚSQUEDA

Aquí tienes algunos consejos para encontrar candidatos:

- **Usa LinkedIn, Twitter y otras redes sociales.** Cuando en Blendle buscábamos desarrolladores de *software*, siempre teníamos un ojo puesto en GitHub —una comunidad virtual de desarrolladores— y publicábamos enlaces a nuestras ofertas de empleo mensualmente en *Hacker News*, una página de noticias sobre programación muy concurrida. También está meetup.com, para reuniones sobre todo tipo de temáticas, desde aficionados a un deporte particular hasta desarrolladores de aplicaciones, lo cual nos proporcionaba una buena fuente de posibles candidatos. Sea cual sea el trabajo, siempre hay algún sitio en el que se concentran los buenos candidatos. Así que observa quién está activo, lee sus publicaciones y perfiles, y pronto tendrás una lista de posibles candidatos.

- **Utiliza un sistema para llevar un seguimiento de los candidatos.** Ahí afuera hay un montón de opciones, desde hojas de cálculo de Google a distintos paquetes de *software*; hellotalent.com te permite guardar perfiles de posibles candidatos. Otra buena opción es Trello. Puesto que las candidaturas se multiplican con rapidez, necesitas un buen sistema que evite que se te escapen algunas.

- **Escribe mensajes originales a los candidatos potenciales.** ¿Has recibido alguna vez un mensaje de un posible empleador con tu nombre mal escrito o sin ningún esfuerzo por ser personal? Yo en cambio hago lo siguiente: tengo un archivo con algunos párrafos estándar de los cuales extraigo una frase de apertura y la presentación de la empresa. Pero luego adapto el texto a la persona a la que estoy escribiendo. Siempre hay una forma de hacerlo personal. Podrías mencionar alguna de sus antiguas empresas, sacar a relucir vuestra afición compartida por el *snowboard* (porque lo has visto en Instagram) o decirle que te ha gustado alguna de sus publicaciones en su blog. Así demuestras que no te has limitado a darle a «enviar», sino que has dedicado un tiempo a redactar un mensaje meditado.

En resumen: busca tiempo para encontrar a las personas adecuadas. Si lo haces, tu equipo volará alto.

TUS PROCESOS

Como directivo, eres responsable de proveer productos o servicios de calidad. Y de proveerlos de forma rápida. Para hacerlo, necesitas un equipo y un proceso sólidos. Del libro *The principles of product development flow*, de Donald Reinertsen (algo serio, pero excelente), aprendí que hay dos manivelas que puedes hacer girar para perfeccionar tu flujo de trabajo: el «tiempo de espera» *(lead time)* y el «tiempo de ciclo» *(cycle time)*. El «tiempo de espera» se refiere simplemente al tiempo que está una tarea en espera antes de que puedas empezar con ella. El «tiempo de ciclo» es el tiempo que se tarda en terminarla.

Entonces, para poder alcanzar tus propios objetivos de dirección y proveer tus productos o servicios, es importante ser consciente de dos factores. El primero: ¿cuánto se tarda en hacer el trabajo? Y el segundo: ¿cuándo o dónde se atasca el trabajo? ¿Qué genera el atasco? Si tienes un buen equipo, comprender el proceso de trabajo puede ser suficiente para mejorar la forma de trabajar. Pero si esto no funciona, un buen comienzo es detectar los puntos conflictivos en el proceso de tu equipo. ¿Qué puedes sugerir para incrementar la eficiencia? ¿Hay algunos pasos que lleven demasiado tiempo (como, por ejemplo, la aprobación de alguien de fuera del equipo)?

Hay muchísimas cosas que pueden hacer que el trabajo lleve más tiempo del debido, pero me he dado cuenta de que en muchas ocasiones el problema no está en el trabajo en sí. Con mucha frecuencia, donde se puede ahorrar más tiempo es en la comunicación «sobre» el trabajo. Esto encaja bien con un principio que aprendí en el *podcast Manager Tools*: tu labor no termina hasta que no lo has comunicado; lo he convertido en mi lema para cualquier equipo con el que trabajo.

Estos últimos años me han enseñado lo importante que es no abandonar este proceso de ajuste permanente. Y hay una herramienta que se asegura: el «arranque de la semana».

Tu arranque de la semana

Las reuniones de equipo son la opción más evidente para poner a todo el mundo a remar en la misma dirección. Pero pronto se acumulan y hacen perder mucho tiempo al equipo. Por eso intento economizar las reuniones. Dicho esto, para mí el arranque de la semana no es negociable. Es esencial para mi equipo, para sincronizarnos. Como su nombre indica, el arranque semanal es lo que hago el lunes a primera hora de la mañana. Con noventa minutos es suficiente.

A mí me gusta poner el orden del día en un documento compartido de Google. Así todo el mundo puede acceder a la versión más actualizada y proponer nuevos temas. También usamos una presentación de Google para la reunión. En lugar de empezar de cero cada semana, reutilizamos la misma presentación y solo actualizamos los detalles de cada diapositiva. Enseguida lo ampliamos.

Mi arranque semanal consta de seis partes:

1. ESTADO DEL EQUIPO

Me gusta empezar el arranque semanal con una ronda rápida en la que todos compartimos cómo estamos y cómo nos ha ido el fin de semana. No se trata de hablar por hablar, sino de hacernos una idea de cómo está el equipo. Antes de incorporarlo a nuestra agenda semanal, había ocasiones en las que no nos dábamos cuenta hasta bien entrada la reunión de que la irritabilidad de alguien tenía que ver con un mal fin de semana o con frustraciones no resueltas de la semana anterior. Eso solía afectar negativamente a la fluidez del debate y de la toma de decisiones. Ahora que empezamos compartiendo nuestro estado los unos con los otros, las reuniones son mucho más fluidas. Evidentemente, tampoco nos interesa que se conviertan en sesiones de terapia. Esto se puede evitar limitando el tiempo para esta ronda inicial a diez minutos.

2. DATOS

En la siguiente parte de nuestro arranque semanal, mi equipo y yo repasamos nuestros «indicadores clave de rendimiento» (ICR) de la semana anterior. Estos datos los recoge nuestro analista de datos y los incorpora a nuestra presentación de Google antes de cada reunión. Idealmente, estos indicadores están directamente vinculados a tus objetivos (derivados de las preguntas que respondiste al inicio de este anexo).

3. UNA PERSPECTIVA EXTERNA

Además de revisar los datos cuantitativos, mi equipo y yo necesitamos estar siempre al tanto de lo que los usuarios piensan de nuestro producto. Para ayudarnos en esto, leemos el informe semanal de nuestro equipo de atención al cliente, que resume las preguntas y los comentarios de los usuarios. Para mí es importante tener línea directa con lo que sucede a nuestro alrededor. El equipo de atención al cliente recoge lo más destacado de la semana anterior en un par de diapositivas que añadimos a nuestra presentación. Al repasar lo más destacado, decidimos qué respuesta tenemos que dar, por ejemplo, si alguien encontró un problema en nuestra aplicación que tiene que arreglarse. Esta parte de nuestro arranque semanal es fantástica para compartir información proveniente de las distintas partes interesadas en nuestro trabajo. Y al introducir este tipo de información al arrancar la semana, el grupo tiene claras las prioridades.

4. PROYECTOS EN MARCHA

En esta cuarta parte echamos un vistazo a los proyectos en los que estamos trabajando. En Blendle, esto incluye pruebas en desarrollo y cosas como, por ejemplo, expansiones para Blendle Audio. A cada proyecto se le asigna una diapositiva en nuestra presentación de Google que indica el nombre del proyecto, el propietario (miembro del equipo), el plazo de entrega, su estado, la sinopsis del proyecto en una línea y los siguientes pasos previstos. Comentamos cada diapositiva para que todo el mundo esté al día y pueda aportar ideas y hacer preguntas. La figura A.2 es un ejemplo de diapositiva.

Proyecto: Adyen & Stripe

Propietario: Nora

Fecha límite: *upsell* & incorporaciones - 21 feb.

Estado: según lo programado

Resumen: pasar pagos en Android de Adyen & Stripe

- Actualmente en fase de desarrollo

FIGURA A.2

5. TEMAS PARA COMENTAR

Tras repasar nuestros proyectos pasamos al resto de los temas que hay en nuestro orden del día compartido en Google Docs.

6. RONDA DE CLAUSURA

La última parte de nuestro arranque semanal consiste en hacer una ronda en la que cada uno responde a las siguientes preguntas:

- ¿Cuál es tu máxima prioridad esta semana?
- Focalización y prioridades: ¿crees que el equipo está trabajando en lo que tiene que trabajar?
- Problemas: ¿hay algo que te preocupe?
- Motivación: ¿hay algo que te entusiasme esta semana?

Esta breve serie de preguntas es una de las mejores incorporaciones a nuestro arranque semanal porque permite que las personas expresen cualquier duda o pregunta que tengan. Y concluir con lo que nos motiva cierra la reunión con una nota optimista.

Obviamente, no todo lo que hacemos en nuestro arranque semanal te servirá para el tuyo. Empieza con pocas cosas y ve añadiendo elementos que creas que pueden potenciar tus reuniones de equipo. La idea es estar abiertos a la experimentación y hacer cambios sobre la marcha.

Hola, microgestor

Un arranque semanal es una excelente herramienta para dirigir la semana laboral de tu equipo. Pero, evidentemente, el trabajo de un jefe no termina ahí. También tienes que estar encima de cómo se desarrolla el trabajo. Pero ¿cuánta orientación deberías dar? ¿Cuántas aportaciones son demasiadas? ¿Cuándo es el momento de delegar? Lo confieso: soy una persona a la que le importan los detalles. Decidir cuándo involucrarme en algo y cuándo dar un paso atrás es para mí una batalla continua. Puede resultar interesante, porque delegar el trabajo adecuado en las personas idóneas es parte esencial de mi trabajo como jefe. Hay una teoría muy conocida sobre este fenómeno desarrollada por Paul Hersey y Ken Blanchard. Es el modelo del «liderazgo situacional». Simplificándolo mucho, el modelo dice lo siguiente: ¿la persona tiene la tarea dominada? Entonces hazte a un lado y suelta las riendas. ¿La persona está todavía aprendiendo? Entonces ofrece más orientación y dirección.

La verdad es que yo no he conseguido perfeccionar el arte de delegar y dirigir, pero cada vez tengo más claro que la esencia de un buen liderazgo es «ver» realmente a tu gente y adaptar tu estilo y tus métodos a las personas con las que trabajas. Y esto es exactamente lo que dicen Hersey y Blanchard.

Estas son algunas otras cosas que se pueden extraer de su modelo:

- **No confundas la motivación con la pericia.** Para mí, este fue el mayor aprendizaje sobre el «liderazgo situacional». La motivación y la energía no siempre equivalen a saber «cómo» hacer el trabajo. Si no estás seguro de si un miembro del equipo sabe hacer algo, no tengas miedo de preguntarle cómo piensa abordarlo.
- **Coge el hábito de hacer más preguntas.** A mí me gusta empezar por aquí. Hacer preguntas es una forma rápida de saber si alguien tiene claro lo que debe hacer. Así sabrás si necesita ayuda. Al mismo tiempo, es una oportunidad para descubrir las ideas únicas de esa persona y darles cabida.
- **Acuerda plazos de entrega.** Como directivos, muchas veces

dudamos en fijar plazos de entrega para el trabajo por miedo a coartar la libertad de nuestro equipo. Pero yo recomiendo separar las dos cosas. En lo que respecta al trabajo, los miembros del equipo son los expertos, pero, sin plazos de entrega, es muy probable que el equipo se ocupe antes de todas sus otras tareas urgentes. Lo que también me ayuda es programar reuniones de puesta al día para evaluar juntos los avances, por ejemplo, a mitad de camino de un proyecto. Y lo más importante: si otras personas cuentan con que tu equipo entregue el trabajo dentro de un plazo que has acordado, informa a tu equipo sobre este plazo lo antes posible. ¿Por qué? Porque, si no lo haces, te vas a estresar. Te agobiarás con el ritmo de trabajo mientras ellos parecen tomarse su tiempo.

- **Explica al equipo «por qué» te cuesta soltar las riendas.** Si te obsesionan los detalles, como a mí, vale la pena preguntarse por qué. En mi caso, la cosa empeora cuando mi equipo no me pone al día con la frecuencia que me gustaría o cuando yo tengo más prisa de la que ellos perciben. Ambas cosas tienen fácil solución.

Puede que nos cueste, pero hay un buen término medio entre hacer una microgestión y dejarlo todo a su suerte. Es la esencia de ser un buen jefe: saber cuánta orientación tienes que darle a cada persona y cuándo tienes que quitarte de en medio. Evidentemente, el hecho de que no les estés diciendo exactamente lo que tienen que hacer no significa que no puedas participar y saber lo que ocurre. Pero, en general, una vez que está claro cuál ha de ser el resultado que se espera, mantente tan al margen como puedas. Si quieres más detalles sobre este tema, te recomiendo el atemporal libro de Hersey *Liderazgo situacional.*

TUS PRODUCTOS

Este capítulo no estaría completo si no habláramos de tus productos y servicios: la «cosa» que provees. Evidentemente, no llegarías a ningún sitio sin tu equipo y sin un proceso de trabajo sólido, pero, si la gente no compra lo que les ofreces, todo ese trabajo duro no sirve para nada. Como directivo, influirás enormemente en el éxito de tus productos o servicios. Muchas veces más de lo que te imaginas. Este es el trío de tácticas que yo utilizo:

Táctica 1. Focaliza a tu equipo

La lección más importante que he aprendido como directivo a la hora de conseguir avances más rápidos es la siguiente: «hacer menos cosas a la vez». Mi método consiste básicamente en elegir dónde invertir el tiempo. Pero, como jefe, uno también desempeña un papel esencial en la focalización del equipo. Estos dos caminos pueden ayudarte a focalizar más a tu equipo:

- **Conviértete en el portero de tu equipo.** Puedes ayudar a tu equipo a sacar más trabajo adelante manteniendo a raya las distracciones. Cuantas más horas pueda dedicar el equipo a lo más importante, más eficaces serán. Tiene sentido, ¿verdad? Intenta interceptar proactivamente las cosas que no son relevantes, como decir que no a las peticiones que no tienen relación con los objetivos de tu equipo o evitar las reuniones inútiles a las que se espera que asistan.
- **Conviértete en su brújula.** Tomas decisiones sobre en qué tiene que trabajar tu equipo, pero ellos también, constantemente, toman decisiones sobre qué abordarán a continuación. ¿Están eligiendo bien? Tu aportación continua los ayuda a discernir qué es lo importante. Las sesiones de arranque se-

manal son momentos idóneos para compartir tales prioridades, igual que las sesiones individuales, pero no tiene por qué quedarse aquí. Sé creativo a la hora de decidir cómo y cuándo comunicas tus prioridades.

Táctica 2. Encuentra tiempo para reflexionar

Para nosotros, los directivos, resulta tentador hacer cualquier cosa que se nos ponga por delante en cada momento. A fin de cuentas, todos esos mensajes de correo electrónico, tareas y problemas no se van a gestionar solos. Muchas veces, tú eres el único que puede ocuparse de ellos. Y la primera cosa que solemos sacrificar en el intento es el tiempo de reflexión. Y esto no solo es una lástima, sino que además puede resultar desastroso a largo plazo. Ciertamente, también tienes que sacar adelante tu otro trabajo, pero el truco es poder reservarse tiempo para las cosas importantes. ¿Quieres proveer mejores productos y servicios? Entonces resérvate un tiempo para pensar sobre los grandes factores que influyen en ello. ¿Es una tarea fácil? Desde luego que no. Pero es justo el tipo de cosas que pueden aportar valor diferencial e impulsar el progreso de tu equipo. Estos tres consejos prácticos me ayudan a encontrar tiempo para reflexionar:

- **Elabora una lista de grandes temas.** Ten una lista en algún lugar (en tu lista de tareas pendientes o en tu aplicación de notas) de grandes cosas sobre las que quieres reflexionar. Cada vez que alguno de estos temas aflora en una conversación, apárcalo en tu lista.
- **Resérvate bloques de noventa minutos para la reflexión.** Es más fácil si reservas efectivamente tiempo en tu agenda para los temas específicos sobre los que quieras reflexionar. Antes

solía reservarme una mañana o una tarde entera para «reflexionar», pero esto no me proporcionaba la estructura o los incentivos necesarios para aprovechar bien ese rato. Así que decidí cambiarlo por bloques de noventa minutos, que me dan la sensación justa de urgencia para poner el cerebro en marcha. Y, tras una hora y media, ¡mi cerebro necesita una pausa!

- **Busca otro sitio para reflexionar.** En este libro hemos hablado de cómo los factores circunstanciales pueden influir en la calidad de tu trabajo; por ejemplo, la hora del día o la disposición de tu espacio de trabajo. En relación con este espacio para pensar, observa qué sucede si encuentras otro sitio para hacerlo. Y además puedes reforzar este efecto convirtiéndolo en una rutina. Así, si decides hacer todo tu trabajo de reflexión en la mesa de la cocina de tu casa o en tu cafetería preferida, en lugar de en la oficina, el mismo escenario te pondrá en el estado mental adecuado.

Táctica 3. Pide consejo

Para muchos de nosotros, esta táctica pertenece a la categoría «Sé que debería hacerlo, pero no lo hago». Está relacionada con recibir consejo y analizar alternativas. Abordamos este enfoque en el capítulo 9 (sobre la escucha inteligente) y el capítulo 10 (sobre la resolución de problemas). Este sería el resumen:

- **¿Proyecto nuevo? Busca nuevos consejos.** Siempre que quieras empezar con un nuevo reto, es recomendable hablar con al menos una persona de fuera de tu empresa. Puede tratarse de un mentor al que conozcas bien o de un experto al que consultes por primera vez. En cualquier caso, esta inversión de tiempo relativamente pequeña al inicio puede ahorrarte todo tipo de problemas. Y puede ayudarte a alcanzar nuevas cotas en tu trabajo.

- **Rodéate de fuentes de información.** Hay momentos en los que el trabajo de un directivo se parece al de un controlador aéreo. Tus pilotos toman las decisiones puntuales, pero tú eres quien coordina todo el espectáculo en el aire. Para hacerlo, necesitas tener acceso a todo tipo de información interna y externa. En otras palabras, necesitas un panel que recoja toda la información. Y no solo datos internos (¿cómo evoluciona el proyecto?), sino también externos (¿qué está haciendo la competencia?, ¿quiénes son los pioneros en mi campo?). Asegúrate de que te llegue toda esta información; suscríbete a *newsletters* clave y haz un seguimiento de los sitios web relevantes.

A lo largo de este libro, te he demostrado que puedes ganar claridad y tranquilidad si empiezas con un buen sistema y luego lo adaptas a medida que vas avanzando. Estoy convencido de que también se aplica a la dirección de equipos. Sacarás el máximo partido a un grupo si convocas reuniones útiles (y te olvidas de las que hacen perder el tiempo a la gente). Tu equipo rinde al máximo si inviertes en la relación con cada uno de los miembros y encuentras fórmulas para que los objetivos compartidos sean prioritarios para todos. El liderazgo es todo menos fácil, pero espero que mis consejos te ayuden a encontrar nuevas formas de hacer que las cosas fluyan un poco más. Así podrás evitar que el día a día te absorba y podrás fijar la mirada en aquel lugar al que camináis todos juntos.

LECTURAS RECOMENDADAS

Es tentador ofrecer una larga lista de libros recomendados, debido a la gran cantidad de material fantástico que hay ahí fuera. Sin embargo, en lugar de eso, voy a limitar mis recomendaciones a tres libros cortos. Cada uno de ellos puede leerse en una o dos horas. Los tres están en mi lista de libros para hojear todos los años y nunca dejan de inspirarme.

STEVEN PRESSFIELD: *HAZ EL TRABAJO*

Si estás atascado en algún proyecto, este libro te ayudará. Pressfield te enseña a superar tus inseguridades, dudas y recelos; su libro te guía para que puedas sacar el trabajo adelante.

ARNOLD BENNETT: *CÓMO VIVIR CON 24 HORAS AL DÍA*

Este libro, que Bennet escribió hace más de cien años (y que cito ya en el primer capítulo), es una poderosa invitación a afrontar de forma crítica cómo gastamos nuestro tiempo.

JAMES ALLEN: *COMO UN HOMBRE PIENSA*

Este libro revela cómo tus pensamientos influyen en cómo te sientes y en lo que consigues hacer. Es una guía inspiradora para desarrollar tu forma de pensar.

¿Quieres profundizar en algún tema concreto? He publicado una lista extensa de lecturas recomendadas en mi página web: gripboek.nl/link/books.

FUENTES

CAPÍTULO 1

Aprendí muchísimo sobre la gestión del tiempo y cómo usar una agenda en el *podcast Manager Tools: https://manager-tools.com/*

•••

Stephen Covey escribe sobre la matriz de Eisenhower y acerca de cómo compaginar prioridades en *Los siete hábitos de la gente altamente efectiva.* Sus aportaciones han tenido un valor incalculable para este libro.

•••

El libro *Cómo vivir con 24 horas al día,* de Arnold Bennett, inspiró el apartado «Trata tu agenda como si fuera un programa de entrenamiento».

CAPÍTULO 2

Organízate con eficacia, de David Allen, fue una gran fuente de inspiración para mi segundo capítulo sobre cómo trabajar con una lista de tareas pendientes inteligente y el principio de no almacenar cosas en tu cabeza.

•••

Pensar rápido, pensar despacio, de Daniel Kahneman, me enseñó la diferencia entre el pensamiento instintivo o mecánico, al que se refiere como «sistema de pensamiento 1», y el pensamiento más racional y consciente, al que llama «sistema 2».

•••

En su libro *Enfócate,* Cal Newport escribe largo y tendido sobre estrategias de concentración. Su libro me inspiró sobre la «hiperconcentración» como motivadora.

CAPÍTULO 3

Tomé prestada la estrategia de leer el correo electrónico tres veces al día del *podcast Manager Tools*: *https://manager-tools.com/*

•••

Aprendí mucho sobre las adicciones con *El poder de los hábitos,* de Charles Duhigg, y con *Enganchado,* de Nir Eyal.

•••

El libro *Irresistible,* de Adam Alter, me motivó para investigar más sobre el uso del correo electrónico y convertirlo en un elemento clave de mi método de trabajo.

CAPÍTULO 4

El repaso de los viernes de mi método se basa en el «repaso semanal» que David Allen describe en *Organízate con eficacia.*

CAPÍTULO 5

La pieza del rompecabezas de las «habilidades» se basa en la «mentalidad del artesano» del libro *Hazlo tan bien que no puedan ignorarte,* de Cal Newport.

•••

Empieza con el porqué, de Simon Sinek, me enseñó mucho sobre por qué el *porqué* es un buen sitio para empezar.

•••

Organizational behavior (2012), publicado por la Saylor Academy (saylor.org), ofrece un interesante repaso de teorías de la motivación en el que basé las tres piezas del rompecabezas: «pasión, habilidades y misión». *https://gripboek.nl/link/motivatietheorie*

•••

Del libro *Drive,* de Daniel Pink, aprendí la importancia de tener una misión.

•••

El término «*Big hairy audacious goals*» surge del libro *Cambia el chip,* de Chip y Dan Heath.

CAPÍTULO 6

El blog de Chris Guillebeau sobre cómo llevar a cabo el repaso anual (*How to conduct your own annual review*) me inspiró para empezar con mi «día del plan anual». *https://gripboek.nl/link/jaarlijkse-review*

CAPÍTULO 7

El blog de Jeff Sanders sobre los mejores temas para abordar con tu compañero de rendición de cuentas (*Best topics for a weekly accountability partner meeting*) me hizo ver los enormes beneficios de encontrar un cómplice. *https://gripboek.nl/link/accountability*

CAPÍTULO 8

El libro *Máximo rendimiento*, de Brad Stulberg y Steve Magness, me instruyó sobre la energía, el estrés y la sobrecarga.

CAPÍTULO 9

Aprendí los fundamentos de la escucha inteligente gracias a Stephen Covey, que aborda el tema en el capítulo «Busca primero comprender, después ser comprendido» de su libro *Los siete hábitos de las personas altamente efectivas*.

•••

También aprendí mucho sobre la escucha en el *podcast Manager Tools*: *https://manager-tools.com*

CAPÍTULO 10

El método de los «cinco por qué» fue desarrollado originalmente por Toyota para ir a la raíz de los problemas de producción.

•••

La clasificación del sesgo cognitivo en cuatro categorías proviene del artículo de Buster Banson «Cognitive bias cheat sheet». *https://gripboek.nl/link/denkfouten*

CAPÍTULO 11

El libro de Stewart Brand *The clock of the long now* me proporcionó una nueva perspectiva e inspiró mi último capítulo.

AGRADECIMIENTOS

Todo lo que aparece en este libro es una combinación de lecciones aprendidas, libros leídos e ideas intercambiadas con buenos amigos y con personas con las que he tenido la suerte de trabajar. He hecho una recopilación de lo mejor de todo ello; espero que te lleve más lejos de lo que nunca has llegado. No tendrías este libro entre tus manos si Alexander Klöpping y Ernst-Jan Pfauth no me hubieran empujado a publicarlo. Le estoy eternamente agradecido a Harminke Medendorp por ayudarme a ordenar mis pensamientos para convertirlos en un relato coherente y accesible, y a Ruth Bergmans y Maarten Richel por ayudarme a convertirlo en un gran éxito en Holanda. Erica Moore y Elizabeth Manton llevaron el libro a otro nivel con su fantástica traducción al inglés. Siempre que pienses «¡qué frase tan buena!», es cosa suya. Quiero dar las gracias a los monjes de la abadía de Saint Willibrord en la ciudad holandesa de Doetinchem por proporcionarme un lugar tranquilo para pensar y escribir (espero poder volver durante muchos años). Y gracias a Derk, que ha sido mi cómplice desde 2014. Sus charlas semanales, en las que me daba ánimos, hicieron que este proyecto cruzara la línea de meta. He hablado mucho sobre las sesiones de rendición de cuentas, pero haber acabado este libro es la prueba fehaciente de que es una práctica que funciona. Espero que nuestras charlas semanales no terminen nunca. Por último, me gustaría dar las gracias a mi preciosa esposa, Joan, por otorgarme el espacio que necesitaba para explorar mis descabellados proyectos.

NOTAS

Capítulo 1

1. Graham, Paul, «Maker's Schedule, Manager's Schedule», 2009. http://www.paulgraham.com/makersschedule.html.

Capítulo 2

1. Gloria Mark, Victor M. Gonzalez y Justin Harris, «No Task Left Behind? Examining the Nature of Fragmented Work», Take a Number, Stand in Line, Portland, Oregón, abril, 2005. https://www.ics.uci.edu/~gmark/CHI2005.pdf.

2. Trudan, Taylor, «How Rumaan Alam Used a Secret Twitter Account to Write the Book of the Year», Shondaland, 7 de octubre, 2020. https://www.shondaland.com/inspire/books/a34277128/rumaan-alam-leave-the-world-behind-interview/.

3. Michael Chui, James Manyika, Jacques Bughin, Richard Dobbs, Charles Roxburgh, Hugo Sarrazin, Geoffrey Sands y Magdalena Westergren, «The Social Economy: Unlocking Value and Productivity through Social Technologies», McKinsey Global Institute, 1 de julio, 2012.

Capítulo 3

1. Un estudio fascinante de IBM Research siguió a trescientos cuarenta y cinco usuarios que llevaron a cabo conjuntamente ochenta y cinco mil «acciones de recuperación». El estudio concluye que clasificar el

correo electrónico en carpetas (o etiquetas) es inefectivo e ineficiente a la vez. Usar una función de búsqueda, en combinación con un programa de correo que permita los hilos de conversación, ahorra tiempo, además de incrementar el número de recuperaciones exitosas. Steve Whittaker, Tara Matthews, Julian A. Cerruti y Hernan Badenes, «Am I Wasting My Time Organizing Email?», actas de la Conferencia Internacional sobre Factores Humanos en Sistemas Informáticos, CHI 2011, Vancouver, BC, Canadá, 7–12 de mayo, 2011. https://www.researchgate.net/publication/221518713_Am_I_wasting_my_time_organizing_email.

Capítulo 5

1. En este artículo podemos ver cómo marcarse objetivos conlleva una mejora sustancial en el trabajo realizado. Este estudio se basa en muchos otros con conclusiones similares: fijar objetivos te ayuda a focalizar. Marieke van der Hoek, Sandra Groeneveld y Ben Kuipers, «Goal Setting in Teams: Goal Clarity and Team Performance in the Public Sector», *Review of Public Personnel Administration* 38, n. 4 (2018). https://journals.sagepub.com/doi/full/10.1177/0734371X16682815#_i15. ¿No te convencen los estudios que se basan en objetivos empresariales? Este estudio reciente concluyó que marcarse objetivos en el deporte afecta al esfuerzo, la persistencia y la focalización de la atención. Kingston Kieran y Kylie M. Wilson, «The Application of Goal Setting in Sport», *Advances in Applied Sport Psychology: A Review*, n. 1 (2009), págs. 75–123. https://journals.humankinetics.com/view/journals/jsep/7/3/article-p205.xml.

2. «"Tenéis que encontrar aquello que amáis", dice Jobs», Universidad de Stanford, 14 de junio, 2005. https://news.stanford.edu/2005/06/14/jobs-061505/.

3. El artículo original de 1981 de Locke, Latham y otros dice: «Una revisión de estudios tanto de laboratorio como de campo sobre el efecto de fijar objetivos al aprender o realizar una tarea determinó que los objetivos específicos y desafiantes llevan a un mayor rendimiento que los objetivos fáciles». Edwin A. Locke, Karyll N. Shaw, Lise M. Saari y Gary P. Latham, «Goal Setting and Task Performance: 1969-1980»,

Psychological Bulletin 90, n. 1, págs. 125–152. https://psycnet.apa.org/record/1981-27276-001. Locke y Latham no han dejado de investigar. En un fascinante artículo de 2019 explican su proceso y las nuevas conclusiones detalladamente. Es un muy buen punto de partida para descubrir otros estudios sobre la fijación de objetivos. Edwin A. Locke y Gary P. Latham, «The Development of Goal Setting Theory: A Half Century Retrospective», *Motivation Science*, 5, n. 2 (2019), págs. 93–105. https://doi.org/10.1037/mot0000127.

4. Gail Matthews, «Goals Research Summary», 2015. https://www.dominican.edu/sites/default/files/2020-02/gailmatthews-harvard-goals-research-summary.pdf.

Capítulo 6

1. Chris Guillebeau, «How to Conduct Your Own Annual Review», chrisguillebeau.com, 2008. https://chrisguillebeau.com/how-to-conduct-your-own-annual-review/.

Capítulo 7

1. Humphrey Carpenter, *J. R. R. Tolkien, una biografía* (Ediciones Minotauro, 1990).

Capítulo 10

1. Puedes leerlos en https://gripbook.com/link/onboarding.

2. Buster Benson, «Cognitive Bias Cheat Sheet», busterbenson.com, 2016, https://busterbenson.com/piles/cognitive-biases/.

Capítulo 11

1. Rick Pastoor, «The Risky Business of Onboarding», A List Apart, 14 de julio, 2015. https://alistapart.com/article/risky-business-of-onboarding/.
2. Rick Pastoor, «Get People on Board», Webdagene, 2016. https://vimeo.com/188134881.

3. Stewart Brand, *The Clock of the Long Now: Time and Responsibility* (Basic Books, 1999).

Anexos

1. Mi agradecimiento a Lucas Reinds, Eric de Vos, Thomas Smolders y Arjan Broere por compartir sus consejos.

2. gripbook.com/link/blendle-feedback.

ANOTACIONES

ANOTACIONES

ANOTACIONES

ANOTACIONES

ANOTACIONES

ANOTACIONES

ANOTACIONES

ANOTACIONES